社員が病む職場、幸せになる職場

スタンフォードMBA教授の警告

ジェフリー・フェファー
村井章子＝訳

JN099629

nbb
日経ビジネス人文庫

これまでもこれからも
ずっと愛する妻、
びっくりキャスリーンに

社員が病む職場、幸せになる職場

CONTENTS

日本語版文庫へのまえがき

目下の新型コロナウイルス（Covid-19）の世界的大流行《パンデミック》は、職場という社会的インフラひいては社会そのものが、働く人の健康と幸福をサポートするにはまったく不十分であることをあからさまに示した。カイザー・ファミリー財団の調査によると、パンデミックやその派生的影響を背景に、不安症や抑鬱症状に苦しむアメリカの成人の比率は一一・九％から四一・一％に急増したという。じつにほぼ四倍である。[1] また世界保健機関（ＷＨＯ）はパンデミック前にすでに、鬱病に苦しむ人は全世界で二億六四〇〇万人に達し、毎年約八〇万人が自殺しており、鬱病は健康障害の重大な原因になったと報告している。[2]

職場のストレスも深刻化する一方だ。たとえばメンタルヘルス・アメリカの二〇二一年の調査では、被雇用者の九〇％近くが職場のストレスがメンタルヘルスに悪影響を与えていると答え、六五％が職場環境のせいで集中できないとし、五六％が新たな雇用機会を探していると回答した。[3] じつはアメリカの郡の六一％には精神科医が一人もいない。[4] この状況では、精神医学を担う医療制度の負担はすでに大きすぎたことはあきらかであり、パンデミックはその負担に一段と重圧をかけたと言える。もっと一般的に言えば、人口の高齢化に伴う医療需要の増大とリソース不足の公的医療制度は、もともと世界各国で差し迫った課題となっていた。パンデミックはそれを顕在化させたにすぎない。要するに企業も社会も働く人々の健康と幸福を優先していない。そのことが新型コロナウイルスによってさまざまな形で露呈したのである。

本書を二〇一八年にアメリカで出版した後にも筆者は調査を続けてきたが、そこから重要な教訓を三つ導き出すことができた。第一は、心と身体の健康は切り離せないこと。第二は、仕事と家庭の両立を容易にし、仕事を無理なく続けられるような対策にリソースを投じる必要が増していること。第三は、職場のストレスを減らすために企業にとれる対策はたくさんあることである。以下ではそれぞれについてかんたんに説明したい。

心と身体の健康は切り離せない

心と身体の健康は密接に関連している。両者を結びつける経路は二つある。一つは、数十年におよぶ研究が示すように、ストレスや鬱症状などは人々の健康にかかわる行動に重大な影響をおよぼし、過度の飲酒、摂食障害、薬物依存、運動不足、不眠などにつながる。こうした行動が健康に悪いことは改めて言うまでもない。一〇年以上も前に発表されたある論文によると、アメリカの死亡数の約半分は、健康に害をおよぼすような行動を選んでしまう個人の判断に起因するという。[6]

二つ目は、メンタルヘルスは生理学的にみて多くの病気と関係がある。私自身が加わった共同研究で幅広い調査のメタ分析を行なったところ、鬱症状と脳卒中の罹病率・死亡率、冠動脈疾患、癌を含むその他慢性疾患との間に一貫して相関性が認められた。[7] また炎症マーカーとの間にも相関性が認められた。中枢神経系はホルモンなどさまざまな生物的プロセスに関わっているが、この系の調節自体がストレスや鬱症状に影響されることは確固たる医学的証拠がある。乱暴に言ってしまえば、身体の健康は脳から始まるのである。

共同研究では、抗鬱薬および他の病気の治療薬の処方件数を調べ、これを罹病率の指標とした。その結果、さまざまな社会的経済的要因の統計処理後でも、鬱病は心臓血管系の病気にかかるリスクをおよそ六〇%、糖尿病については三〇%、癌については五〇%押し上げることがわかった。また鎮痛剤の使用は三〇〇%、興奮剤の使用は四〇〇%以上増えることも判明している。[8]

ストレスも鬱も現実の生理学的な状態であり、病気などの重大な他の状態を引き起こす可能性に深く関わっている。そのうえ、職を失うとか日常生活に支障をきたすといった深刻な事態をも招きかねない。雇用主は心の健康の問題にもっと本気で取り組むべきだ。従業員の幸福度や満足度を計測し、向上させるための手段を講じることが、いままさに求められている。

柔軟な働き方を可能にし、仕事と家庭の両立をサポートする

パンデミックが始まってまもなく、私はＩＤＥＯ（アイディオ）の人事責任者と話した。ＩＤＥＯは定評あるデザインコンサルティング会社である。同社は要望に応じて社員に家具（自宅で使う家具である）からソフトウェアまで提供するような企業だ。人事責任者は、ロックダウンが社員の業務遂行能力に甚大な影響を与えたと認めた。なにしろ学校も保育園も閉鎖されたのである。たとえば保育サービスの斡旋を行なうクレオ社のＣＥＯは、「私はＣＥＯと小学校の先生と保育園の保母さんをしたの。同じ日にね！」と話す。「いまや毎日職場に子供を連れて行くのと同じ状態になっている。パンデミック前だって、仕事に行くときは子供たちが元気にしているかと気がかりだったのだから、放ってはおけない」。

ＩＤＥＯはさまざまな形で業務遂行に必要な支援を提供する傍ら、人員整理は行なわないと明言して生活面の不安や不確実性を取り除いた。さらに管理職に対し、部下の生産性や仕事の実績が少なくとも短期的に低下することは避けられないと理解を促した。これは重要な意味がある。ＩＤＥＯの経営陣は、社員が直面するさまざまな問題やストレスを十

分理解しており、それらと取り組むのに必要なサポートは惜しみなく与えるという姿勢を鮮明にしたのである。会社が自分たちを大事にしてくれていることが、社員にはしっかり伝わったにちがいない。こうしたソーシャルサポートはストレスを和らげるとともに、ストレス要因を減らす役割を果たす。

製造業大手バリー・ウェーミラーのCEOボブ・チャップマンは、二〇〇八〜〇九年の不況の際に社員を一人として解雇しなかった。社員の幸福を第一に考える企業の一つだと言える。同社もまた、今回のパンデミックでも解雇はしないという決断を下している。

だが職場のストレスへの対応でもそうだったが、こうした社員ファーストの企業はごくわずかにすぎない。学校も保育園も閉鎖され、しかもそれがいつまで続くかわからないという状況では、子育てをどうするかということが次第に大問題になるのは当然のことだ。アメリカのように有給の家族休暇を与えることが雇用側に義務づけられておらず、しかも保育サービスが不十分かつ高額の国では、結局は女性が仕事を辞めることになる。CBSが報じたように、「この一年間で二〇〇万人近い女性が労働人口から脱落した。新型コロナに起因するこの大量離脱の背景には、相変わらずの男女の賃金格差、女性の仕事に対する過小評価、子供の世話は女性がやるものという時代遅れの考え方がある」[9]。

これはアメリカに限った話ではない。ＩＥＳＥビジネススクール（バルセロナ）の教授で仕事と家庭に関する国際研究センター所長を務めるヌリア・チンチリャは、長時間労働を始め家庭に悪影響をおよぼす労働習慣の社会的影響を「社会的公害」と名づけ、その撲滅を訴え続けてきた。チンチリャは世界中を飛び回り、規範や習慣のみならず国が法律を変えて仕事と家庭の両立を支援するよう、精力的に活動している。だがじつに遺憾なことに、二〇〇〇年代後半の景気後退によって彼女の努力の成果は大きく押し戻されてしまった。

働く人たちが仕事と家庭を無理なく両立できるようにすることは、いまなお多くの職場にとって重要な課題となっている。この問題が解決されない限り、教育水準を問わずすべての女性がキャリア形成のうえで不利益を被ることはまちがいない。

職場のストレスを減らす

不安定な雇用、解雇、不確実な勤務スケジュールに加え、長時間労働、仕事の裁量の乏しさ、仕事と家庭の両立不能がストレスを高めることは、多くの調査で確かめられている。パンデミックに見舞われたとき、多くの雇用主がとった対応は、この事態を一段と悪化させた。解雇は言うまでもなく、勤務時間の減少や不確実なスケジュールは時間給労働者の経済的不安定を助長している。だがバリー・ウェーミラーの例からもわかるように、不況の時期であっても解雇を避けることは可能だ。たとえば、パンデミックで空の旅が事実上途絶える事態になるまで、サウスウエスト航空は一度も従業員を解雇したことがない。9・11テロの直後にすべての空港が一時的に閉鎖され、その後も需要が激減したときでさえ、また同社の四〇年の歴史で遭遇した数々の景気後退期にも、解雇はしていない。またゲイリー・ラブマンはシーザーズ・エンターテインメントのCEOだったとき、それまでひんぱんに行なわれていたシフト勤務表の変更を禁止した。こうすれば従業員は予定が立てられるし、育児や介護など必要なサービスをあらかじめ手配することができる。こうした例が示すように、企業が雇用や勤務時間の安定性と確実性を高めることは十分にできるはずである。

雇用主はパンデミック下でリモートワークが常態化したことを理由に、モニタリング（遠隔監視）ソフトウェアの導入を推進している。この種のソフトは在宅で仕事をする社員がどのサイトを閲覧したか、何時間仕事をしたかなどを監視する。これでは自分で自分の仕事をコントロールできないと感じるのは当然だし、ストレスが高まるのも無理もない。数十年も前から多くの研究が、仕事上の要求が厳しいうえに裁量の余地が乏しいのは健康に悪影響をおよぼすと指摘してきた。社員に多くを任せれば勤労意欲の増進につながることは研究で実証されているにもかかわらず、経営者はいっこうに理解していないらしい。

アーク溶接で世界最大手のリンカーン・エレクトリックは、管理職の職務範囲を非常に広く設定しており、一人ひとりの部下をことこまかに監視してあれこれ口を出すなどできないしくみにしている。社員にどの程度の裁量を与えるかということは、組織設計上の選択で決まる。つまり企業は、社員により多くの裁量の余地を与えるような組織設計にすることが十分に可能なのである。

通信技術の急速な進化により、パンデミック前からすでに職場にいなくてもどこまでも仕事に追いかけ回されるようになっていたが、パンデミック下でリモートワークが推奨されるようになると、事態は一段と悪化する。その結果の一つが、輪をかけた長時間労働だ。アメリカで行なわれたある調査によると、在宅勤務に移行した専門職の七〇%近くが週末も仕事をするようになったという。また四五%は平日の労働時間も以前より長くなったと回答した。[10] アメリカ、イギリス、オーストラリア、カナダなどにおけるバーチャル・プライベート・ネットワーク（VPN）の利用状況に関する調査では、通常の営業日の労働時間が二・五時間長くなったことが判明したという。[11]

長時間労働が健康被害をもたらし、血圧を大幅に上昇させ、心臓病のリスクを高め、死亡率を押し上げることは、多くの研究で裏付けられている。[12] リモートワークが長時間労働に直結しないようにすることは、企業にとってけっして不可能ではないはずである。そして、もっと重要なことがある。社員を追い回し、けっして休ませようとせず、在宅でこなせる仕事量に配慮しないような上司を厳しく罰することだ。

結論

働く人の健康被害の原因と結果を多くの研究が実証してきた。しかし「社員はわが社の最も重要な資産です」などと多くの企業が常々公言しているにもかかわらず、パンデミック下ではごく一握りの例外的な企業を除き、状況は悪化の一途をたどっている。ストレスや鬱症状から健康障害は深刻化し、疾病率や死亡率が上昇することはそれ自体が大問題であるうえ、医療費の増大を招くことは言うまでもない。もちろん国や企業によってちがいはあるものの、全体的な傾向として悪くなっていることはまちがいない。アメリカでは平均余命の大幅な縮小が記録された。その一部は新型コロナウイルスによる死亡率の上昇に起因するにしても、労働環境の悪化も一因であることはまず確実である。

この状況で他の仕事を探す人が増えれば、雇用主は「大量退職」の危機に直面しかねない。また政府は、医療費の大幅増にすでに直面している。いま企業と政府に突きつけられているのは重要な選択だ。一つは、ストレスを始め心の健康を脅かす要因を減らすべく努力するという選択肢である。こちらのほうが、瞑想アプリなどを配って過酷な労働条件の緩和を試みるよりはるかに効果的だ。もう一つは、労働者が文字通り仕事に殺される状況を放置し、それによって必然的に引き起こされる悲惨な結果を甘受するという選択肢である。

二〇二一年七月

ジェフリー・フェファー

はじめに

炭坑、油田、化学プラント、建設現場などが物理的な危険や有害物質にさらされる職場だということは大方の人が認めるところだが、今日の労働環境では、危険だとされるブルーカラーの仕事に劣らず、ホワイトカラーの職場も健康に悪くストレスが多い。アメリカでは労働安全衛生局（ＯＳＨＡ）の指導の下で労働環境における物理的な危険を取り除く努力が続けられてきたし、他の国でも同様の政府機関が改善を推進している。品質改善運動から得られた教訓、すなわち「検査でき、計測でき、報告できるものは改善される」という知恵に基づき、どの国も職場における労働災害や事故に注意を払ってきた。とくに落下や化学物質の漏出など、身体への影響が確実に検証できるような労働災害を減らすことに力が注がれた結果、アメリカの労災死亡数は一九七〇〜二〇一五年の四五年間で六五％低下し、労災の発生率そのものも同時期に七二％下がっている。[1]

その一方で、職場でのストレスは数値化が不可能だとされ、ＯＳＨＡの調査対象ひいては指導対象にならず、しかも現代の職場ではやむを得ないと受け取られがちなこともあり、ほぼすべての産業や職種で悪化の一途をたどってきた。その結果、身体的にも心理的にも悪影響が増大している。健康関連のウェブサイトWebMDによると、ストレスをもたらす単独で最大の原因は仕事だという。[2] またアメリカ心理学会が二〇一五年に発表した報告「アメリカのストレス」では、ストレスの二大要因としてお金と仕事が挙げられており、この二つに起因するストレスが非常に大きいと答えた人が回答者のほぼ四分の一に達したという。[3] このほか三〇〇〇人近くの就労者を対象にした別の調査でも、回答者の半分近くが職場に関係するストレスから仕事を休んだことがあると答え、六一％がストレスで身体を壊した、七％がストレスとその心理的影響が原因で入院したと答えている。[4]

統計を見るだけでも懸念すべき事態であることがうかがえるが、個人の聞き取り調査からは一段と重大な状況が浮かび上がる。ある急成長中のヘルスケア企業で財務担当役員を務めていた女性は、苛酷な要求に応えるために連日のように徹夜で働かざるを得なかった。やがて興奮剤や鎮痛剤に手を出すようになり、職場の絶え間ないストレスをアルコールでまぎらわすようになったという。アルコール依存と薬物依存から脱け出すためには途方もない努力とお金が必要だったし、ストレスのそもそもの原因となった職場も辞めなければならなかった。それでも最後には依存症を断ち切ることができたのだから、運がよかったと言わねばなるまい。

あるテレビのニュース番組のプロデューサーは、組織への忠誠と仕事への熱意を示そうと、世界中どこでもいつでも行きますと表明した。そして、ほとんど予告もなく事前情報もないままに取材に飛び回ることになる。その結果、ストレスと不適切な食習慣から短期間で三〇キロ近く肥《ふと》ってしまったという。運動などする暇もないことは言うまでもない。このような生活を続けていると、心身の健康が損なわれるだけでなく、結婚生活も危うくなるし、子供と過ごす時間もなくなってしまう。

本書の調査では、心的外傷後ストレス障害（ＰＴＳＤ）と診断され、病気休暇をとって労災補償を受給している人たちの話も聞いた。電力会社サザンカリフォルニアエジソンで働いていたあるエンジニアは、過重な要求からＰＴＳＤになったという。仕事量が多すぎ、人手は足りず、上司からは絶えず急かされていた。

この種の話は枚挙にいとまがない。そして労働者、企業、広くは社会にとってのコストが膨れ上がる結果となっている。たとえば米国ストレス研究所は、職業性ストレスが原因で、アメリカの企業は年間三〇〇〇億ドルのコスト負担を強いられていると指摘する。[5] ストレスから体調を崩せば生産性は低下するし、退職にいたることも少なくない。ある調査では、回答者の五〇％近くが「職場のストレスから逃れるために転職した」と答えている。[6] 第2章でくわしく取り上げるが、健康を蝕むような職場環境や労働慣行のせいで、アメリカでは年間二〇〇〇億ドル近くの医療費が発生しているという。実際の数字はもっと大きいだろう。

残念ながら、IESEビジネススクール（バルセロナ）のヌリア・チンチリャ教授がじつに適切に社会的公害と呼んだ現象は、よくなるどころか深刻化する一方だ。何より嘆かわしいのは、民間企業や政府機関などあらゆる種類の組織が、労働者を文字通り病気や死に追いやる働き方を容認し、さらには奨励した結果、当の雇用主までもが苦しむ結果になることである。なぜなら悪しき労働慣行と不健全な職場は、けっしてその組織の業績や利益にプラスにはならないからだ。それどころか不健全な慣行がまかり通る職場では、人々はやる気を失い、離職率が高まり、医療保険料と医療費が嵩《かさ》む一方で、生産性や業績は落ち込んでいく。雇われる側にも雇う側にもためにならない、つまりウィンウィンの逆のルーズルーズの関係を続けている職場が多すぎるのである。

しなくて済んだはずの人々の悩みや苦しみは、自然環境改善への取り組みを誇る企業でも引き起こされている。いや皮肉なことに、自然環境の持続可能性の面での進歩と改善を緻密に計測し誇っている企業は、自社の職場環境が人間の持続可能性（human sustainability）におよぼす影響をほとんど考慮していないらしい。もちろん、自然環境の持続可能性が非常に重要であることは言を俟《ま》たない。だが人間の持続可能性もそれに劣らず重要である。人間が持続可能であるためには、いきいきと働き肉体的にもメンタル的にも健康でいられる職場、長年働き続けてもストレスから疲弊したり病気になったりすることのない労働環境が求められる。絶滅危惧種やホッキョクグマのことを考えるのも大切だが、働く人のことを考えるのも忘れてはいけない。企業はカーボンフットプリントを気にかけるだけでなく、自社で働いている人々、そう炭素《カーボン》でできたヒトという種に職場環境がおよぼす影響にも配慮すべきである。

これから本書で論じていくように、職場の満足度を高め、働く人々の身体的・精神的健康を向上させるためには、以下の四つのことを実現する必要がある。第一に、現在働いている人もこれから働こうという人も、職場環境における健康リスク要因をよく理解し、今日では身体的なけがの危険よりメンタル面のリスクのほうがむしろ大きく、またどこにでも潜んでいることを知っておかなければならない。そうした情報を持ち合わせていれば、職場を選ぶ際に報酬や待遇だけに目を奪われず、自分の心身の健康に重大な影響を与えかねないストレスも考慮するようになるだろう。

第二に、雇用側は、自社の有害な職場環境や労働慣行から生じるコストを理解するとともに、客観的に計測すべきである。コストには、医療費のような直接費と、生産性の低下や離職率の上昇のような間接費の両方がある。有害な職場環境のコストを数値化して把握することは、変革へ向けた最初の一歩となるはずだ。

第三に、政府は、雇用主が引き起こした負の外部効果（外部不経済）をまず認識し、次に計測し、そして何らかの対策を講じるべきである。この負の外部効果とは、具体的には、職場環境に起因する労働者の身体的・心理的な健康被害により、公的な医療保険制度や社会福祉制度が負担したコストである。民間の職場におけるストレスや不健全な労働慣行が公的な費用負担を生じさせる問題は、すでに多くの国で政府の関心事となっており、イギリスや多くの北欧諸国が対策に乗り出している。医療保険制度には国家予算が投じられている以上、本来なら発生しなかったはずの医療費を削減できれば、それは国家財政の好転に直結するからだ。

第四に、人間の持続可能性と人間の働く環境の改善を訴える社会運動のうねりを起こし、自然や地球の持続可能性や物理的環境の安全や健康への配慮に劣らず、働く人間を大切にするよう訴えていかねばならない。思い出してほしい。ほんの数十年前まで、企業は汚染物質を大気中、海や川、土中に平気で排出していた。しかしいまでは環境を保護することが広く社会の共通の目標となっており、企業に外部汚染のコストを払わせることは当然とされている。これは、環境運動や啓蒙活動や政治的圧力のおかげであり、また世界各国で地球環境を汚染するような行為を禁止する法律が成立し、市民もそうした規範を確立したからでもある。同じように、人々の生活や心身の健康をもっと大切にしようと訴える運動がわき起これば、社会にとって大きなプラスとなるだろう。この問題には命が、そして仕事人生を含めた長い人生がかかわっているのだから。

もう一つの不都合な真実

職場環境が働く人々の健康におよぼす影響というテーマを取り上げ、調査研究に取り組むことに決めた理由はいくつかあり、それらは相互に関連がある。まずはこの点をお話ししておこう。

理由の第一は、ハイコミットメントまたはハイパフォーマンス型人事管理モデルを経営学の専門家が何十年にもわたって研究し、また教えてきたにもかかわらず、[7]それが正しく実行されず、労働環境に好ましい変化がいっこうに起きないことだ。ハイコミットメント・モデルは、雇用保証、権限委譲、報酬拡充、教育研修、情報共有など社員への積極的な投資が能力向上やコミットメント、モチベーションの強化につながり、高業績に結びつくとする考え方に基づいており、私自身も含めて多くの研究者が本も書いている[8]し、産業界でも理解が進んでいる（と思われる）。ところが現実には職場環境は悪化の一途をたどり、社員はやる気を失い、仕事満足度は下がり、経営者や職場のリーダーに対する信頼は薄れる一方だ。[9] どうやら経営学者の本や論文や講演には、経営判断や企業慣行を変える力はないと認めざるを得ない。では、何なら変えられるのだろうか。

私は人事コンサルティングのヒューイット（エーオンと合併前）が主催するヒューマン・キャピタル・リーダーシップ・カウンシル会議のメンバーである。この会議には大企業の人事担当役員が大勢参加する。またスタンフォード大学の教職員人事委員会の委員も務めており、大学の人事の現場も知っている。だが働く人の健康という懸案の問題に関する限り、率直に言って何も得るものはなかった。どちらの会合でも、議論は被雇用者の医療費の問題に集中することが多く、雇用側はとにかくコスト削減に躍起になっていて、それしか頭にないらしい。ふとこのとき、組織への忠誠や献身を高め高業績を生み出してきたハイコミットメント型の人事管理手法、たとえば雇用の安定や仕事の裁量の確保といったことは、健康に働ける職場環境作りにも効果があるのではないか、という考えが閃《ひらめ》いた。もしこの考えが正しいなら、いまや深刻化している働く人の健康と医療費問題を契機に、ハイコミットメント型のアプローチのメリットが再評価される可能性がある。この手法は長年にわたって励行されてきたものの、景気が悪くなるとあっさり捨てられてしまっていた。だが企業や国が働く人の医療費を真剣に削減したいのであれば、職場環境の変革にこそ努力と注意を向けるべきではないか。

理由の第二は、先ほど挙げたような委員会や会議に参加して、ほとんどすべてのことが「コスト」や「リソース」という言葉で語られると気づいたことにある。とりわけ人事に関してそう言える。これは衝撃だった。一例を挙げるなら、二〇〇七年のサブプライム住宅ローン危機に端を発する世界同時不況のときには、スタンフォード大学は四〇〇〜五〇〇人を解雇している。[10]さらに、予算不足を理由に賃金凍結も実施した。[11]大学自体は潤沢な寄付金を得ているにもかかわらず、である。その頃のある日、私は大学構内を通り抜けようとして、立派な木が数本、これから移植するために用意してあるのを見かけた。おそらく、だいぶ前に朽ち果てた老木の代わりになるのだろう。キャンパス内のスタンフォード家の霊廟近くに立っていた樫の木は大学の歴史的資産と言うべきもので、その木が枯れてしまったときには大きく報道されたものである。木の寿命を延ばそうと「丹精込めた世話と愛情を注がれ」、英雄的な努力がなされたという内容だったと記憶している。[12]それから数年後、今度はパロアルトの地方ニュースが、サッカースタジアムのそばに生えていた樫の木を伐採せざるを得ないと報じた。どう手だてを尽くしても救えないという。代わりに新たに六本の若木が植えられるそうだ。どうやらこれがニュースで取り上げるに値する出来事らしい。[13]これを読んだ私は思わず友人にこう言った——スタンフォードでは勤め人になるより木になるほうがいいぞ、と。どうも多くの組織では、木や景観のほうが人間より大切にされているように見えてならない。

ものごとを説明するときに使われる言葉は、多くを物語る。企業で働く人について話すときには、人的資源や人的資本という言葉がひんぱんに使われる。賃金や健康について話すときには、雇用コストや医療費という具合にコストや費用という言葉がついて回る。独立系エネルギー企業AESの共同創立者デニス・バッケは、何年か前に私のある著書のサブタイトルが気に入らないと文句を言ってきた。そのサブタイトルは「社員ファーストで利益を増やす」である。[14] バッケは、社員を第一に考えるのは利益やコストのためだけではない、いや、全然そのためではないと断言した。社員は人間であり、生き物であって、本来的に幸福に生きるに値するのだから、経営判断において相応に優先されるべきであり、利益やコストの優先度とは無関係だというのである。

たしかに。私たちは組織運営において日々使われる言葉を変える必要がある。幸福や満足や健康といった言葉がふだんの会話でも政策でももっと大切にされるべきだ。包装資材関連の大手非上場企業バリー・ウェーミラーのCEOボブ・チャップマンは、企業経営者は自社のために働く社員の生活をよりよいものにする責任があると話す。自分の会社で働いている人々は、家庭では大切な夫であり妻であり息子であり娘なのだ。だから経営者は、一日の終わりには社員が満足して健康な身体で家路につき、仕事を離れた生活を楽しめるようにしなければならない。

理由の第三は、「生命尊重《プロ・ライフ》」をめぐる政策議論に感じた違和感である。アメリカなどいくつかの国では、「生命尊重」政策をめぐって激論が闘わされているが、その大半は、そしてその結果として制定される法規のほとんどは妊娠中絶に関するものであって、人々が仕事人生で多くの時間を過ごす職場で生命にかかわることが起きている問題は、ほとんど顧慮されていない。人間の命の尊さを真剣に考えるなら、倫理的な理由からも、職場における健康と幸福にもっと注意を払うべきである。人々の幸福が職場環境によっていかに損なわれているかを懸念するからには、自分自身が問題の実態を調査し問題の深刻さを理解しなければならない、と私は決意したのだった。

ヌリア・チンチリャから今度開催する仕事と家庭に関する会議に参加してほしいと誘われたとき、私はすでにこのような考えを抱いていた。先ほど述べたように、チンチリャは社会的公害の問題を取り上げてきた研究者である。彼女は、自然環境の破壊だけでなく、職場環境を含めた社会的環境の劣化も「不都合な真実」だと述べている。[15] 結局その会議は開催されなかったが、職場環境と労働者の健康というテーマで私が書いた論文はレフェリー付きの専門誌に掲載され、「人間の持続可能性」という概念の最初の一歩を印すものとなった。[16] このとき以来、私は聞き取り調査や疫学データの収集を行ない、オペレーションズリサーチを専門とする同僚の協力も得て、不健康で有害な職場で働くことの総合的な影響の分析に取り組んできた。本書は、その成果を世に問うものである。

この序論を締めくくるにあたって、研究の成果をごくかんたんにまとめておこう。職場環境は、そこで働く人々の健康に重大な影響を与える。人々の健康を蝕む職場はあまりにも多く、労働者は文字通り、給料のために死んでいく。事態は想像以上に深刻で、職種、業種、国や地域、さらには年齢や教育水準とも無関係に、大勢の人が悪しき労働慣行の犠牲になっている。調査で多くのことが判明するにつれ、またたくさんの当事者や関係者と会って話を聞くにつれて、今回の調査データや分析結果をもっと多くの人に知ってほしいという思いが募ってきた。情報が広く共有されることによって、世界中の職場で起きている心理的・身体的大虐殺を食い止めるために必要な変化を起こせると信じる。

端的に言って、一日のかなりの時間を過ごす職場環境はきわめて重要である。働く人の意欲、充足感、仕事への愛着を高め、高業績に結びつけるうえで職場環境が重要な要因であることは、すでにわかっているし、組織行動論の分野で膨大な研究文献も発表されている。だが、それだけではない。職場環境や労働慣行は、働く人の心身の健康と幸福にとってもきわめて大きな意味を持つ。この問題に取り組むにあたっては、コストや生産性にばかり拘泥するのではなく、人間の生活と生命、人間の持続可能性をつねに考えなければならない。

CHAPTER 1

経営者の選択と人間の持続可能性

メイヨー・クリニックによると、
職場の上司がどんな人間かということは、
ホームドクターの腕前以上に健康にとって重大な意味を持つという。

——ボブ・チャップマン、バリー・ウェーミラーCEO

ニュースは、そしてデータも、重要なことを物語る。ウーバー（Uber）のソフトウェア・エンジニアで年収一七万ドルを稼ぐジョゼフ・トーマスは、二〇一六年八月にピストル自殺した。父親と妻は職場のストレスが原因だと非難している。

「彼はものすごく長時間働き……仕事のプレッシャーとストレスを強く感じていたし、クビになることを恐れていた……彼はすっかり自信を失い……どうしていいかわからないと言っていた」[1]

トーマスのケースはけっして特殊ではない。ウーバーでは多くの社員が「パニック発作、薬物乱用、鬱症状、ストレスが原因の入院」を経験している。[2]

職場のストレスと健康被害は、世界中どの国でも起きている。フランス・テレコムでは、二〇〇八年一月～二〇一〇年春の期間にすくなくとも社員四六人が自殺した。専門家はコスト削減とリストラが原因だと指摘している。[3] また電子機器受託生産の最大手フォックスコンでは二〇一〇年一～五月のわずか四カ月間に中国で社員九人が自殺し、さらに二人が自殺未遂を起こした。[4] 同社の労働条件が原因だと社員たちは話しているという。

メリルリンチ（バンク・オブ・アメリカの投資銀行部門）ロンドン支店でインターンをしていた二一歳のモリッツ・エアハートは、七二時間つまり三日間ぶっ続けに徹夜で働いたあと死亡した。検視報告によると、エアハートの死因は「ストレスと疲労が引き起こしたてんかんの発作」だという。[5] 日本のワタミフードサービスは、「入社二カ月の女性社員を過労自殺に追い込んだとして批判された……この女性社員の残業時間は月間一四〇時間を超えていた」と報道されている。[6] インドの農業部門では、景気悪化を受けて二〇〇七～〇九年に二〇万人近くが自殺したと推定される。「借金がかさみ、生きていくことに絶望した」ことが原因だと言われる。[7]

仕事のストレスは、国も職業も社会的地位も関係がない。許可なく有給休暇をとったと詰問されたシカゴの電車運行担当者は、飛び込み自殺した。自分が解雇されるとわかったメリーランド州の弁護士は銃で自殺を図り、その傷がもとで死亡した。二〇〇八年の金融危機で雇用不安と景気後退によるストレスが急増した結果、アメリカ企業では自殺が過去最高の水準に達している。[8]

職場環境のストレス要因の中でもとりわけ問題なのは、低賃金、シフト勤務、そして仕事の裁量の乏しさである。仕事の裁量とは、自分の判断で仕事を進めたり、ある程度まで自分の主体性を発揮したりできるなど、「任される度合い」と言い換えることができる。低賃金、シフト勤務、裁量の乏しさがどれもストレス要因であることはとくに説明を要さないかもしれないが、たとえば賃金が低いと、わずかな収入で暮らさなければならないためストレスが増大するほか、十分な医療も受けられなくなる。多くの調査で、低賃金世帯における肥満、不安や鬱症状、出生児の低体重、高血圧の多発が指摘されている。[9]

こうした問題は、だいたいにおいて組織内で地位の低い人に当てはまるとされてきた。だが専門職や役員クラスも、劣悪な職場環境が健康と幸福におよぼす悪影響から逃れられるわけではない。たとえばスイスコムのＣＥＯカーステン・シュローター（四九歳）は年中無休のコールサービスに関してトラブルを抱え、チューリッヒ保険グループのＣＦＯピエール・ウォーシアー（五三歳）はＣＥＯと険悪な関係にあったが、どちらも二〇一三年に自殺している。[10]

職場のストレスが原因で病気になる人、死にいたる人や自殺する人がいる一方で、他人を殺してしまう人もいる。二〇一七年六月、車両改造パーツ製造のフィアマで人員削減の対象になった元社員がもとの職場にやってきて、五人の社員を計画的に殺してから自殺した。[11]この種の殺人事件はけっしてめずらしいことではない。一九八六年には、上司から「おまえはクビだ」と脅された郵便配達員が元同僚一四人を殺し、さらに六人を負傷させた。自暴自棄になることを英語で“go postal”というのは、この事件に由来する。[12]

アメリカでは、二〇一三年に三九七人が仕事に関連する要因で殺されている。二〇一二年には四七五人だったのだから、すこしは減ったことを喜ぶべきなのかもしれない。一九九二〜二〇一〇年の仕事に関連する殺人事件の犠牲者は、合計で一万四〇〇〇人に上る。[13]職場にいるときに仕事絡みの要因で殺された人の数は、火事・爆発による死亡、機械設備に巻き込まれた死亡、有害物質による死亡の合計を上回るのである。[14]とはいえ、職場の暴力で最も極端な形が殺人だが、そこにまでいたらない暴力のほうがはるかに多い。労働安全衛生局（ＯＳＨＡ）は、職場の暴力の犠牲者は年間二〇〇万人に上ると推定しており、その多くが報告されていないという。職場の暴力が重大な健康リスクとなることはあきらかだ。

高学歴で有能な人間ほど、ストレスフルな労働環境に対する自分の反応に愕然とし、恐慌を来す。「回復期にある鬱病患者」だと称する南アフリカの元銀行員が、私に手紙をくれた。この銀行員は「ハムスターの回り車から脱落」して深刻な鬱病に陥ったのだが、二つのビジネススクールを卒業し、たくさんのリーダーシップ研修を受けてきた彼にとってそれはまったく予想外の事態だったという。

「私は傲慢にも、また無知にも、成功した人間が鬱病にかかるはずがないと考えていた。よい仕事に就き、郊外に家を持ち、ステーションワゴンを運転しているような人間は鬱病とは無縁だと。鬱病になってからは、職場に戻っていない。その代わり、回復期に入ってから応用心理学の修士課程に通い始め、ストレス症状の調査に着手し、自分の経験を本に書いた。二五〇〇人のホワイトカラーを対象に行なった調査では、あらゆる業種にまたがる調査対象企業すべてでストレスが疫学的に懸念すべき水準に達していることがわかった」

また一流大学で経営学を修めサンフランシスコのセールスフォース・ドットコムで働くある女性は、管理職として同社に入ってすぐに抗鬱剤に頼るようになったと話す。複数の上司からの過剰な要求、長時間労働、些細な失敗を理由にいつ降格あるいは解雇されるかわからないという恐怖のつきまとう職場を乗り切るために、彼女は長年にわたり心理療法、カウンセリング、たまさかの週末旅行、マッサージそして協力的な夫に頼ってきたという。

ハイテク企業で働く「成功した」人たちはみなそうだが、彼女も自分の仕事と生活を自分でコントロールできなかった。第一子を妊娠中でさえ、木曜日になってから、土曜日の友人との約束をキャンセルしなければならない羽目に陥ることがたびたびあったという。というのも月曜の朝にパリで会議があると言われ、そのためには日曜日にパリに着いていなければならないからだ。これは、ひんぱんなスケジュール変更や過剰な要求のほんの一例に過ぎない。これでは、自分は管理職なのに自分の仕事を管理できていないと感じるのも無理はあるまい。彼女は会社の要求に応えつつ自腹でセラピストやトレーナーを雇って乗り切る戦略を採用したが、これはひどく高くつく。月二〇〇〇ドルを超えたにちがいない。こんなことが可能だったのは彼女自身も夫も高学歴で高報酬の仕事に就いていたからであって、そんな余裕のない大半の人々はどうやって職場のストレスに対応すればよいのだろうか。

セールスフォースは、フォーチュン誌が毎年発表する「働きがいのある会社」ランキングで二〇一八年の一位に輝いた企業であるが、さきほどの女性管理職のようなケースは同社でもめずらしくないという。最近出産したばかりのある女性役員は、産休中にもかかわらず、出産後二週間以内に職場復帰して次の重要なイベントで基調講演をせよとの圧力を感じているという。もちろんその圧力は、丁重な賛辞のオブラートにくるまれている。「メディアも注目するこのイベントであなたには重要な役割が与えられている。きっとあなたはこのことを誇らしく思い、セールスフォースの役員や多くの出席者の前で脚光を浴びる機会を逃したくないと感じるにちがいない」。だがこのメッセージの裏には「まさか赤ん坊のほうが仕事より大事だと言うのではないだろうな」という威嚇が込められている。どちらの女性も転職を考えたという。この事実から、威圧的な上司とストレスフルな職場環境が健康を蝕むだけでなく、転職、仕事満足度の低下、その他の生産性落ち込みの原因にもなることがわかる。

近年では、ブラックマンデー・シンドロームという言葉がよく聞かれるようになった。月曜午前中に心臓発作に襲われる人が他の曜日より大幅に多いのである。楽しい週末が終わって仕事に行かなければならないことが原因だろう。月曜の午前中に担ぎ込まれる患者の数があまりに多いため、病院では緊急治療室のスタッフを増やすなどの対応を迫られている。[15]

米国ストレス研究所（じつに適切なネーミングだ）の体系的なデータも、事例調査を裏付けている。いくつか紹介しよう。

- アメリカの成人がストレスを感じる要因としては、仕事が他を圧して多い……仕事のストレスは、ここ数十年で加速度的に増大している。
- アメリカの職場環境調査に応じた回答者の八〇％は、仕事のストレスを日常的に感じていると回答した。
- 二つの別々の調査で、労働者の一〇％が自分の職場に暴力や脅迫があると答えており、その多くがストレスに起因すると推定される。[16]

労働安全衛生局（ＯＳＨＡ）のある報告によると、労働者の四分の一が、自分の生活で最大のストレス要因は仕事だと答えたという。また仕事のストレスは、金銭や家族の問題など他のストレス要因よりも健康悪化につながりやすいこともわかった。[17]

職場環境の問題はどこの国でも似たり寄ったりで、ストレス要因になっていることも共通する。たとえばオーストラリアで毎年行なわれるストレス調査によると、二〇一四年には回答者の四五%が「仕事絡みのストレスを抱えている」と答え、二〇一三年には七五%がストレスから健康障害があったと答えたという。またストレスは二年連続で増加傾向を示した。[18]カナダ統計局が二〇一二年に行なった調査でも、回答者の二八・四%が、勤務日にはすこしまたは非常にストレスが大きいと答えている。[19]さらにイギリスのある調査報告は、仕事に関連するメンタル面の健康障害がイギリス社会において重大な問題と化していることは多くのデータが裏付けており、経済的、商業的、人的に多大なコストを発生させていると結論づけた。[20]

ギグエコノミーとストレス

さまざまなデータから、労働環境が健康に与える悪影響は深刻化していることがわかる。その理由の一つとして、仕事そのものの性質が変わってきたことが挙げられよう。とりわけ問題なのは、不安定な雇用が日常化していることだ。ギグエコノミー(インターネットを通じて単発・短期の仕事を受注する働き方や、それによって成り立つ経済)におけるフリーランス形態の仕事はその一例である。一部の予想によると、二〇二〇年までにアメリカの労働人口の四〇%は臨時雇用で働くようになるという。[21]二〇一五年にはフリーランサー組合が、直近一年間でアメリカの労働人口の三分の一が何らかの形のフリーランス形態で働いたと発表した。
短期契約や臨時契約で働く場合、経済的な不安定性や不確実性が高まるうえに、有給休暇もなく、研修なども受けられない。「ギグ」で働く人の大半は副業としてやっているのではあるが、それにしても報酬がいいとは言いがたい。フォーチュン誌によると、ギグワーカーの平均月収は、外食出前のドアダッシュ（DoorDash）が二二九ドル、ウーバー（Uber）のドライバーが三六四ドル、リフト（Lyft）のドライバーが三七七ドル、なんでも屋のタスクラビット（TaskRabbit）が三八〇ドルとなっている。クラウドソーシングのファイバー（Fiverr）にいたっては一〇三ドル、カーシェアリングのゲッタラウンド（Getaround）は九八ドルだ。[22]
ニューヨーカー誌はこのところ急成長中のプラットフォーム企業のウェブサイトやブログを引用し、この手の企業の労働環境がいかにストレスが多いかを強調した。たとえばリフトでは、シカゴのあるドライバー、メアリーが称賛されている。彼女は妊娠九カ月で客を乗せて送り届け、そのまま産気づいて病院に駆け込んだという。リフトのドライバーの報酬は、平均すると乗車一件当たり一一ドルだ。「メアリーが客を乗せ続けたのは、ギグエコノミーにおいては医者へ行くより一一ドルの小遣い稼ぎのほうが重要だと感じるようになるからだろう。彼らフリーランサーには会社の福利厚生など期待できないのだから」。

ファイバーはデザインやアプリ開発などを中心にフリーランサーが中小企業に仕事を提供するマーケットプレイスだが、ニューヨークの地下鉄に印象的な広告を出している。あなたが「やる気満々」ならランチはコーヒーだけにすることがおすすめだ、なぜって「眠気を撃退できるから」。そして動画では、「たとえセックス中でもクライアントからの依頼に応えるように」と奨めている。[23]

こんな働き方が健康に悪いのはわかりきったことだが、不安定な臨時雇用が健康と幸福におよぼす悪影響はさまざまな調査でも裏付けられている。たとえば先進国における不安定雇用の実態を調べた九三種類の調査の総合評価によると、「不安定雇用は労働の安全衛生全般を悪化させており……具体的には、けがや病気になる確率の上昇、危険因子への曝露の増加、労働安全衛生法規上の責任に関する労働者および管理者の知識不足などが顕著に認められる」という。[24]

職場のストレスを無視する企業と政府

これほど労働環境のストレスが蔓延し、その健康への影響が調査や研究で裏付けられているにもかかわらず、なぜかこの現象は無視され続けている。これはたいへん不幸なことだ。職場のストレスは、経営者からも政府からも、そして、そう、ビジネススクールでもおおむね無視されている。[25] 労働条件が心身の健康におよぼす疫学的影響について、またそれが医療費を膨張させ労働者の死亡を増加させていることについて膨大な研究（第2章でくわしく取り上げる）が発表されても、この状況はなぜか変わらない。ニュージーランド人的資源研究所の元所長クリス・ティルは、あるときニュージーランド政府に対し、労働条件と国民の健康には密接なつながりがあると指摘した。すると政府の対応は、「ストレスが仕事に伴うのはあたりまえのことだ」、だから何も打つ手はないし、その気もない、というものだったという。ティルは、職場のけがや健康障害の原因の多くが、もはや大規模な労災や事故ではなく慢性的なストレスや悪しき人事管理によっていることに政府はいまだに気づいていない、と憤慨する。

ケンブリッジ大学ニューナム・カレッジの学長キャロル・ブラックは、組織心理学で名高いキャリー・クーパー教授とともに、イギリスのビジネススクール一〇〇校以上を対象に、労働者の健康、意欲、幸福に関する講座が一つでもあるかどうかを調査した。その結果、「まったくゼロ」であることがわかったという。[26] 企業内でも状況は同じようなものだ。職場のストレスを計測している企業はごくわずかしかなく、この問題に取り組もうとする企業にいたってはもっと少ない。

スタンフォードでＭＢＡを取得し、戦略コンサルティング会社アルテミス・コネクションを創業してCEOを務めるクリスティ・ジョンソンは、戦略実行の人的側面に興味を持っている。彼女によれば「職場の実態について率直に話してほしいと申し込むと、ものすごい抵抗に遭う」そうだ。私が驚いて、だが多くの企業では人事部が社員意識調査などをしているじゃないか、と聞き返すと、そうした調査の多くは法令遵守やリスク管理に関するものだという。つまり社員による告発や訴訟を防ぐことが目的なのである。しかも調査結果は十分活用されていないとのことだった。

職場の健康と幸福の調査をおろそかにしていない例外の一つは、あの有名なギャラップ＝ヘルスウェイズの全国調査である。ギャラップの高い調査力のおかげで、労働者の健康、幸福、意欲、企業業績に関する調査結果には大きな関心が集まる。ところが調査結果は地域別に公表されるだけで、企業別ではない。「雇用主のおかげで仕事満足度が高まったかという質問に〝強くそう思う〟と答えたのは回答者の一二％だけだった」と報告してはいるが、好ましい労働環境を維持している企業、そうでない企業を特定することはできない。[27]

このままではいけない

もちろん、数は少ないが例外もある。一部の企業は、従業員の心身の健康と幸福に配慮することは可能であり、しかも利益に結びつくと実地に証明している。

医療保険会社エトナのCEOマーク・バートリーニは、二〇〇四年にスキー中の事故で危うく命を落とすところだった。事故以来、左腕に絶えず激痛が走るようになり、また息子がめったにない種類の癌で闘病生活を送っていることもあって、バートリーニは健康全般に関心を抱くようになる。こうしてエトナは社員の健康を第一に考え、心身の健康のみならず、社会面や経済面からの健康改善にも気を配るようになった。[28] 二〇一五年にエトナは社内の最低賃金を一時間当たり一六ドルに引き上げる。同社で最も賃金水準が低い社員の場合、三三％の大幅増だ。この措置で、約五七〇〇人の社員の賃金が上昇した。また医療保険の会社負担も見直し、社員の自己負担を減らしている。さらに無料のヨガと瞑想のレッスンも提供。全社員の約四分の一が参加し、体験者のアンケート調査によると「平均して二八％がストレスが減った、二〇％が睡眠の質が向上した、一九％が痛みが和らいだと回答した。また仕事の能率が上がったと感じる人が多い」という。[29] エトナでは肥満改善プログラムや人間ドックも提供している。二〇一六年には教育ローン返済プログラムも開始。会社がローン返済相当分として年二〇〇〇ドルを上限に拠出する。以来、同社が負担する従業員医療費は減少傾向にあり、増える年があっても、その幅は全国平均より小さい。これはおそらく、同社が社員の健康と福祉に力を入れているおかげだろう。

バリー・ウェーミラーのCEOボブ・チャップマンの場合は、こうだ。バリー・ウェーミラーは年商二五億ドルを誇り、世界各地の工場で一万二〇〇〇人が働いている。数年前のある日、チャップマンはふと気づいた。「一万二〇〇〇人の社員はみんな誰かの大事な子供なんだ、と。だから会社が社員をどう扱うかによって、家族にも重大な影響を与えているのだ、と」。そこでチャップマンは、一日の終わりに社員が充足感に包まれて家路につくようにすることを会社の目標に掲げることにした。会社が社員を機械の歯車や将棋の駒ではなく、誰かにとって大切な子供や夫や妻として扱うようになると、社内に他人を気遣う文化が育ち始める。思いやりの文化が根付き、「社員一人ひとりが、何の見返りも期待せずに、人の役に立つことを自然にやるようになった」という。しかも停滞気味の業界の中で同社の業績は大きく伸び、利益は年平均一六％増を記録するにいたっている。

いまやチャップマンはこの考え方の伝道師といった格好だ。バリー・ウェーミラーの取り組みについての本も書き、[30]あちこちで講演もしている。「アメリカで働く人の八八％は、会社は自分のことなど気にかけていないと考えている。その結果として四人に三人はやる気がない。社員が、自分は大切にされていない、自分の職場環境は不快だと感じていると、必ずその影響が出る。おそらく、社員が職場に満足しているときは、ストレスを感じているときに比べ、健康関連の問題が四割近く減るはずだ」とチャップマンは話している。

本書では社員の健康と幸福に気を配っている企業も紹介し、そうした配慮の経済的・社会的合理性を論じた研究成果や文献にも言及する。[31]よい業績を上げると同時によいことをするのは十分に可能なのである。だが職場のストレスや労働者の健康と意欲に関する多くのデータを見ると、大方の企業経営者はこのことに気づいていないようだ。

サステナビリティレポートには人間がいない

ときにはごく日常的な行動や決定が、社会の価値観や優先順位を図らずも露呈することがある。たとえば事業の拡張や土地利用に関する決定には、環境保全のためのたくさんの条件が課される（要求が多すぎ、提出しなければならない書類が多すぎて、ひどく面倒だとぼやく人が大勢いるにちがいない）。だが環境への配慮を義務づける法規の大半は、影響を被る従業員の幸福に配慮していない。

わかりやすい例を一つ挙げよう。大手スーパーマーケット・チェーンのセーフウェイは二〇一〇年にカリフォルニア州バーリンゲーム店の拡張を計画し、環境影響報告書（ＥＩＲ）を近隣住民に公開した。大きなビルを建てるときや大規模な再開発を行なうときには、ＥＩＲの提出は必須条件である。報告書では、店舗拡張およびその建設工事が景観におよぼす影響はもちろんのこと、付近の通行パターンや交通渋滞に与える影響から町の美観を損なわないような看板・標識計画にいたるまでが詳細に検討されている。さらに、セーフウェイと請負業者が心がけることとして、解体に伴う産業廃棄物の再利用や工事中の自然環境への配慮などが謳《うた》われている。

この報告書はごくまっとうなものだ。この手の報告書は毎年何十万件も提出されている。こうした環境影響評価が要求される理由ははっきりしている。経済発展のために開発は許可するが、いかなる建設工事も必ず環境を大なり小なり損ねるものであるから、そこに政府が介入し、環境への悪影響を最小限にとどめるよう企業を指導する必要がある、ということだ。とりわけ美しい景観地区における建設や改築、あるいは歴史的建造物が対象となる場合には、一段とこまやかな配慮と保全が要求されることになる。加えて、建設に着手する前にこのような報告書を公開して意見を求めるという点も重要だ。このことは、いったん悪影響が発生してしまったり歴史的建造物を壊してしまったりしてから直すのはむずかしく、事前に防いでおくほうが容易かつ賢明だという事実を示唆している。

こと環境に関する限り、いまでは持続可能性に配慮することがあたりまえになった。さまざまな法律が大気や河川を汚すことを禁じ、罰則を定めているのだから、それも当然だろう。多くの企業が、いかに自分たちは「グリーン」であるかを広告や年次報告などに誇示し、炭素排出量を抑えるためにどんな対策を講じ、そのほかにどんな環境保護策を推進したかをくわしく語っている。こうした行動はもはや日々の業務の一環となっており、そう遠くない昔に産業界が環境規制にこぞって猛反発したことなど忘れられてしまったようだ。かつては、環境への配慮がブランド戦略の重要な一要素だと認識している企業などほとんど存在しなかった。

一見すると、セーフウェイの環境影響報告書（ＥＩＲ）には何の問題もないように見える。もともと商業地区として開発された地区で既存の建物の一部を解体し増築するだけであり、プロジェクトの規模が限定されているので、読むまでもなさそうに思える。だがじつは、この報告書ではあるものが配慮の対象になっていない。いまあるバーリンゲーム店は、工事中一年にわたって閉鎖される。だがこの店では大勢の従業員が働いていた。店舗が閉鎖されるのは二〇一〇年で、景気はまだ低迷しており、労働市場では深刻な不況からの回復がなかなか進まない状況だ。にもかかわらずセーフウェイは、建設工事に伴い樹木を伐採したり交通渋滞を引き起こしたり駐車場がなくなったりすることについては熱心にＥＩＲで検討しているが、従業員の生計や幸福に与える影響については一行も触れていない。調べたところ、セーフウェイはすくなくとも一部の従業員に近くの店舗への異動を提示したことがわかったが、そのことはＥＩＲに記載されていないし、他の従業員がどうなったのかについても記載はない。要するに、セーフウェイではかなりひんぱんに行なわれる店舗拡張や移転計画において、人間への影響はEIRでいっさい言及されない、ということである。

これは、アメリカに限った話ではない。欧州連合（EU）は二〇一二年に、航空機も対象に含めた温室効果ガス排出規制を導入した。域内空港の発着便（域外航空会社も対象になる）から炭素排出取引制度に基づく料金を徴収するとして、あやうくアメリカと貿易戦争になるところだったことは記憶に新しい。[32] ところがそのEUは、アメリカの航空会社、たとえばユナイテッド、デルタ、アメリカン航空が、賃金引き下げ、人員削減、年金削減などの措置を継続し、人的環境を劣化させ、従業員の心身の健康と幸福を損ねていることについてはいっこうに無関心である。

サステナビリティレポートにおける人間の不在に関してもっと証拠を見せてほしいとお考えの読者は、たとえばゼネラル・モーターズ（GM）のウェブサイトへ行くといい。そこにはサステナビリティレポートが掲載されており、GMがクリーン・エネルギー特許では世界ナンバーワンであること、自動車メーカーとして世界で初めて天然ゴムの持続可能な利用に取り組んでいること、世界一四二の事業所が埋立廃棄物ゼロ認定を受けていることなどがわかるだろう。[33] その一方で、過去一〇年間に同社が削減した人員数、賃金引き下げと福利厚生の縮小、社員の幸福にかかわるような事務所・工場の職場環境管理に関しては何もわからない。またＧＭのサステナビリティレポートは、現役社員と退職した社員の心身の健康にまったく言及していない。

従業員数一〇〇万人以上とアメリカ最大規模のウォルマートは、エネルギー、廃棄物、製品をカバーする三つのサステナビリティ目標を掲げている。[34]同社の社会的責任（ＣＳＲ）レポートで強調されているのは、再生可能エネルギーの採用と緊急時への備えだ。従業員に関しては、昇進した人数、新規採用者に占める女性と有色人種の比率、復員兵の雇用人数などのデータが公表されているものの、賃金と生活水準、医療保険、仕事と家庭の両立支援（勤務時間の設定、休日の確保など）に関する記載はない。[35]

さまざまなステークホルダーがかかわる問題への取り組みで、企業が情報開示や説明責任に関して称賛に値する進歩を遂げてきたことはまちがいない。にもかかわらず、人間の持続可能性に関する限り、報告も取り組みもまったく行なわれていない。現状を一言で言えば「人権と労働者の問題を持続可能性に関連づけた研究や報告は、環境の持続可能性に比べればほとんど進歩がない」のである。[36]

経営方針や労働慣行が働く人々に与える影響について報告しないのは、言うまでもなく、さきほど挙げたセーフウェイ、ＧＭ、ウォルマートだけではない。廃棄物の削減、省エネ技術の導入、リサイクルその他さまざまな環境保護について報告することは、とくに大企業ではすっかり定着し、より広範な持続可能性についても報告するようになっている。その一方で、従業員の幸福に関しては、仮に報告する場合でも労災事故の減少といったことに限られており、人間の持続可能性が適切に評価されているとは言いがたい。

例外がないわけではない。従業員の幸福と健康についてさまざまな点から総合的に評価し、報告している企業も少数ながら存在する。その一つがブリティッシュ・テレコム（BT）だ。他の企業は、BTから多くを学べるはずである。BTは二〇一二年に健康と安全に関する指針を見直し、社員の健康と幸福を人事戦略の柱の一つに据えることを決める。そして、健康と幸福をめざす戦略の最優先事項として社員の健康増進を掲げた。同社は、病気やけがをした社員をちがう部署に配置転換し、会社を辞めなくてすむように支援を行なう。また「メンタルヘルス・ツールキット」と「ストレスリスク評価管理ツール」を開発し、約五〇〇〇人の管理職を対象に、二〇〇八年からメンタルヘルスに関する研修を提供してきた。さらに重要なのは、BTの経営理念の冒頭に「いかなる職場においても最優先すべきは、そこで働く人々に害を与えないことである」と掲げられていることだ[37]。もっと多くの企業が従業員の健康をこのように真剣に考え、目標に掲げると同時に研修や支援を行なうなら、企業自身にとってもそこで働く人々にとってもハッピーな結果が得られるにちがいない。

社会全体としてみると、環境保護への関心は高い一方で、職場環境が従業員の健康に重要な意味を持つことに対しては関心が薄い。好ましい職場や仕事が次第に姿を消し、国や地域を問わず、また業界や職種を問わず、多くの人がストレスの増大や心身の病を訴えるようになったのは、そのことと深い関係がある。いまの世の中で日々示されているのは、考えてみれば、あたりまえのことである。目に入らないもの、関心の対象にないものは未来永劫変わらないということだ。あるいは品質改善運動をもじって言うなら、検査でき、計測でき、報告できるものは改善されるが、そうでないものは変わらない。どころか、一段と悪くなる。環境汚染とは異なり、社会的公害については、計測も報告もされず、その影響に配慮せよとの要求もない。これでは組織が何も変えようとしないのも当然だろう。自社の職場環境や人事管理が従業員にどんな影響を与えているかなど、知りたくないし知らないほうがいい、というわけだ。

公共政策にも人間がいない

社会的環境より物理的環境を重視するのは企業だけではない。公共政策も同じである。国レベルでも地方レベルでも、環境規制と言えば汚染物質の垂れ流しや二酸化炭素排出、車の燃費などが対象だ。また企業統治のベストプラクティスや規制の面でも、社外取締役の採用やガバナンス、リスク、コンプライアンス（GRC）の計測、開示などが中心になっている。これらは、働く人の健康と幸福に比べるとはるかに範囲が広く、やるべきことも多い。それでも、たとえば最も基本的な安全管理である労災事故の防止に関しては長年の努力が実を結び、労働災害の発生率も死傷率も大幅に下がっているし、有害な化学物質に関しては労働者の安全を守るための法規制が整備されてきた。その一方でアメリカでも他国でも、経営者は社員の心身の健康への影響に顧慮せず、業績悪化を理由に人員削減をすることができるし、早朝・深夜などの交代勤務を始めとする苛酷な条件を強いることもできる。

たしかに、職場環境が労働者の健康と幸福におよぼす影響について、政策的な配慮が少ないながらも次第に増えてきたことは認めよう。世界保健機関（WHO）は、健康は人権の一つであり、人々の健康は多くの好ましい連鎖につながるとしたうえで、職場環境を含む心理的な要因が健康を阻害し得ることを認めている。[38]

アメリカでは国立労働安全衛生研究所（NIOSH）が、職場環境が労働者の心身の健康にとってリスク要因となり得ることを数十年前から指摘している。NIOSHは就業中の健康リスク評価の実施をめざすのと並行して、雇用主に対し職場の不健全な労働条件を改善するよう訴えてきた。[39] だが労働者総合健康プログラムをNIOSHが開始したのは、ようやく二〇一一年六月になってからのことである。このプログラムは、労働者の病気やけがを防ぐための職場の安全管理と労働者の健康改善を統合する包括的なものだ[40]。ほぼ時を同じくしてアメリカ保健福祉省（ＨＨＳ）が「ヘルシーピープル２０２０」を発表し、労働者のストレス軽減プログラムの提供を増やすことが目標に加えられた[41]。とはいえ相変わらず重点が置かれているのは、労災事故防止、有害あるいは危険な労働条件の削減である。労働者の健康改善も盛り込まれてはいるが、健康に重大な影響を与える心理的・社会的な面についての配慮は乏しい。

一方イギリスでは、職場環境と健康の関係について、アメリカより政策当局の関心が高い。理由はおそらく、計測がしっかり行なわれていることと、悪しき職場環境や労働慣行による健康被害が政府予算を直撃することにあるだろう。イギリスの場合、医療保険制度（ＮＨＳ）により無料で提供される医療サービスの財源は、八〇％以上が租税なのである。ケンブリッジ大学のキャロル・ブラックは、こう話してくれた。「イギリス政府は、二〇〇五年に〝健康、労働、福祉に関する戦略と構想〟を打ち出したとき以来ずっと、政権が変わってもこの問題への関心を維持してきた……もちろんやるべきことはまだまだ多いが、不健全な労働形態や職場環境、よからぬ経営者、十分な訓練を受けていない不適切な管理職の問題は少しずつ好転している[42]」。

政策当局が関心を持つようになると、関係機関が実態調査を行ない、不健全な職場環境によって生じるコストを評価するようになる。するとそれが行動を促すわけだ。イギリスでは二〇〇七～〇八年に、ストレスが原因の欠勤により推定一三五〇万労働日が失われたという。[43]また、二〇一一～一二年に就労していた一一〇万人が、仕事に起因する病気にかかったこともわかった。[44]職場のストレスがこれほどの経済コストを発生させることが判明した以上、安全衛生庁（HSE）としても手をこまぬいてはいられない。職場の健康問題（およびコスト）の発生を抑えるべく、労務管理基準を策定した。好ましい流れではあるが、その先は企業の自主運用に委ねられている。アメリカのNIOSHのプログラムもそうだ。環境保護に関しては管轄官庁が強い姿勢で臨み、罰金を科すなどしているのとは対照的である。

以上を総合すると、こうなる。もし真剣に人間のこと、人間の命のことを考えるなら、そして環境の持続可能性だけでなく人間の持続可能性を懸念するなら、まずは人々を病や死に追いやっている職場環境の実態を知り、次にそれを改善していかなければならない。

健康状態は幸福と社会制度の効率を表す

健康や幸福を気にかけるべき理由は、言うまでもなくたくさんある。まず倫理的、社会的な正義からして、人々の健康は何よりも優先しなければならない。そのことは国際的な人権法や人権団体が強く訴えており、たとえば世界人権宣言や経済的、社会的及び文化的権利に関する国際規約などでは、職場の健康と安全を基本的人権の一つとみなしている。[45]

さらに、健康状態は組織や社会がうまくいっているかどうかを示す重要な指標である。イギリスの疫学者で公衆衛生政策の専門家であるサー・マイケル・マーモットは、「健康は社会の公認会計士のような働きをする」と述べている。[46] 彼はノーベル賞受賞経済学者アマルティア・センの次の言葉を引用した。「ある経済や社会の成功は、その社会を支える人々の生活と切り離すことはできない」[47]。人々の健康と幸福、より的確に言うなら本人が自分は心身ともに健康だと感じることは、乳幼児死亡率や平均余命と並んで、その共同体が健全に機能しているかどうかを示すバロメーターである。ここで言う共同体には、国や都市も、企業や職場も該当する。

うまく機能しているシステムでは、人々は健康で長生きする。システムが故障したり機能不全に陥ったりすれば、人々は病気になり早死にする。このわかりきった原則をこのうえなくはっきりと示しているのが、ロシアと東欧の死者数である。旧ソ連の崩壊により、最終的には東欧の衛星国の経済は好転し、健康状態も改善されるのだが、すぐにそうなったわけではない。過渡期には、国営だった医療サービスが機能不全に陥り、失業率は上昇し、経済は不安定化して格差が拡大し、アルコール依存など社会問題が深刻化した。この混乱期に東欧諸国の大半で平均余命が大幅に縮まり、ロシアでも一九八九年以後の混乱期に男性の平均余命が七年も短くなっている。[48] 別の言い方をすれば、共産党の崩壊に続く一〇年の間に、歴史的趨勢から予想される死亡数を推定四〇〇万人も上回る人が亡くなったのである。[49] 健康状態の悪化と死亡数の増加は、新制度に移行するまでの経済の不安定性と社会福祉制度の破綻をまさに鏡のように映し出している。

社会的なシステムがうまくいっているかどうかを示すもう一つの指標として、生活満足度指数または主観的幸福指標がある。近年ではこうした指標に対する関心が高まり、経済学者や社会学者は幸福感の決定因を理解し、その最適の測定方法を知ろうと努力している。[50] 改めて言うまでもないことだが、幸福と健康状態の間には正の相関関係がある。思春期初期の青少年一五一人を対象にしたある調査では、健康と幸福にははっきりと正の相関関係が認められ、[51] 成人三八三人を対象にした調査でも同様の関係が確認された。[52] 四六カ国で行なわれた幸福と健康調査でも強い正の相関関係が認められている。[53] また複数の国で実施された多くの調査を分析した世界幸福データベースの総合評価でも、両者の強い正の相関関係があきらかになった。[54] これらの結果は、直感的に理解できる。病気のときに幸福になるのはむずかしい。健康状態と主観的な幸福のこうした関係は、従業員の健康がその企業がうまくいっているかどうかを示す重要な指標であることを裏付けている。

健康が基本的な人権の一つであること、また健康は社会や共同体の健全な運営を示す指標であることに加え、職場環境が従業員の幸福におよぼす影響にもっと注意を払うべき理由がもう一つある。こちらは、経済的な理由である。医療費が世界中で急激に膨張しており、その一因が人口の高齢化にあることは周知の事実だ。しかしもう一つの原因が、労働条件の悪化にあることはあまり知られていない。労働条件とメンタルヘルスの関係を調べたある調査によると、ヨーロッパの大半の国における労働条件の質的な低下傾向を多数のデータが裏付けているという。[55] そしてヨーロッパについて言えることは、労働市場の保護の点でヨーロッパより自由放任的なアメリカにはもっと当てはまるだろう。

世界各国が直面している医療費の増加の大半は、心臓病や糖尿病など慢性的な疾病（その一部はある程度は予防可能である）によるものである。世界経済フォーラムの報告書は、アメリカの年間医療支出は二兆ドルを上回るが、その七五％を占めるのは慢性疾患だと指摘する。しかも糖尿病や循環器系の慢性疾患は、中国、ロシア、インド、ブラジルなどの新興国にも拡がっているという。[56] 健康状態が悪化すればいつものように働けないのは言うまでもないことだが、健康悪化と生産性の大幅な落ち込みの関係は、社会全体についても個々の企業についても数値的に確かめられている。さきほどの世界経済フォーラムの報告書では、慢性疾患にかかった従業員の生産性低下がもたらす損失は、その疾患の治療に要する直接コスト（こちらもすでに莫大だ）の四倍に達するという。

健全な行動は健康な職場から生まれる

医療費の膨張、心身の病による生産性の低下、病気で働けなくなった従業員の補充を雇用するコストに直面した各国の政府と経営者は、従業員の健康と幸福を増進するためのプログラム、いわゆるウェルネス・プログラムをこぞって推進してきた。だが取り組みの大半は、個人への働きかけが中心である。食事に気をつけましょう、運動しましょう、タバコはやめましょう、アルコールは控えましょう、薬に頼るのはやめましょう、といった具合だ。彼らの置かれた環境、つまり職場環境がストレスレベルに大きく影響し、暴飲暴食や薬物依存などの行動につながっていることはほぼ無視されている。

ウェルネス・プログラムは、とくにアメリカでは大流行だ。読者もよくご存知のとおり、アメリカには国民全員をカバーできる公的な医療保険制度がない（公的な制度は、高齢者向けのメディケアと生活困窮者のためのメディケイドのみである）。国民の六割程度は企業が提供する団体保険に入っており、したがって企業が間接的に従業員の医療費を負担している。従業員向けウェルネス・プログラムを調査したランド研究所の報告書によると、二〇〇九年には従業員五〇人以上の企業の五〇％、二〇〇人以上の企業の九二％がその種のプログラムを実施しているという。[57]プログラムは従業員とその家族に対し、運動、禁煙、健康な食習慣、アルコール摂取の制限を奨励するとともに、血圧やコレステロール値などのバイオマーカーの定期的な計測と正常値の維持管理を求めている。組織人事コンサルティングのエーオンヒューイットが中〜大規模企業八〇〇社を対象に行なった調査では、七九％が従業員のプログラム参加を促すために保険料引き下げなどの見返りを用意していることがわかった。さらに、バイオマーカーやライフスタイルに関する計測値が改善しない従業員に対しては、ペナルティーを科す企業も多いという。[58]

経営者が医療保険料や従業員の欠勤、転職、生産性を気にしていることはまちがいない。だからこそこれらの数字を左右する個人の健康改善に躍起になっているわけだが、それにしても彼らのウェルネス・プログラムは、あまりに個人の努力に重点を置きすぎていると言わねばならない。食習慣やストレスに関するカウンセリングやエクササイズ・レッスンの提供、健康診断を受けさせるための少々の金銭的インセンティブの設定といった企業の介入、さらにはタバコ税や酒税などの政府の干渉は、結局のところ、どれも個人に働きかけてライフスタイルを変える決意を促すというものにほかならない。

たとえば大いに反響を呼んだセーフウェイの健康測定プログラムでは、従業員が喫煙、肥満、血圧、コレステロール値に関して予め定められた限度内を維持すれば、保険料の減額が適用される。これは同社のＣＥＯの発案だという。[59] 同社を始めとするこの種のプログラムは、従業員の食習慣や運動に関する知識を高め、エクササイズやストレス発散の機会を提供し、定期的に健康測定を実施し、参加に対する少々のインセンティブを用意しさえすれば、容易に彼らのよからぬ習慣を変えられる、ということが前提になっている。問題は、職場自体が従業員の悪しきライフスタイルを引き起こす元凶になっているという事実に、経営者が気づいていないことだ。

これはまことに嘆かわしい。経営者はご存知ないのかもしれないが、飲酒、喫煙、薬物依存、過食といった健康を害する個人の行動が職場環境や仕事絡みのストレスと深い関係があることは、すでに広範な調査で確かめられている。[60] たとえば法律事務所の大半は長時間労働で知られており、また個人間の競争も激しい。ニューヨーク・タイムズ紙によると「法律事務所で働く弁護士の二一％はアルコール依存症であり、二八％は軽度から重度の鬱病に、一九％は不安障害にかかっている」という。[61] そのうえ弁護士の多くが、苛酷なスケジュールをこなそうと刺激剤に手を出したことがきっかけで、深刻な薬物依存に陥っているとこの記事は述べている。

職場環境は、生活満足度や心理的な幸福感のレベルにも影響を与える。自分はいま不幸だと感じている人は、自分自身のこともぞんざいに扱う。精神分析医のリチャード・フリードマンは、こう語る。

「ストレスを感じている人は、薬物や食べ物に癒しを求める……多くの調査が、ストレスと依存症には密接な関係性が認められると結論づけている。意外に思うかもしれないが、調査結果からは、環境を変えれば依存症にならずに済むこともわかった[62]」

企業はこうした調査を知っているはずだが、ほとんど手を打っていない。たとえば人事コンサルティングのワトソンワイアット（現タワーズワトソン）が二〇〇八年に行なった調査では、長時間労働や慢性的人手不足など仕事関連のストレスが生産性に悪影響をもたらしていることを知っていますか、という質問に対し、回答した経営者の四八％が知っていると答えた。にもかかわらず、何らかの対策を講じていると答えた経営者はわずか五％にとどまっている[63]。

経営者がこれでは、企業主導のウェルネス・プログラムが期待したほどの成果をあげていないのも当然だろう。その最大の理由は、プログラムの大半で効果測定が行なわれていないことにある。もう一つ重要な理由は、従業員参加率が低いことだ。たとえばスーパーマーケット・チェーンのＨＥＢは、ウェルネス・プログラムに参加した社員の保険金請求額が年間一五〇〇ドル減少したと報告している。[64]だがランド研究所の調査では、従業員参加率は五〇％を下回るケースが多いという。またギャラップの調査では、ウェルネス・プログラムが用意されている企業でも、積極的に参加する従業員は二四％に過ぎないと結論づけている。[65]この種のプログラムを長年運営してきたことで評判のスタンフォード大学でさえ、三五％以上の職員は一度も参加したことがないという。

二〇一〇年に発表された三二種類の調査のメタ分析によると、ウェルネス・プログラムへの投資一ドルにつき医療費は三・二七ドル、欠勤に伴うコストは二・七三ドル減少したという。[66]だが最近行なわれたより総合的な分析では、ウェルネス・プログラムの投資リターンは一対一を下回ったと報告されている。[67]つまり投資一ドルに対して一ドルの効果が得られていないということだ。またヘルシーリビングがペプシコのウェルネス・プログラムを調査したところ、プログラムの一部または全部に七年連続で参加した場合には、参加者一人当たりの一カ月の医療費が平均三〇ドル減ることがわかった。ただしコスト削減効果があるのはプログラムのうち疾病管理の部分だけで、ライフスタイル改善のほうには効果がないという。[68] ランド研究所の報告によると、ウェルネス・プログラムはライフスタイルの選択（食習慣や運動など）にある程度の影響はおよぼすものの、五つの企業の社員三六万人を分析したところ、プログラム参加者と非参加者の医療費の差は年間一五七ドルに過ぎないことが判明した。この程度の額ではまったく期待はずれだし、統計的に有意とも言えないという。[69] 悪しき職場環境が悪しき習慣を引き起こし、さらにその習慣に拍車をかけるような状況では、社員に健康なライフスタイルを選べと言っても無駄だということである。

企業主導のウェルネス・プログラムの効果はともかくとして、ここでは、そうしたプログラムを評価する際によく使われる基準について考えてみたい。現在、プログラムを評価する際にほぼつねに問題にされるのは医療費、つまりコストである。もちろんコストは重要だ。だがウェルネス・プログラムと謳う以上、従業員のウェルネスすなわち健康と幸福な生活も評価対象に含めるべきではあるまいか。具体的には、心と身体の健康、さらには死亡と疾病の発生率も含めるべきだろう。健康状態は、必ずしもコストと相関するわけではない。端的に言って、死んでしまえば医療費はもう発生しないのだ。今日のように、人間の幸福より経済的コストを重視する姿勢は問題である。ウェルネス・プログラムの効果のほどを評価するに当たって、コストだけを基準にするのはもうやめなければならない。

経営者には選択肢がある

すでに指摘したように、健康と医療費をめぐる議論は、個人の選択に焦点が当てられることが多い。たとえばある分析報告は、アメリカにおける年間死者数二四〇万人のうち一〇〇万人以上の死因は、食事、運動、薬物乱用に関する個人の悪しき選択に由来すると述べている。[70] だがアメリカの医療費が膨張する元凶は、本当に個人の選択なのだろうか。アメリカの医療システムは、巨額の支出に対して健康面の成果が乏しいという点で、効率的に運用されているとは言いがたい。医薬品や医療装置のイノベーションで世界をリードし、また医療技術や保健衛生インフラに巨額の投資をしているにもかかわらず、である。経済協力開発機構（OECD）によれば、アメリカは医療に国民一人当たり七六六二ドル（購買力平価で調整済み）を投じている。これは絶対額でみて世界で最も大きく、OECD平均の二・六倍に達する。対国内総生産（GDP）比で言うと、アメリカはGDPの一六・九%を医療に充当しており、こちらもまた世界で最も高く、OECD平均の一・八倍である。にもかかわらず、アメリカの出生時平均余命は世界で二七位、六五歳の男性の平均余命は同二三位にとどまっている。[71]

公共政策論議や実証研究では、こうした数字に現れるアメリカの医療システムの非効率の原因として、個人の選択のほかに二つの要因に注目している。第一は、制度運用に関する社会としての選択である。たとえば医療システムをどう運用し、医療費や管理費を誰がどのように負担するか、といったことだ[72]。メディケアとメディケイド以外に公的医療保険制度のないアメリカの場合、医療保険の大半は民間の保険会社に委ねられている。このようなやり方だと、医療機関はあちこちの保険会社に請求しなければならず、保険会社は保険会社で膨大な数の医療機関と取引しなければならないので、管理費がひどく嵩んでしまう。これに関連して、保険でカバーすべきもの、すべきでないもの（既往症、避妊・不妊治療、代替医療など）が適切に設定されているか、という問題もある。また、先進国の多くが直面している高齢者の医療費負担をどうするか、個人間で負担するのか広く社会で負担するのか、ということも重大な問題だ。

第二は、医療機関のあり方である。たとえば、費用対効果の高い治療が提供されているか、医療機関は継続的な質的向上に努めているか、研修は効率的に行なわれているか、といった問題である[73]。

もちろん、これらが重要な要因であることは言を俟たない。だが、企業経営者の行動が職場環境に与える影響を無視するのは、どうみても賢明とは言いがたい。経営者の行動が職場のストレスを増やしもすれば減らしもする。労働者の健康、幸福、そして医療費を考えるうえで、このことこそがこれまで忘れられていた要因だと断言できる。

　職場環境を左右する経営者の行動のほんの一例として、賃金に関する決定を考えてみよう。賃金は、もちろん労働市場の需給状況にも左右されるが、同じ産業でも企業によって賃金にかなりの差がある。たとえば同じ小売業界に属すコストコとウォルマートの格差はその代表例だ。そして賃金が健康に影響をおよぼすことは、データが雄弁に物語っている。たとえば、ミシガン大学社会調査研究所が一万七〇〇〇人以上を対象に収入動態に関するパネル調査（ＰＳＩＤ）を実施したところ、賃金と高血圧（医師の診断に基づく回答）の発生率の間には、統計的に有意な強い負の相関があることが確かめられた。賃金が健康に与える影響は、男性より女性のほうが大きく、また若年層（二五〜四四歳）ほど大きい。これは長期にわたるパネル調査なので、最初の時点の賃金からその後に発生する高血圧との関係性を確認することができる。調査の結果、賃金が二倍になると、高血圧の発生リスクが二五〜三〇％下がることがわかった。[74]このほか、労働時間、ワーク・ライフ・バランスに関する経営者の判断も、健康に重大な影響をおよぼす。これについては、本書を通じて論じていく。

　私が言いたいのは、ごく単純なことだ。経営者には選択肢がある。一つは、従業員の心身の健康と幸福を重視する方針を掲げ、それによって従業員の医療費、欠勤、労災補償を減らし、労働意欲ひいては生産性を高める選択肢である。今日では、出勤はしていてもストレスで疲弊して勤労意欲に乏しく、したがって生産性の低い従業員が少なくない。研究文献などでは、これを疾病就業（による業務遂行能力の低下）と呼ぶ。従業員の心身の健康と幸福を重視する選択肢を選べば、社会にとってのコストを減らすこともできるし、従業員のみならずその家族などへのダメージも減らすことができる。要するに、経営者は多くの人々の生活、いや人生をよりよいものにする選択ができるのである。これに対しても、う一つの選択肢は、文字通り従業員を病気にし、死に追いやる職場環境を、意図的あるいは無知ゆえに創出あるいは放置することである。

より健康な社会をめざすのであれば、職場環境の健全化と人間の持続可能性の改善に力を入れなければならない。そうすれば自ずと医療費は減り、病気や死亡も減るはずである。いま差し迫って手を打つべき対象は、職場環境である。働く人の健康を改善するためには、そして企業の社会的持続可能性を高めるためにも、人々が働く環境に注意を向けなければならない。

CHAPTER 2

悪しき職場環境の犠牲者たち

働く人々の健康が職場によって損なわれるケースがあまりにも多い。人々を健康にするための医療機関でさえ、例外ではない。かつて医療機関に勤めていた女性は、過重な労働の影響と「自分の思い通りにならないとすぐ爆発する」ＣＥＯについて話してくれた。

「ある日、役員の一人とおしゃべりしていたら、彼女はストレスのせいで帯状疱疹になってしまったと言っていた……その年の夏に、今度は私がパニック発作を起こした。そんなことは、これまで一度もなかったのに。私はもう我慢の限界に達していて、毎日のように泣いていた。自分の仕事を憎んだ……私はただのマネジャーなのに、二人分、いや二・五人分の仕事に追いまくられていた」

聞き取り調査をすると、こうした話が次々に出てくる。また職場のストレスに関する論文や記事も近年では非常に多い。重要なのは正確なデータを収集して分析し、悪しき職場環境や人事管理に起因する経済的コストと人的被害を十分な精度で推定することである。本章では、この課題に取り組む。

ここ一〇年ほど、悪しき職場環境が従業員の心身の健康を損ねてきたことには大方の人が賛同するだろう。この悪しき職場環境の形成に責任があるのは経営陣の意思決定だが、逆に言えば、経営者の意思一つで職場環境を好転させることも可能なはずである。問題の枠組みを決めるために、ここでは次の四点を問う。

1　今日の職場環境において、定義可能かつ多くの組織に共通する要素はほんとうに有害なのか、有害だとしてどの程度有害なのか？

2　そうした有害な職場環境に起因する人的・経済的損失は、アメリカの場合に総額でどの程度なのか？

3　有害な職場環境から受ける悪影響の度合いは、人によってどの程度ちがうのか？　たとえばその差は平均余命などに現れるのか？

4　最も重要な点として、人的・経済的損失は防げるのか？　激化する競争や技術の変化を考えると職場のストレス軽減という目標は達成不可能のようにも思えるが、何か打つ手はあるのか？

これらの問いに答えるためには高度な分析スキルやモデル構築スキルが必要で、とうてい私の手には余る。幸運にも、今回の調査ではジョエル・ゴーとステファノス・ゼニオスの助けを借りることができた。ゴーは当時スタンフォード大学ビジネススクールの博士課程の学生で、現在はシンガポール国立大学の教授である。ゼニオスはスタンフォード大学ビジネススクールのオペレーションズ・情報・技術グループの教授を務めている。本章では、調査と分析の結果を紹介するとともに、この問題を取り上げた他の研究や他国の調査結果にも触れる。また、有害な職場環境が引き起こす人的・経済的損失以外の問題点も論じる。

調査・分析の詳細より先に四つの質問の答をまず知りたいというせっかちな読者のために、現時点で推定し得る最善の答を以下に掲げておく。

1　今回の調査では、職場環境において労働者がさらされるストレス要因を一〇種類抽出して分析した。するとほぼ例外なく、死亡数や病気（医師の診断による）の発生などの面で健康に害をおよぼすことが確認された。受動喫煙が肺癌を引き起こすのと同様に、これらのストレス要因は死にいたる病気を引き起こす。

2　アメリカの職場環境は、全体として年間一二万人の超過死亡（通常予測される死亡数と比較した場合の死亡数の増分）の原因になったと見込まれる。つまり職場環境がよければ、一二万人は死なずに済んだということである。この数字が正しければ、職場はすべての死亡原因の中で第五位になる。また職場環境が原因で追加的に発生した医療費は約一八〇〇億ドルで、医療費全体のほぼ八％に相当する。

3　職場環境で悪影響を受ける度合いの差は主に教育水準と関係があり、人種や性別との関係はごく弱い。平均余命の格差の一〇〜三八％は教育水準に起因すると推定され、しかも格差は拡大しつつある。

4　アメリカをヨーロッパ二七カ国と比較した限りでは、死亡数六万人すなわち現在の水準の半分、追加的な医療費六三〇億ドルすなわち現在の水準の三分の一は、発生せずに済んだはず、すなわち防げたはずだと考えられる。

他の研究でも、人的・経済的損失がきわめて大きいことが指摘されている。カリフォルニア大学デービス校が実施したある実証研究では、職場の労働条件に起因すると考えられる特定疾病の罹患率を調べた（やや専門的になるが、これを寄与危険割合という。曝露群の発生率から非曝露群の発生率を引いたもの（＝寄与危険度）を曝露群の発生率で除して求める）。それによると、二〇〇七年には五六〇〇〇人が職場の労働条件に起因する致命傷を負い、五万三〇〇〇人が致死的な病気に罹患したことがわかった。これに伴うコストは、癌の治療に要するコストと同等以上だという。[1] 同じ調査手法を用い、一九九七年のデータを使った別の研究では、職場の労働条件に起因する死亡数を四万九〇〇〇人と推定している。この場合、アメリカにおける死因の中で職場は八位ということになる。[2]

オーストラリアでは、職場のストレスに起因する経済的コストが年間一四八億ドルに達すると見込まれており、心理障害補償請求の七五％前後を仕事のプレッシャー、ハラスメント、いじめが占めるという。[3] しかも、オーストラリア心理学会は、ストレスと健康に関する調査を実施したところ、心の健康と満足度があきらかに低下傾向にあることがわかったと述べている。[4] アメリカでもまったく同じ傾向が認められる。健康と生産性低下の関係を調べたある調査では、アメリカでは健康関連の要因により、約二六〇〇億ドル相当の生産高が毎年失われているという。[5]

二〇〇六年に中国の新聞に掲載されたある調査報告によると、中国ではすくなくとも毎年一〇〇万人が過労死しているという。上海科学院は「中国の知識人（その大半が大学教授である）の七〇％は、大なり小なり過労死リスクを抱えている」と報告している。[6] また世界保健機関（ＷＨＯ）の比較危険度評価手法を用いて職場の危険の負荷を計算したある分析では、職場環境に起因する全世界の死亡数は八五万人、失われた健康な生活は二四〇〇万年分に上るという結果になった。[7] 欧州労働安全衛生機関は、仕事を休んだ日数の六〇％はストレスが原因だと推定している。[8] 以上を総合すれば、悪しき職場環境と労働条件が膨大な人的・経済的損失を招いていることがわかる。

職場以外の健康阻害要因

待て待て、健康を損なう原因は職場のほかにもいろいろとあるだろう、とお考えの読者がいることと思う。もちろん、ほかにも原因はある。たとえば、家庭環境がそうだ。ある論文に「おそらく家庭は、病気が発症し治癒する社会的状況として最も重要である。家庭は健康維持と医療の最小単位である」とあるとおりだ。[9]

また多くの研究が、共同体や地域の環境が健康におよぼす影響を指摘している。カナダのオンタリオ州ハミルトンで実施された調査では、近隣の社会経済状況が健康状態に影響を与えること、また周辺の喫煙状況と健康との強い相関関係が認められることが判明した。[10] シカゴのデータを使った別の分析では、住宅地の治安、移民の集中、社会経済的地位が健康に関係すると結論づけている。[11] 医療機関が近くにあるか、治療が受けやすいか、といった点でも共同体や地域の環境が重要であることは言うまでもない。

交友関係などの人間関係も、健康に影響を与える要因となる。その影響はさまざまな経路をとるが、とくに個人の行動に与える影響が大きい。たとえばある調査によると、肥満は交友関係を通じて伝染するという。付き合いのある友人が肥満になると、周囲が肥満になる可能性は五七％高まるという結果が出ている。[12] また、飲酒の社会的影響を調べた調査によると、飲酒は次の三通りの経路で仲間内に伝染することがわかった。酒を奨める、仲間の飲酒が手本となる、仲間の飲酒習慣や飲酒量がその交友関係における標準となる、の三つである。[13] さらに薬物依存の調査でも、ある人が薬物に手を出したり依存症になったりするかどうかには、社会的環境が決定的な役割を果たすことが確かめられている。[14] とかく人間は仲間から影響を受けやすいものだが、健康に関してもそうだということである。

薬物依存症の治療プログラムでメンターやソーシャルサポートが提供されるのは、まさにこのためだ。メンターは依存症にかかった人に寄り添って治療を手助けし、悪い習慣に誘い込んだ仲間から遮断する。また、心の支えとなり、話し相手になることで、苦しみを軽減する。

健康や寿命に影響を与える要因はほかにもある。たとえば偶然がそうだ。交通事故が寿命を縮めることは改めて言うまでもあるまい。また遺伝は大きな要因である。ある医療専門誌の論文には「遺伝子は、人間のあらゆる特徴と疾病に関係する」とある。[15]

以上のように、健康を阻害する要因は多種多様であり、個人の力ですべてコントロールできるわけではないことはあきらかだ。また、病気や死亡がすべて職場のせいでないことは言うまでもない。それでも、今日働く人々の健康にとって職場が重要な影響要因であることもまた、あきらかな事実である。

職場が健康におよぼす影響の推定方法

職場は働く人が長い時間を過ごす場であり、生活費を稼ぐ場であり、出世や社会的地位の向上を実現する（あるいは夢破れる）場でもある。そういう場であるとなれば、どうしてもストレスが多くなりがちだ。過去数十年間に公表された広範な調査結果は、ストレスが健康に悪影響を与えることを一貫して示してきた。[16] また一部の調査はストレスと健康の因果関係を立証しており、たとえばストレスが不健全な習慣を誘発することなどを裏付けている。[17] ところがアメリカの場合、従業員に医療保険を提供するかどうか、提供するとしてどのような医療保険を提供するか（自己負担率、免責額など）は雇用主に委ねられている。すくなくとも、オバマケアとして知られる医療保険制度改革法（正式名称は患者保護並びに医療費負担適正化法）が施行されるまではそうだったし、施行後でさえ、ある程度はそうである。

ストレスの多い仕事やストレスを高めるような職場環境は、そこで働く人の健康を損ね医療費を押し上げると考えるのが合理的である。逆に、企業がストレス軽減に取り組んだりストレス解消に役立つ手段を提供したりすれば、労働者の健康は改善され医療費は押し下げられるはずだ。また人々の健康と寿命は、医療にアクセスしやすいかどうかと直接的な相関関係にあるのだから、医療保険の有無や自己負担率などは労働者の心身の健康に（財政にも）大きくかかわってくることになる。

となれば、職場環境が従業員の健康にもたらす影響とそれに伴うコストはかんたんに推定できそうに見える。ところが、実際にはそうはいかない。というのも、職場環境や従業員の健康を長期的に計測したデータが存在しないからである。そこで私たち（ゴー、ゼニオス、私）は間接的な方法を採らざるを得ず、複数の情報源から集めたデータをモデルに投入し、人的・経済的影響のコストを計算することにした。私たちが用いた方法と結果の感度解析に興味をお持ちの読者は、論文（査読付き専門誌に掲載されたもの）のタイトルを巻末に掲げておいたので参照されたい。[18]

ここでは、私たちが使った明快で論理的な分析プロセスをかんたんに説明しておこう。まず、従業員の健康に善きにつけ悪しきにつけ影響をおよぼしていると合理的に推定できる職場慣行や労働条件（職場のストレス要因）への曝露を評価した。データは、総合的社会調査（GSS）の複数年次のデータを使用している。GSSはシカゴ大学が一九七二年から毎年または隔年で実施している全国規模のランダムサンプリング調査だ。特定のテーマや領域に特化していないため、人口統計学的情報のほかにさまざまな社会意識や社会傾向を知ることができ、GSSのデータから、人々が職場でどのような条件下に置かれているのか推定することが可能である。

次にメタ分析を行ない、複数の調査結果を総合して、職場のストレス要因への曝露が死亡や疾病の発生におよぼす影響の度合いを推定した。正確には、曝露群における発生率が非曝露群をどの程度上回るかを推定した[19]。最後に、健康レベル別の医療費の全国データを使って、曝露の影響に伴うコストを推定した。以上のプロセス全体を通じてさまざまなテクニックを使い、職場の各種ストレス要因への曝露の影響、この場合で言えば健康障害の発生を重複してカウントしないよう配慮した。

疫学的な研究文献から抽出した、経営判断に関係する一〇種類の職場のストレス要因は次のとおりである。

1　解雇された（レイオフ〔一時解雇〕も含む）
2　無保険である（医療保険がない）
3　シフト勤務（通常の日中の勤務時間ではなく、深夜・早朝勤務がある）で、かつ一回の勤務時間が長い（通常の八時間ではなく、一〇～一二時間勤務である）
4　週当たりの勤務時間が長い（たとえば、四〇時間以上である）
5　雇用が不安定である（たとえば、複数の同僚が解雇された）
6　仕事と家庭の両立が困難である（ファミリー・ワーク・コンフリクト、ワーク・ファミリー・コンフリクト）
7　仕事に関する裁量が乏しく、自由度や決定権がほとんどない
8　仕事の要求が厳しい（たとえば、つねに急かされる）
9　職場で上司や同僚からのサポートが得られない（たとえば、ストレスの影響を緩和してくれるような同僚との緊密な人間関係が希薄である）
10　業務や雇用に関する判断が不公平・不誠実な職場である

これらの職場のストレス要因への曝露の計測に当たっては、総合的社会調査（GSS）

の最近の年度のデータから、アメリカの職場における発生頻度を推定した。

次に、オンライン・データベースMEDLINEを使って、上記の職場条件や健康状態に言及した研究文献を検索した。MEDLINEは医学を中心に生命科学全般の文献を収集したデータベースで、一〇〇〇誌以上の学術専門誌がカバーされている。一回目の検索では三〇〇〇件がヒットした。これほど大量にヒットしたこと自体、（a）職場環境と健康に関連する事柄を取り上げた疫学的文献が多数存在すること、（b）私たちが抽出した一〇種類の職場のストレス要因は、健康への影響調査の出発点として妥当であることを示している。メタ分析を効率的に実行できるようにするため、私たちはサンプル数が比較的大きく（一〇〇〇人以上）、かつ最も先進的で適切な統計手法を採用している文献に的を絞ることにした。最終的に二〇〇以上の研究文献の結果を対象にメタ分析を行ない、職場のストレス要因への曝露が健康に与える影響の度合いを推定した。言うまでもなく、曝露の種類によって、その影響の深刻度は異なる。

職場環境が健康におよぼす影響についで調査やメタ分析を行なった先行研究は存在するが、その多くが、単一のストレス要因、たとえば雇用の不安定[20]、労働時間[21]、職場におけるソーシャルサポートの欠如[22]、心理的な圧迫や裁量の欠如[23]の影響を取り上げている。私たちの研究では、最新の実証研究の成果を取り込むとともに、一〇種類の職場のストレス要因が四種類の健康アウトカムに与える影響を共通の手法と基準を使って調べた点が新しい。健康アウトカムは、予防や治療が健康にもたらす成果や危険因子への曝露が健康にもたらす結果を意味し、ここでは後者の意味で使う。

私たちの研究で設定した四種類の健康アウトカムは、死亡、医師が診断した疾病・症状、自己申告による心の健康（メンタルヘルス）、自己申告による身体の健康（フィジカルヘルス）である。研究文献においては、健康障害（および死亡）を「ある・なし」で識別するのが通例である。私たちの研究でもこれに従った。

まず指摘しておきたいのは、自己申告によるフィジカルヘルスが、病気の有無であれ、症状の程度であれ、その後の死亡や疾病の重要な先行指標になるということである。このことは、他の健康関連要因について統計処理を行なった後でも当てはまる。[24] しかも、自己申告による健康状態は、人種や年齢を問わず先行指標として有効であることもわかった。意外かもしれないが、自己申告による健康状態は有用なデータだということである。[25]

職場のストレス要因の多くは受動喫煙と同じぐらい有害である

疫学的な研究文献では、健康への影響は一般にオッズ比で表す。オッズ比とは、ある疾患などへのかかりやすさを二つの群で比較して示す統計学的な尺度のことで、私たちのメタ分析でもこの比を求めた。たとえばオッズ比が二であるとは、ある職場ストレス要因への曝露がある健康アウトカム（死亡、医師に病気と診断される、など）になる見込みが、非曝露群の二倍であることを意味する。[26]しかし慣れていない人にとって、オッズ比を解釈するのはむずかしく、どの要因の重要性がどの程度大きいのかわかりにくい。そこで、分析結果の重要性を現実に即してわかりやすく示すために、職場のストレス要因への曝露が健康におよぼす影響を、受動喫煙への曝露が健康におよぼす影響と並べて示すことにした。受動喫煙は発癌性のあることがすでにわかっている。ここでとくに注意してほしいのは、受動喫煙が健康に悪影響をおよぼすと判明したため、アメリカを始め世界の多くの国で、受動喫煙への曝露を防ぐ公共政策が導入されていることだ。いまや喫煙は、航空機、列車、バスなど公共輸送機関や、レストラン、映画館などの公共の場ではほぼ全面的に禁止されている。

七九、八〇ページの四つのグラフでは、ストレス要因への曝露が健康アウトカムにおよぼす影響をオッズ比で示した。これらは私たちのメタ分析から導き出された数字で、すでに査読付き専門誌に発表済みである。[27]参考のために、それぞれの要因のオッズ比と並んで、受動喫煙が同じ健康アウトカムにおよぼす影響のオッズ比も示した。こちらは、医学専門誌に発表された数字を借用している。これらのグラフを見ただけでも、職場のストレス要因への曝露の大半は、受動喫煙と同等か、それ以上に健康に悪影響をもたらすことがわかる。したがって職場のストレス要因は、単独でも大きな健康リスク要因であると言えよう。

オッズ比が一を上回るストレス要因は、曝露群のネガティブな健康アウトカムが非曝露群を上回ることを表す。たとえば医療保険が提供されない場合、医師が診断した病気のオッズは一〇〇%以上上昇し、医療保険が提供された場合の二・二倍に達する（オッズとは、ある事象が起こる確率pを事象が起こらない確率1-pで割った値のことで、平たく言えば見込みのことである）。グラフ中のオッズ比のうち、「a」と右側に表示されているものは、依拠している研究文献が二つ以下で、信頼性にやや乏しいことを表す。横棒は誤差範囲を表すエラーバーで、ストレス要因ごとの計測値のばらつきの範囲を示す。

職場のストレス要因への曝露が死亡数におよぼす影響

職場のストレス要因への曝露のうち、めったに起きないようなものは、企業や公共政策の対応を促すうえで説得力に欠ける。このため、私たちの研究で取り上げる健康アウトカムは、ストレス要因への曝露が悪影響につながると予想されると同時に、曝露がひんぱん

職場のストレス要因と受動喫煙の影響比較

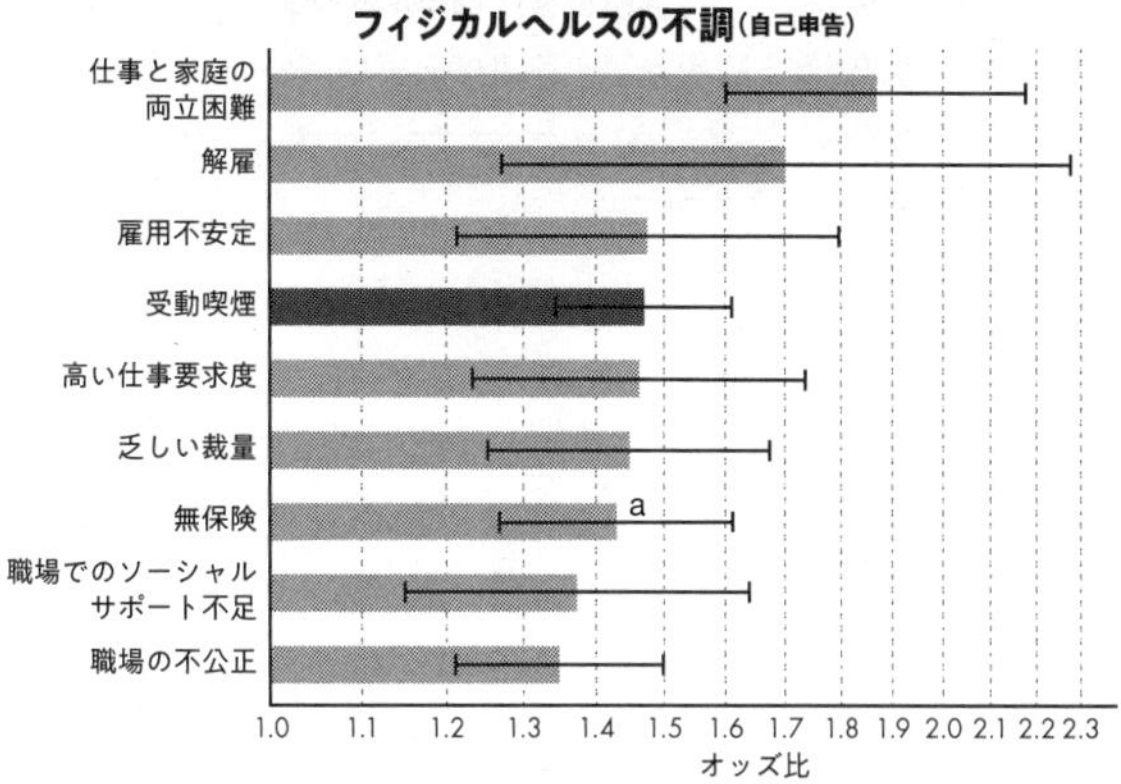
フィジカルヘルスの不調（自己申告）
仕事と家庭の両立困難
解雇
雇用不安定
受動喫煙
高い仕事要求度
乏しい裁量
無保険
a
職場でのソーシャルサポート不足
職場の不公正
1.0
1.1
1.2
1.3
1.4
1.5
1.6
1.7
1.8
1.9
2.0
2.1
2.2
2.3
オッズ比

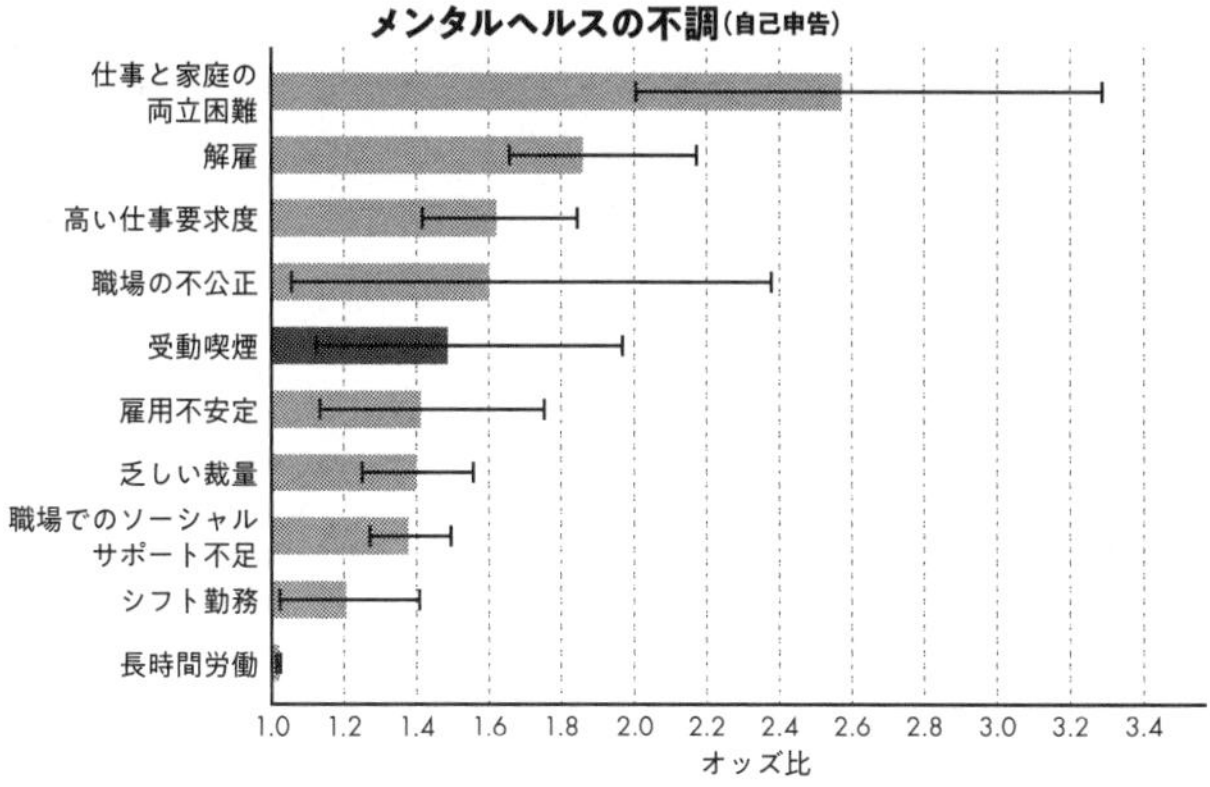
メンタルヘルスの不調（自己申告）
仕事と家庭の両立困難
解雇
高い仕事要求度
職場の不公正
受動喫煙
雇用不安定
乏しい裁量
職場でのソーシャルサポート不足
シフト勤務
長時間労働
1.0
1.2
1.4
1.6
1.8
2.0
2.2
2.4
2.6
2.8
3.0
3.2
3.4
オッズ比

職場のストレス要因と受動喫煙の影響比較

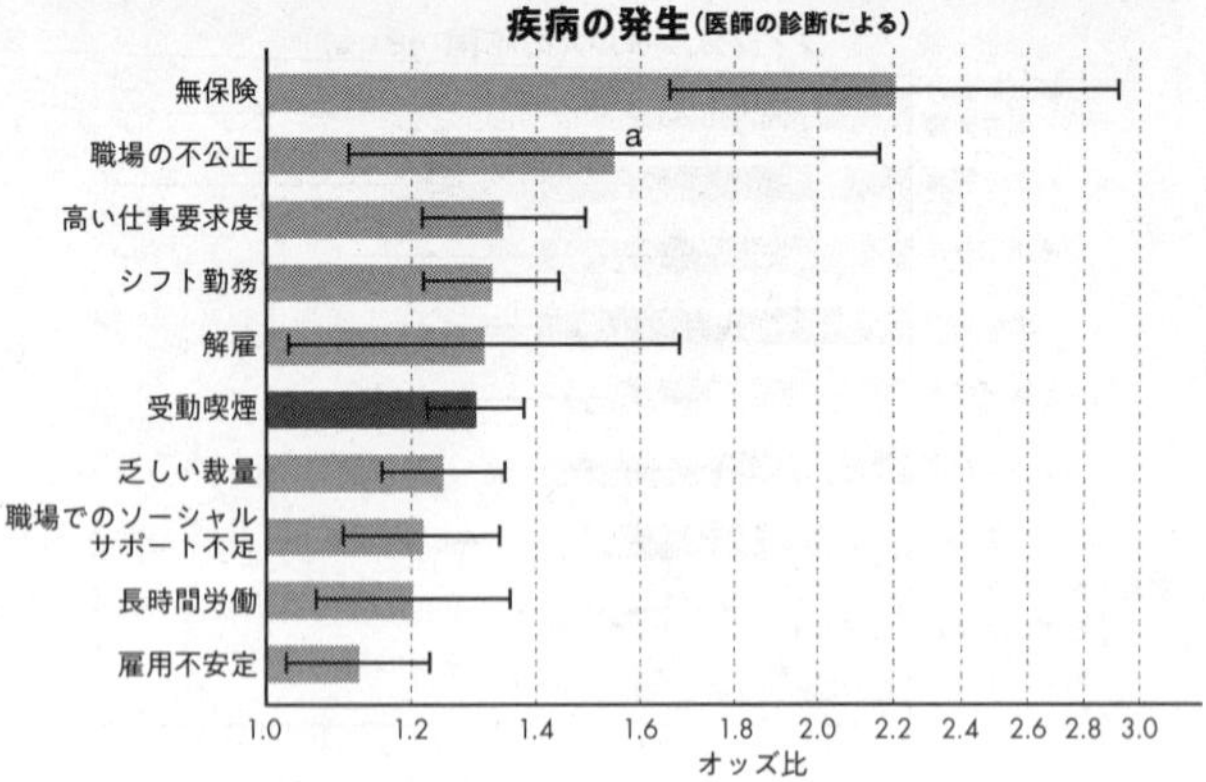

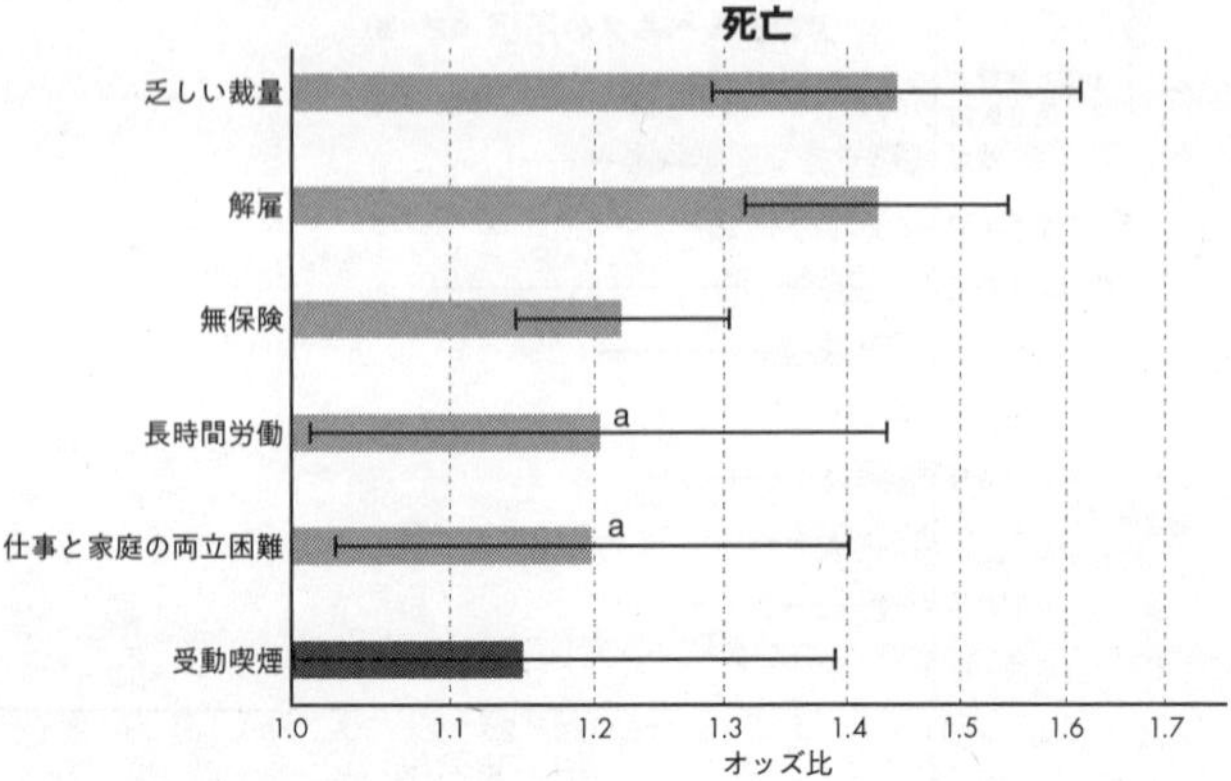

に起きるものに限ることにした。次に、一〇種類のストレス要因への曝露が健康におよぼす総合的な影響のうち、とくに関心の高い二つのアウトカムに注目した。死亡数と医療費である。本章では、まず死亡数を先に取り上げる。

すでに述べたように、私たちは職場の一〇種類のストレス要因への曝露に起因する超過死亡数を合計で年間一二万人と見積もった。この見積もりに際しては、重複カウントの可能性を減らすように設計されたモデルを使っている。一二万人という数字がどの程度の規模かと言うと、糖尿病、アルツハイマー、インフルエンザ、腎臓病による死亡数よりも多く、二〇一〇年に事故と発作で亡くなった人の数にほぼ匹敵する。死因別のデータは、疾病管理予防センター（CDC）の資料に拠った。[28]

ストレス要因別の超過死亡数も推定し、次ページの表にまとめた。さまざまな統計的要因により、合計が一二万人にはなっていないことをお断りしておく。

この表を見ると、無保険に起因する死亡数が最も多く、次に解雇、雇用不安定であることがわかる。裁量が乏しいことやシフト勤務も超過死亡の重要な原因となる。ある研究は、仕事の裁量が乏しい状況は心臓疾患や死亡の重大な要因になり得ると結論づけている。[29] また、無保険が死亡数に与える影響を論じた先行研究は複数存在し、私たちの研究はそれを裏付ける形となった。[30] なお以下で示すように、ストレス要因の中にはコスト上昇に寄与し

職場のストレス要因への曝露と超過死亡数

ストレス要因	年間超過死亡数（単位：人）
無保険	50,000
解雇	35,000
雇用不安定	29,000
乏しい裁量	17,000
シフト勤務	13,000
高い仕事要求度	8,000
職場でのソーシャルサポート不足	3,000
長時間労働	0
仕事と家庭の両立困難	0
職場の不公正	–

ても死亡数の増加には寄与しないものもある。そのようなストレス要因は、端的に言って働く人を病気にはしても死なせはしない、ということになる。

ここで注意してほしいのは、心理的なストレス要因が超過死亡の重要な原因となる点である。雇用が不安定でいつクビになるかわからない、職場での上司や同僚によるソーシャルサポートが乏しい、仕事の裁量が乏しいといった要因がこれに該当する。

以上の推定は妥当だろうか？

年間一二万人の超過死亡となれば、アメリカにおける死因の中で職場が第五位に位置づけられることを意味する。職場は、人々の健康と幸福にとってほんとうにそれほど重要なのだろうか？　以下ではできるだけ簡明に、この推定が妥当であり、むしろ控えめであることを説明したい。

すべて個人の選択のせい？

一〇年ほど前、デューク大学フュークワ・スクール・オブ・ビジネスのラルフ・キーニーが、二〇〇〇年における二四〇〇万人の死亡を数学的モデルを使って解析した論文を発表した。それによると、二四〇〇万人中一〇〇〇万人の死亡は個人の選択に起因し、さらに、一五～六四歳の死亡の五五％は個人の選択が原因だと結論づけている。[31]つまり、喫煙、食事、運動、飲酒といった行動や習慣に関する個人の選択が死亡の重要な原因だというわけである。

こうした健康にかかわる個人の選択を変えれば、アメリカの死亡数を減らせるとキーニーは主張する。この主張は、多くの企業が提供するウェルネス・プログラムの前提と何ら変わらない。すなわち、個人の行動と意思決定に介入し改善できれば、人々の健康を向上させ、医療費も軽減できるということだ。だがキーニーも、ウェルネス・プログラムを提供する企業も、ストレス（もちろん職場のストレスも含まれる）と不健康な行動の選択との因果関係を見落としている。ストレスが人々を不健康な行動に走らせることは、多くの研究で一貫して指摘されてきた。たとえば過食がそうだし[32]、飲酒[33]、喫煙[34]、薬物乱用[35]もそうだ。これらはまさにキーニーが論文の中で、死亡の原因だと断定した個人の選択である。過食や飲酒などを誘発するさまざまなストレス要因と職場のストレス要因が全然別物だと考えるべき理由は何もない。後段で多くの例を挙げるように、ストレスにさらされた人は薬物やアルコールで職場の心理的苦痛をまぎらわす。あるいは際限なく食べることで心理的エネルギーの消耗を埋め合わせる。キーニーの研究は、一〇〇万人もの超過死亡が個人の選択によって生じることを示した。そして私たちは、ストレスが個人の選択に影響をおよぼすことを知っている。人間はストレス要因にさらされると、過食したり、運動を怠ったり、薬物に手を出したり、酒やタバコに溺れたりするのである。また私たちは、職場には重要なストレス要因が存在することも知っている。以上を総合すると、職場のストレス要因への曝露が、個人の選択に起因する死亡数のたった一二%だと推定するのはごく妥当であって、むしろ控えめだと言える。

ストレスが健康を損なう生理的メカニズム

ストレス要因の存在と健康アウトカムの関係性を調べていくにつれて、ストレスがどれほど有害か、またストレスはどんなふうに好ましくない生理反応を引き起こすかがわかってきた。そこで私たちは、ストレスが病気の発生におよぼす影響も研究範囲に含めることにし、たとえば「職場のストレス要因への曝露が長期にわたった場合には、肺癌、結腸癌、直腸癌、胃癌および非ホジキンリンパ腫に罹患する確率が高まる」といった調査結果を発表している。[36] さらに、ストレスが疾病を引き起こすメカニズムの理解も進んだ。

私たちの祖先が生きていた世界は、危険がいっぱいだった。物理的な脅威を前にしたとき、戦うか逃げるかが可能な生命体の場合、生存に有利になるよう適応反応として心拍数が上がる。これによって血液と酸素を効率的に身体全体の筋肉へと送り込み、全力で戦ったり逃げたりできるようにするとともに、周囲の状況を把握する知覚や感覚を鋭敏にし、察知した脅威に対してすばやく反応できるようにする。だが、単発的で短期の脅威に対してはこの適応反応（代謝反応）は有利に働くとしても、慢性的なストレスに対しては好ましくない。

カリフォルニア大学バークレー校ハース・スクール・オブ・ビジネスの社会心理学教授ダナ・カーニーとの共同研究で、私たちは次のように指摘した。

「何らかの状況で自分の能力を超えるような要求に直面すると、人間の脳はそれを脅威と感じ、自分ではどうにもならないと気づく……このストレス反応が強いと、コルチゾールのレベルが上がる……コルチゾールは異化ホルモンの一種で、慢性的ストレスを受けると副腎皮質から分泌される。コルチゾールは生存のための危険回避や対処に不可欠ではあるが、多量のコルチゾールが分泌され続けると、免疫力の低下から潰瘍や細胞の破壊など、健康に重大なダメージを与えることがわかっている[37]」

多くのデータが、コルチゾールの分泌は短期の緊急事態に直面したときには適応反応となるが、長期にわたるストレスに対してコルチゾールその他のホルモンが常時高レベルで分泌されるのは健康に有害であることを示している[38]。ストレスが健康に悪影響をおよぼすこの生理的経路は、まさに職場のストレスが病気や死亡につながることの説明になる。

職場は重大なストレス源である

入手可能なデータから判断する限り、職場は重大なストレス源であり、かつ職場のストレスの多くは悪化の一途をたどっている。たとえば人員削減やレイオフが頻発され、臨時雇いなどの短期雇用が増えると、生計が不安定になる。またアメリカの場合、企業の懐具合が苦しくなると医療保険の提供を打ち切ってしまうケースが増えるため、医療費の大半が自己負担になってしまう。そこまでいかなくとも、医療保険の条件が厳しくなり、控除免責金額が引き上げられ、自己負担額が多くなる。また、コンピュータを使った監視体制が導入されるようになれば、仕事の裁量の余地は減る。グローバル競争が激化すれば、労働時間は長くなる。これらについては後段で取り上げ、労働時間が健康におよぼす影響のほか、ワーク・ライフ・バランスの問題についても論じる。ITの普及で人々が常時職場とつながるようになり、家にも仕事を持ち帰るようになって、仕事と家庭の軋轢はますます深刻化している。さらに、空港から外食産業まで、シフト勤務や不規則な労働時間があたりまえになった。こうした産業では、一日二四時間、消費者の要求に応じようとする。現に日曜に小売店が休む国はどんどん減っている。私自身が経験した例で言うと、二〇〇六年にバルセロナへ初めて行ったときは、日曜日にはほとんどの店が休みだった。ところが今日ではたくさんの店が開いている。多くの国がいまやそうなっており、ありとあらゆる業種で営業時間が長くなる傾向にある。

もちろん、中には従業員の健康と幸福を優先する企業もある。だが大半の企業で、職場のストレス要因は発生頻度も深刻度も増す一方だ。したがって、職場のストレスが健康におよぼす影響は大きく、かつ深刻化していると仮定するのは完全に理に適っている。

職場慣行が医療費におよぼす影響

第1章でも述べたように、膨張する医療費は企業と政府の両方にとって頭痛の種となっている。これはアメリカのみならず世界的な現象だ。医療費削減がこれほど声高に叫ばれている状況を見ると、ある疑問が湧いてくる。私たちが特定した一〇種類の職場のストレス要因は、直接的な医療費（生産性の低下などに伴うコストは含めない）にどの程度影響を与えているのだろうか？

私たちの研究では、人々が有害な職場環境にさらされた場合のコストの増分も推定している。幸いにもアメリカ政府は、国民の自己申告による心身の健康状態と、それらが主要な疾病カテゴリーのどれかに該当すると診断されたかどうかの調査を行なってきた。この調査は医療費パネル調査の家計部門としてアメリカ医療研究品質局が実施しており、診療に直接支払った年間医療費（自己負担と保険負担の両方を含む）も調査対象となっている。これらのデータから、ストレス要因別の医療費を推定することが可能だ。

職場環境が健康状態におよぼす影響に関するデータ、医師の診断による疾病や自己申告による体調不良が平均的に医療費におよぼす影響に関するデータ、健康悪化につながる職場環境の出現頻度から、職場のストレス要因への曝露に起因する合計医療費を推定し、さらに要因別の医療費を導き出した。

すると、一〇種類の職場のストレス要因への曝露に起因する医療費増分は年間約二〇〇〇億ドルという結果になった。これは、アメリカの年間医療費合計の五～八％に相当する。ここから、職場環境はアメリカの医療費を膨らませる重要な原因の一つだと結論できる。

次ページの表には、ストレス要因別の推定医療費増分をまとめた。

この表からわかるように、医療費の増加への寄与度が大きいのは、高い仕事要求度、無保険、仕事と家庭の両立困難である。ここで、医療費を増やす要因と超過死亡を増やす要因は必ずしも一致しないことに注意されたい。ストレスが原因で慢性疾患になれば医療保険をひんぱんに活用することになるが、必ずしも死にいたるわけではない。しかし死んでしまえば医療費は生じなくなる。このため、仕事と家庭の軋轢や高い仕事要求度などに起因する長期にわたる慢性疾患は、たとえば心臓発作などによる突然の死亡よりコストが嵩むことになる。そして解雇は心臓発作を引き起こす可能性が高い。また職場の不公正や乏しい裁量といった心理的な要因も、死亡より医療費の増加原因となる。

ここで、私たちが行なったストレスに起因するコストの推定が、次の理由からおおむね低めに出ていることに注意してほしい。第一に、すでに指摘したとおり、この分析では、

職場のストレス要因別の推定医療費増分

ストレス要因	年間医療費増分（単位：ドル）
高い仕事要求度	460億
無保険	400億
仕事と家庭の両立困難	240億
職場の不公正	160億
雇用不安定	160億
解雇	150億
長時間労働	130億
シフト勤務	120億
乏しい裁量	110億
職場でのソーシャルサポート不足	90億

四種類の健康アウトカム、すなわち死亡、医師が診断した疾病・症状、自己申告による心の健康（メンタルヘルス）、自己申告による身体の健康（フィジカルヘルス）から直接発生した医療費のみを対象にしている。したがって、ストレスが原因で失われた労働時間や生産性の低下に伴うコストは対象としていない。ストレスが原因でやる気が出ない、通常の能力を発揮できない、集中できない、といったことに起因する間接的なコストは、直接的な医療費の五倍に達すると考えられている。この点については本章の最後でくわしく取り上げる。

第二に、私たちの分析では、死亡数の場合と同じく、職場のストレス要因に直接さらされた人にかかった医療費のみを問題にしており、家族や友人への波及効果は考慮していない。しかし医療保険がない、仕事と家庭が両立しがたい、雇用が不安定といった要因は、家族にも大きな影響を与えるはずだ。職場で医療保険が提供されないとなれば、家族も大打撃を受けるし、ワーク・ライフ・バランスが本人だけでなく家族全員の問題であることは改めて言うまでもない。そして雇用が不安定でいつ解雇されるかわからない、あるいは賃金や労働時間が非常に不規則であるといったことも、家族にとって重大な問題となる。

医療費に関する結論は、死亡数に関する結論と変わらない。職場のストレス要因は、現在社会的な問題となっている医療費の膨張に拍車をかけるということだ。したがって、医療費削減の取り組みの一環として、職場環境に注目するのはごく妥当だと言える。

健康被害は防げるか？

私たちの研究論文が査読プロセスに回されたとき、ある匿名の査読者から重要な指摘があった。疫学的調査と私たちの分析から導き出されたオッズ比は、必ずしも職場のストレス要因の影響やコストを、そうしたストレス要因がまったく存在しない反事実世界（すなわち完璧な非曝露群）と比較したわけではない、という指摘である。たしかにそうだが、そのような世界は存在しないし、おそらく存在できないだろう。というのも、競争圧力に直面した企業は、この圧力の一部を長時間労働、仕事と家庭の両立困難、雇用不安定といった形で職場に転嫁するが、そうしたことはダイナミックに変化する経済においては避けられないからだ。そこで、せめてアメリカにおける健康被害を現実的に防げる度合いを大雑把に見積もる合理的な方法はないか、考えてみた。

一つ考えられるアプローチは、アメリカと比較可能な資本主義経済を持つ先進国であって、グローバルな市場で競争し、かつ職場環境や労働慣行に関してアメリカとは異なる規制や規範を採用している国と、アメリカを比較する方法である。この比較をしてみて、私たちはある決定的なことに気づいた。国がゆたかになるにつれて、所得を健康にかかわる分野に投資するようになり、国民の保健衛生の面でよりよい健康アウトカムを実現していることである。健康への投資の一環として最初に行なわれるのは、多くの場合、疾病、死亡、超過医療費につながる環境曝露を防ぐことだ。ゆたかになった国は、たとえば汚れた水に起因する病気を防ぐために水の浄化や下水処理に投資する。また、大気の浄化や大気汚染の防止に努め、肺や呼吸器系の病気を防ぐ。このほか、ポリオ、麻疹、おたふく風邪、肺炎の感染を防ぐために、ワクチン接種も積極的に推進する。

国がゆたかになれば死亡や疾病の原因となる環境要因の排除に努める、という仮説が正しいとすれば、所得と死亡数および医療費の間には負の相関関係が認められるはずである。そこで私たちは、西ヨーロッパ各国とアメリカについて、国民一人当たりの所得と、人口一〇万人当たりの大気汚染と感染症（結核）による死亡数のデータを集めた。病気の原因となり得る環境要因として大気汚染と結核の二種類しか分析できなかった理由の一つは、汚れた水に起因する疾病やポリオは先進国では出現率が低すぎて、十分なデータが得られなかったことにある。

予想通り、国民一人当たりの所得と人口一〇万人当たりの大気汚染による死亡数の間にはあきらかに負の相関関係が認められた。相関係数は、マイナス〇・六二である。同様に、国民一人当たりの所得と人口一〇万人当たりの結核による死亡数の間にも強い負の相関関係が認められた。相関係数は、マイナス〇・七五だった（相関係数はマイナス一〜プラス一の間の値をとり、マイナス一に近いほど負の相関が強い）。

所得と環境要因による死亡数の間に負の相関関係があることがわかったため、私たちはこの論理を押し進め、国民一人当たりの所得と職場のストレス要因による死亡および医療費の関係を調べることにした。所得が増えれば、有害な環境要因による死亡や医療費の一部なりとも防げるはずだ、と予想したわけだ。ここでも予想通り、負の相関関係が認めら

職場のストレス要因への曝露に起因する死亡数（人口10万人当たり）

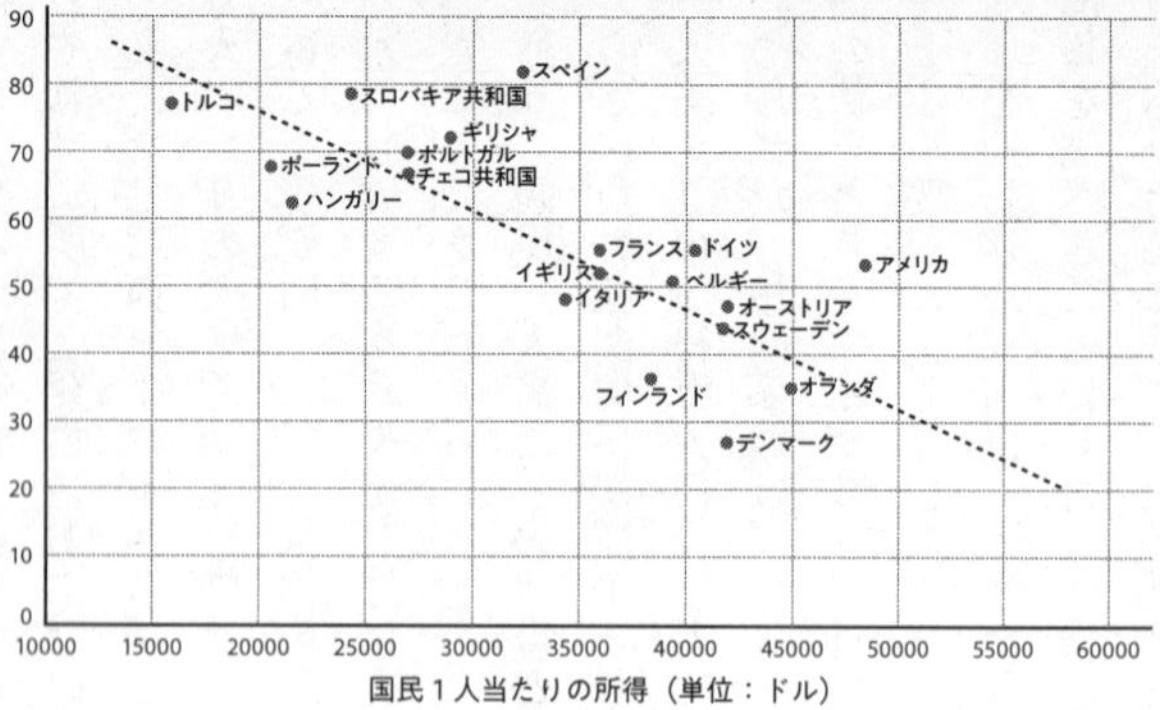

資料：OECD 統計データベース、第５回欧州労働条件調査、著者の分析
注：回帰直線からアメリカは除外してある。

職場のストレス要因への曝露に起因する1人当たり医療費（単位：ドル）

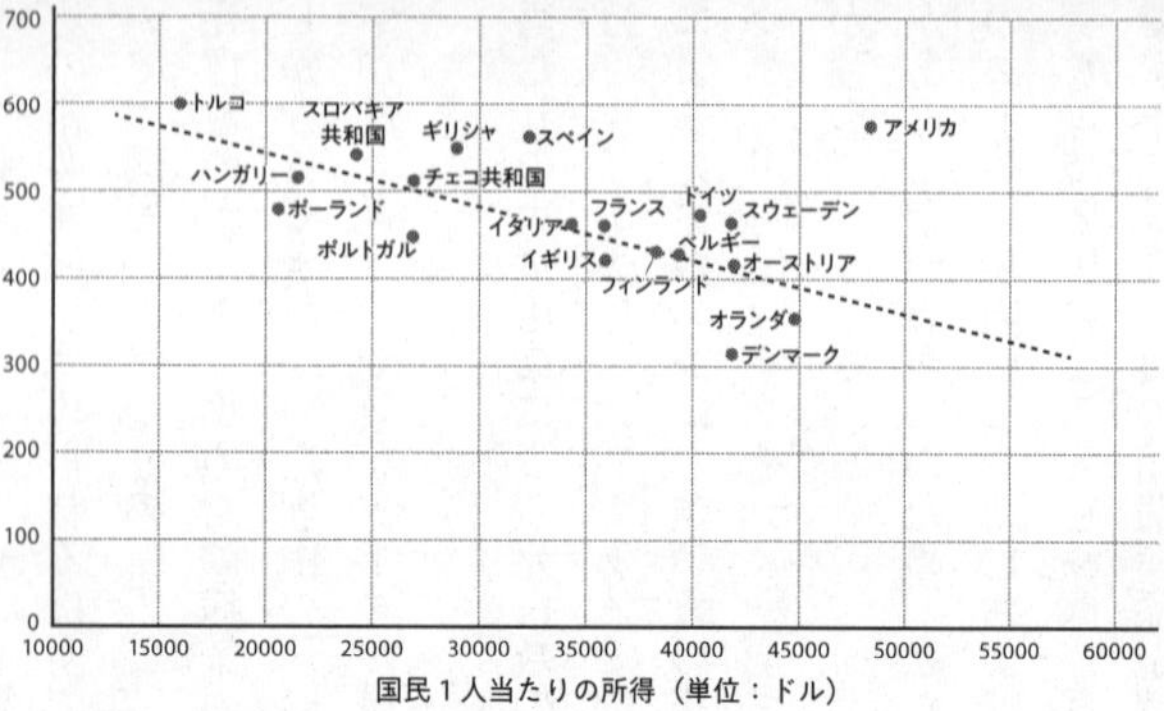

資料：OECD 統計データベース、第５回欧州労働条件調査、著者の分析
注：回帰直線からアメリカは除外してある。

れた――ただしアメリカを除いて。国民一人当たりの所得と職場のストレス要因による人口一〇万人当たりの死亡数の間の相関係数はマイナス〇・八〇、医療費との相関係数はマイナス〇・七五だった。九四ページの二つのグラフは、国民一人当たりの所得と職場のストレス要因による死亡数および医療費の関係を示している。二つのグラフを見てすぐに気づくのは、アメリカがぽつんと取り残されていることだ。アメリカは統計的に有意に回帰直線から外れており、死亡数も医療費も、国民一人当たりの高い所得から合理的に推定される水準を上回っている。

私たちは次に、アメリカを計算から除外して、死亡数および医療費と国民一人当たりの所得との関係性を表す回帰方程式を求めた。この方程式を導き出した後、アメリカの国民一人当たりの所得を式に投入し、アメリカの所得と死亡数および医療費との関係が調査対象にした西欧諸国と同等であれば、どのような数値になるのかを計算した。この計算値と現在の実際の数値との差は、アメリカが西欧諸国と同様の施策を講じていれば解消できたはずである。つまり、彼我の死亡数と医療費の差分は防げたはず、ということになる。

計算を行なった結果、アメリカは国民一人当たりの所得から合理的に予想される数値を、死亡数では年間約五万九〇〇〇人、医療費では年間六二〇億ドル上回っていることがわかった。私たちが最初に推定した職場のストレス要因への曝露に起因する死亡（約一二万人）および医療費増分（二〇〇〇億ドル）と比較すると、超過死亡数の約半分、医療費増分の約三分の一は防げたはずだということになる。

職場環境のちがいが健康格差の原因に

今日では不平等がしきりに論じられている。所得格差の拡大は、アメリカだけでなく多くの国に共通する問題だ。加えて健康格差も、多くの研究や政策現場で問題視されるようになってきた。健康格差は所得格差と同じく、ここ数十年の間に米英を筆頭に多くの国で拡大してきた[39]。ある調査によると、アメリカの成人男女で教育を受けた年数が一二年未満の人たちの二〇〇八年における平均余命は、一九五〇年代、六〇年代の成人平均とたいして変わらないという。しかも、人種や教育水準による平均余命の格差は拡大の一途をたどっていることが判明した[40]。アメリカでは、平均余命が最も長いグループと最も短いグループの間には、二〇年もの差があるという[41]。イギリスの疫学者マイケル・マーモットは、「ワシントンDCでは、地下鉄を（ダウンタウンから高級住宅街ロックビル方向へ）一キロ進むごとに平均余命が一年長くなる」と指摘する[42]。

言うまでもなく生命は崇高であり、そう考えれば所得格差などよりも健康格差のほうが容認しがたい。オックスフォード大学の開発経済学者スディール・アナンドは、平等と健康に関するある会議で、「私たちは、所得格差以上に健康格差を……重大視しなければならない。というのも、健康であることは特別な財産だからだ。健康には、本質的な価値と手段としての価値がある……健康は人々の幸福に直接かかわるがゆえに、決定的に重要な意味を持つ」と述べたが、まさにそのとおりである。[43] 現に世界保健機関（WHO）はいまから一〇年以上も前に、健康格差を計測する決定を下している。健康格差は「各国の保健衛生システムがうまく機能しているかどうかを端的に表す指標となる」との判断からであり、その理由として「ある国の保健行政の平均的な成果は、もはや実態をよく表す指標とは言えない。むしろ全人口にわたる健康の分布状態のほうが重要である」ことを挙げている。[44]

社会的・経済的地位が健康状態と密接に関係すること、健康には社会的な側面があることはよく知られている。生まれや育ちの異なる人は、さまざまな理由から健康状態も異なるものだが、近年では労働条件が健康格差におよぼす影響が注目されている。[45] ある研究は、「よい仕事に就いている人は、社会的地位が低く報酬も低い仕事に就いている人より健康であることが、昔から知られている」と指摘する。[46]

しかしこの先行研究では、健康格差のうちどの程度が仕事に関連するのか、より具体的には、有害な職場環境への曝露にどの程度起因するのか、ということは調べていない。だがさきほど述べたように、私たちはモデルとデータの両面から、職場のストレス要因への曝露が死亡数と医療費におよぼす影響をすでに見積もっている。そこから、人種や教育水準の異なる人々が就いた仕事ひいては労働条件や職場環境のちがいが、社会人口学的に異なるグループに見られる平均余命の格差を説明する一要素になるのではないか、と推論した。教育水準の低いグループが就く仕事は、医療保険がなかったり、シフト勤務だったり、雇用が不安定だったり、仕事の裁量の余地が乏しかったり、仕事要求度が高かったりする可能性が高いと考えられる。こうした劣悪な条件はすべて死亡率を高めるのだから、労働条件の差が平均余命の大きな（しかも拡大し続ける）格差の一因だと考えるのは理に適っているだろう。

そして私たちは、まさにこの推論が正しいことを発見した。[47] 教育水準や人種のちがいによって、人々が置かれる労働条件や職場環境には大きな差が出る。そしてこの差は、年齢や性別など他の人口統計学的要素とは無関係に、平均余命格差の一〇〜三八％を説明できることがわかったのである。この数字は現時点にのみ当てはまるものだが、教育水準が所得におよぼす影響に関する調査は、教育が職業選別において果たす役割が拡大していると報告している。したがって、教育水準による職業選別と、その結果としての有害な職場環境への曝露の差が、時間経過とともに平均余命の格差を拡大させる可能性は高い。もしそうだとすれば、ゲイツ財団の理念を借用するなら「すべての人は本来の寿命を生きる価値がある、なぜならすべての生命の価値は等しい」のであるから、私たちは健康格差の解消に努めなければならないし、その一環として、有害な職場環境への曝露に対策を講じなければならない。

ストレスフルな職場は雇用主にもコストを強いる

じつはストレス要因の多い職場環境は、雇用主にも犠牲を強いている。ミシガン大学名誉教授のディー・エディントンは、二つの重要な事実を繰り返し訴えてきた。一つは、健康状態が悪化しそうな人は特定できるし、特定すべきだということである。健康を害してしまえば多額の医療費が発生するから[48]、雇用主にとって重要なのは、健康な従業員が病気のリスクにさらされないよう防止する戦略の実行である。「良好な健康状態というものは、健全な環境と健全な文化の中でしか実現できない。したがって雇用主は……従業員が健康的なライフスタイルを選びやすい環境や文化を創出しなければならない」とエディントンは主張する。[49] 一〇種類のストレス要因への曝露がない、あるいは少ない職場では、従業員は健康になり、医療費も医療保険料も少なくて済む。

もう一つは、健康状態が一度ハイリスクになってしまった人は、まず例外なく何らかの慢性疾患（心臓病や糖尿病など）を発症し、ローリスクに戻るのがむずかしくなることだ。こうしたわけだから、雇用主はハイリスク・グループの医療費削減よりも、ローリスク・グループがハイリスクに転じないようにする予防策を最優先すべきである。多くの健康対策の例に漏れず、予防のほうが治療よりも費用がかからず、しかも効果が高い。

従業員を病気に追い込むような職場を創出あるいは放置する雇用主が直面するのは、医療費や保険料の負担増だけではない。ほかにも三つの損害を被る。第一は、深刻な病気になったら、その従業員は辞めてしまうことだ。職場と健康について私がインタビューした人たちのほぼ全員が、病気の原因になった仕事を辞めていたのはけっして偶然ではないだろう。大学教授を対象にしたある調査では、フィジカルヘルスの悪化と退職の意思との間に統計的に有意な相関関係が認められた。健康状態が悪化した主な原因は、仕事と家庭の軋轢に由来するストレスだという。[50] またヨーロッパで雇用不安定の影響を調べたある調査では、雇用が不安定な状況ではメンタルヘルスの不調を訴える例が増えるとともに、辞めたい気持ちが強まることがわかった。[51] 退職はコストを発生させ、健康障害が退職を促すとすれば、健康を損ねるような職場環境は退職を増大させ、それに伴うコストを膨らませることになる。
第二は、病気になった従業員は労災補償費が嵩むことである。ゼロックスの長期雇用社員三三三八人を四年間追跡調査した結果、健康リスクの高い社員の労災補償費は高くなることがわかった。この調査では、労災補償費の分布が非常に偏っており、上位一〇パーセンタイルの社員が合計額の五四・四%を占めることも判明している。[52]
第三は、健康状態の悪化した従業員は生産性が低下することである。これは、当然と言えよう。病気になった人は誰でも自分の病気のことを考えがちになり、集中力が削がれる。疲れやすくなり、ひんぱんに休憩したり会社を休んだりしなければならず、物理的にも精神的にも仕事をいつものようにはこなせなくなる。多くの研究が、健康障害は労働生産性に影響をおよぼすことを確認しており、しかもその大半が、生産性低下に伴うコストは、病気になった従業員の直接的な医療費を上回ると指摘している。たとえば、カスタマーサービスの電話オペレーター五六四人を調べたある調査では、労働生産性指数が、健康リスクを抱える従業員の数と負の相関関係にあることがわかった。[53] 労働生産性測定プログラムを使って大手金融機関の社員一万六六五一人を調べたある調査では、健康障害と労働生産性の低下との間に統計的に有意な相関関係が認められている。[54] さらに、一一三件の公表済み研究のメタ分析を行なったところ、健康と生産性の相関関係が確認された。[55]

本章では、私たち自身の調査や他の研究文献に基づくさまざまなデータを分析した。これらのデータは、有害な職場環境や労働条件に起因する超過死亡数と医療費増分がきわめて多いことを裏付けており、とくにアメリカについてそう言える。さらに、従業員の健康状態が悪化すれば、労災補償費、医療保険料が嵩むほか、生産性が低下するという点で雇用主にとっても打撃であることも示した。つまり雇用主が、とりわけアメリカの雇用主が現在行なっているような職場管理の仕方は、従業員にも雇用主にも大きな犠牲を強いているのである。これが早急に対策を講じなければならない問題であることは、はっきりしている。

CHAPTER 3

解雇と雇用不安定

二〇〇八年一二月、世界最大の鉄鋼メーカー、アルセロール・ミタルが、旧ベツレヘム・スチールのラッカワーナ工場（ニューヨーク州）の閉鎖を発表し、二六〇人のレイオフを実施した（レイオフは本来「一時解雇」であって、業績回復時の再雇用が条件だが、不景気なときには再雇用されないこともままある）。その後に起きたのは、いやになるほど予想通りの出来事である。工場で働いていた五六歳のジョージ・カルが、三週間後に心臓発作で亡くなった。同僚で四二歳のボブ・スミスは胸に痛みを覚えて医者へ行き、血栓で詰まっていた動脈にステントを挿入してもらって最悪の事態を免れた。続いて、工場で数十年働いていた五五歳のドン・ターナーがやはり心臓発作で亡くなった。また二〇〇一年にベツレヘム・スチールのコークス炉の火が落とされたときには、従業員二人が自殺している。[1] ホワイトカラーの従業員も、レイオフとその後の雇用不安に悩まされる点では変わりがない。たとえばA&Pスーパーマーケット・チェーンで乳製品と冷凍食品の売場主任をしていたジョン・フガッジは、二〇一二年一〇月に五七歳でレイオフの対象になった。彼は次の職を見つけられないまま、一〇カ月後に心臓発作で亡くなっている。[2]

本章では、主に解雇が健康におよぼす影響を取り上げる。解雇は従業員に健康上の深刻な打撃を与えるだけでなく、雇用主もすこしも得をしないことがさまざまなデータから読み取れる。とはいえ、雇用の不安定性の原因は解雇だけではない。他のストレス要因も挙げておこう。

第一に挙げられるのは、臨時雇用やパートタイム、契約社員といった雇用形態である。昨今ではギグエコノミーが大流行りであるらしい。ギグとはインターネットを通じて受注する単発・短期の仕事のことで、そうした働き方やそれによって成り立つ経済がギグエコノミーである。ギグエコノミーで働く人たちは、いや就労形態が同じという点では高度なスキルを持つフリーランサーも、次の仕事がいつどこで見つかるかわからない不確実性をつねに抱えている。仕事が不確実となれば、当然収入も不確実である。オンデマンド経済に翻弄されるこうした人たちは、つねに自分を「売りに出し」、声がかかったら即応できる状態を維持し、評判を保ち、知名度を上げておかねばならない。比較的高い報酬で働くシリコンバレーのフリーランサーを調べたある調査では、彼らがあまり「自由」を感じていないという結果が出た。のべつ次の仕事を探して連絡可能な状態を維持しなければならないため、正社員として働く人たちほど休みをとれないからである。[3]
そのうえ、フリーランサー、パートタイマー、契約社員には医療保険も退職年金も保障されないことが多い。したがって自分でセーフティネットを手配しなければならず、この点でも不安とストレスを感じることになる。こうした「オルタナティブ雇用」は、どの程度増えているのだろうか（オルタナティブ雇用は、従来の典型的な就業形態に対し、非典型就業形態とも呼ばれる）。経済学者のローレンス・カッツとアラン・クルーガーは、オルタナティブ雇用契約で働く人の割合は、二〇〇五〜一五年の一〇年間でおよそ一・五倍に増えたと指摘する。それだけでなく、アメリカにおける二〇〇五〜一五年の雇用の純増の九四%は、オルタナティブ雇用だという。[4]
第二に、いわゆる正規雇用契約の下で、単一の雇用主の下で働いている人たちも、二つの理由から次第に雇用の不安定性に悩まされるようになっている。一つ目は、ジャストインタイム方式の普及である。「必要なものを必要な量だけ必要なときに」調達するこの方式は小売業ではすっかり定着し、いまや病院からオフィスまで幅広い業種でも活用されるようになって、多くの従業員の勤務日や勤務時間が大幅に変動するようになった。ある調査では、小売業で働く人の約四〇%は週当たり最低限の労働時間すら確保できておらず、二五%はオンコール勤務（予《あらかじ》め事業主に登録しておき、必要なときだけ呼び出される）

であることがわかった。しかもオンコールの場合、勤務開始のわずか二時間前に通知されることもあるという。このほか、全労働人口のうち、パートタイムの半分近く、正規雇用の四〇%近くが、週の初めにならなければその週の勤務日程がわからないというデータもある。[5]

勤務日や勤務時間、そして賃金が確定せずしばしば変更されるとなれば、人々の生活は大混乱に陥る。たとえば、ある国際航空会社で働くパートタイマーは、こうこぼす。「会社からは前もって勤務表が配られるが、それがのべつ勝手に変更され、二、三日前になって通知される。しかも本人に事前に何の打診もない……しょっちゅう予定が変わるのはほんとうに迷惑だ。それに、自分が機械の単なる歯車のように扱われるのは耐えがたい」[6]

企業もスケジュール管理の問題に気づいてはいるようだ。カジノを運営するシーザーズ・エンターテインメントの元CEOゲイリー・ラブマンはこう話す。

「勤務予定が予測不能だということは、働く人の生活にとって単独では最大のストレス要因だ。働く人の中には一人親世帯で小さい子供を育てている人や病気の親の面倒をみている人も大勢おり、彼らが生計を立てるために十分な勤務時間を確保したいと思っていることを忘れてはならない。私たちはサービス需要に見合う適正人数を手配するよう努力している……だが最近では、できるだけ少ない人数で済まそうと考える企業が増え、状況は悪化する一方だ」

スケジュール管理をめぐるトラブルが目に余るようになってきたため、一部の州や都市は、妥当な期間の事前通知を義務づける規制の導入を検討している。また、この問題で従業員の仕事満足度が下がり、転職率が高まることを懸念して、積極的に是正に取り組む企業も出てきた。たとえば高級自然食品スーパーのホールフーズ・マーケットは、二週間前の勤務予定の通知を義務づけ、マネジャーには直前の変更を禁じている。またウォルマートは、従業員が希望の曜日や時間を選べるシステムを導入した。[7] ラブマンはシーザーズのCEOだったとき、よりよいサービスを提供するためにスケジュール管理を見直し、「それまでひんぱんに行なわれていたシフト勤務表の変更を禁止し、マネジャーたちに二度とやってはならないと厳重注意した。ウチで働く人たちは、勤務表がきちんと守られないと生計が成り立たないこと、勤務表に基づいていろいろな予定を立てていることを肝に銘じるように、と伝えた」という。小売業でも働きがいのある職場として定評あるところはすでにこの問題を理解しており、安定した規則的な勤務時間を保障している。職場と健康をめぐる多くの問題がそうであるように、働く人にとってよいことは、結局は雇用主にとってもよいことである。なぜなら、転職は減り、よりよい人材が集まり、労働意欲も高まるので、生産性やサービスのクオリティも向上するからだ。

このほかのストレス要因として、人々が常時追跡され、監視され、評価されるようになったことが挙げられる。これは、正規、非正規雇用を問わない。絶えず見られていて息をつく暇もなく、ほんの一時的にでも期待された成果をあげられないと即刻クビになるのではないか、と人々は感じている。企業文化にゆとりがなく、寛容や忍耐の気風が薄れ、人間なら誰しもある仕事の出来不出来に容赦ない評価が下される。従来の実績評価はかなり固定的で、単純にいえば「仕事のできる人」「できない人」という具合だった。しかし最近行なわれたある調査では、短いスパンで見ると同じ人でも仕事の出来不出来に大きな波があることがわかり、しかもその変動幅は、不調なときには好調時の半分程度に落ち込んでしまうほどだという。[8] ところが厳格な評価が絶えず行なわれる企業では、人間のそうした波を許さず、降格や解雇の対象になってしまう。

経験豊富で評判の高いあるエグゼクティブ・コーチによると、クライアントつまりエグゼクティブの多くが「絶えず厳しい目にさらされているというプレッシャー」を感じているという。彼らは世間的には成功し高い報酬をもらっている人たちばかりだというのに、である。こうした現象は、仕事に対するプレッシャーが強い職場として知られるオラクル、セールスフォース、アマゾンなどではとくに顕著だ。このように仕事に対する要求が厳しいと、どうしても長時間働くことになり、したがって健康にも影響が出る。これについては次章でくわしく論じる。また、仕事と家庭の両立が困難になり、さまざまな問題を引き起こす。さらに雇用関係がぎくしゃくし、部下と上司が互いにいつクビになるのか、いつ転職されるのか、疑心暗鬼になるという相互不信に陥りかねない。

私たちが行なった調査では、アメリカにおける雇用不安定に起因する超過死亡数はおよそ二万九〇〇〇人、解雇に起因する超過死亡数はおよそ三万五〇〇〇人と推定している（八二ページの表参照）。つまり、仕事を失ったために、あるいはいま挙げたような雇用不安定に伴うストレスのせいで、年間六万四〇〇〇人が亡くなっているのである。[9]

不安定な雇用形態が増え続けている

現代の労働市場では、人員削減がたびたび行なわれるほか、臨時雇用、パートタイム、契約社員といった不安定な雇用形態が増えてきた。アメリカの労働市場の包括的な調査を行なった社会学者のアルネ・カレバーグは、「雇用関係はますます不安定化し、当てにならなくなっている」と指摘する。[10] この指摘を裏付ける証拠は数多く存在する。たとえば職を失うリスクが大きくなったと感じる人の割合は、失業率の統計的処理後でも、一九七七～二〇〇六年の間に毎年一・五％ずつ高まったという。[11] また世界金融危機に伴う景気後退の前でさえ、「人員削減の頻度が高まり、その悲惨な影響が拡がっている」とニューヨーク・タイムズ紙のルイス・ユーチテルは書いている。[12] 人員削減の実態を調べたある論文も、二〇〇七年一二月に始まった景気後退局面の期間中に六五〇〇万以上の雇用が失われ、世界各国で人員削減が相次いだと指摘した。[13] 日本など、従来は雇用保障の手厚かった国でさえ、労働市場の「柔軟性」が高まるにつれて非正規雇用が増えるなど、雇用の不安定性が目につくようになっている。いまや柔軟な労働市場とは、労働者にとってリスクの大きい市場にほかならない。

グレート・プレイス・トゥ・ワーク・インスティテュートによると、長期雇用を明示的に（いや暗黙のうちにも）約束し、解雇しないことを信条に掲げる会社は過去に比べてずいぶん少なくなったという。ペンシルベニア大学ウォートン・スクールのピーター・キャペリ教授は、平均的な企業における終身雇用は、とくに男性社員に関してかなり前から減り続けていると指摘し、これを「雇用におけるニューディール」だと的確に表現する。つまり多くの社員が、人間関係を切り離したビジネスライクな取引《ディール》に基づいて不安定な雇用契約を結ぶようになったということだ。[14]

世界雇用連合（WEC）は「グローバルレベルの人材ビジネス業界の声を代表する組織」を標榜する団体で、「世界五〇カ国の人材ビジネス業界の団体および業界トップ七社で構成され」ている。[15] そのWECが二〇一六年九月に発表した白書には、仕事の新しい世界がみごとに描き出されている。[16] その一部を紹介しよう。

- 一九八七〜二〇一五年に世界の労働人口は二倍に増えた。これは、インドと中国が世界の市場経済に参加したためである。
- 新技術により柔軟な労働形態が容易になり、人々は標準的なコアタイム以外の時間や物理的な職場の外でも働けるようになった。
- 世界の雇用において賃金労働者が占める割合はもはや半分に過ぎず、この比率は東アジアやアフリカのサハラ以南では二〇％まで下がる。

WECはこうした傾向をポジティブに捉えているが（人材ビジネス業の発展を促すからだろう）、労働者の保護や福利厚生の手薄なオルタナティブ雇用形態（臨時雇用、パートタイム、契約社員など）が増えていることはあきらかである。

雇用不安定は健康に悪影響をおよぼす

不安定な雇用形態はストレスが多いこと、そしてストレスが心身の健康に悪いことははっきりしている。多くの調査で、不安定で一時的な雇用形態が心身の健康と負の相関関係にあるという結果が出るのは驚くに当たらない。しかも、影響を受けるのは本人だけではない。というのも社会的な伝染効果により、雇用不安定に直面した人と一緒に働く人たちも、自分もいずれああなると不安感を抱くからだ。雇用不安定が健康におよぼす影響は、曝露群も非曝露群も同じであって[17]、雇用不安定はオルタナティブ雇用契約で働く人だけでなく、正社員にも健康上の悪影響を与える。こうした影響は、社会福祉や所得維持政策が行き届いた国でも見受けられる。

たとえば、スウェーデンで九〇〇〇人の従業員を対象に行なわれた長期的な追跡調査によると、臨時雇用契約で働く人たちは、自己申告による健康状態がメンタル、フィジカルともに悪化したことがわかった[18]。また韓国で行なわれた調査では、雇用不安定に直面した人は、受動喫煙と同程度の健康への悪影響を受けたことが判明した[19]。さらにあるメタ分析では、雇用不安定はフィジカルヘルス、メンタルヘルスの両方に影響を与えるが、メンタル面の影響がとくに大きいとの結論が出ている[20]。これは予想通りの結果と言えよう。雇用不安定が健康に与える影響を調べたある実証研究は、「国民の健康を改善し健康格差を解消するためには、政府が雇用不安定を軽減する政策措置を講じるべきである」との結論にいたっている。[21] だが実際の動きは正反対であり、不安定で不確実な雇用が増え続けている。

雇用が不安定だと、人々は自分で自分の生活をコントロールできないと感じる。実験とフィールドデータに基づく最近のある研究では、雇用不安定は鎮痛剤の消費を増やすこと、その結果として痛みに対する耐性が低下することが指摘されている。[22]

次節で取り上げる解雇のほうが健康や死亡数におよぼす影響は大きいものの、不安定な雇用形態も健康に悪影響をおよぼすことがおわかりいただけたと思う。

解雇が健康におよぼす影響

解雇が心身の健康によかろうはずがない。解雇されれば生計は不安定になるが、これは言うまでもなく大きなストレスだ。おまけにオバマケア以前のアメリカでは、大方の人が企業の提供する団体医療保険に加入していたため、職を失うと保険もなくなり、医者にもかかれなくなってしまう。また解雇されると、生計を立てる能力を失うことになるため、自尊心を甚だしく傷つけられる。また社会的地位も下がったと強く感じられる。

解雇は当人の心身の健康を悪化させるのはもちろんのこと、解雇されていない人も、次の二つの理由から健康に悪影響を受ける。第一に、同じ職場、とくに同じ工場で働いている人は、人員削減が実施されると次は自分ではないかと考えたり、いつ人員削減は終わるのかと気を揉んだりするため、ストレスを強く感じる。[23] 第二に、医療機関で働く人を対象にした調査であきらかになったように、通常、人員削減やレイオフを行なう場合には、減らす仕事以上に人員を減らす傾向が強い。その結果、残った人にかかる負荷が大きくなり、ストレスが増す。[24]

一部には、解雇は健康にとってよいのだと主張する人がいる。日常生活においてひんぱんに遭遇するストレス要因の大半は仕事に関係するのだから、仕事をしなくなればストレスに起因する疾病は減るはずだという。[25] さらに、趣味や運動など健康によい活動をする時間が増えるのだから、むしろ健康によいというわけだ。なるほど、解雇がそうした好ましい結果につながる可能性も理論上は存在するだろう。しかし解雇の影響に関する研究文献のメタ分析をしたところ、解雇され経済的に不安定になると心理的悪影響や行動障害のリスクが高まると、多くの研究が指摘していることがわかった。行動障害には、薬物やアルコールの乱用、自殺など深刻なものも含まれる。[26]

解雇に伴う健康悪化のコストの大半は、解雇された当人ひいては広く社会が負担し、解雇した企業の側は負担しない。というのも、解雇してしまえばその人は企業の帳簿上は存在しなくなり、雇用主が提供する医療保険や他の福利厚生プログラムの対象ではなくなるからだ。解雇は、解雇された人の病気や死といった多大な犠牲を伴うリスクがあるにもかかわらず、ではそれだけの犠牲を払って企業業績を大幅に押し上げるかと言えば、必ずしもそうとは言えない。後段で見ていくように、景気が悪くなったからと言ってすべての企業がすぐに人員削減やレイオフを行なうわけではない。なんとか雇用を維持しようと努力した企業が好業績を上げる例も少なくない。そうした企業は、労働人口と国家を無用の病気や死から救ったと言えよう。

解雇が健康におよぼす影響を調べるのは、じつは思うほどかんたんではない。たとえ健康悪化と解雇の間に関係がありそうだとしても、健康を害したから解雇された可能性も、解雇されたから病気になった可能性も、両方存在するからだ。法律は健康状態を理由とした解雇を禁じているが、それを厳密に遵守させるのはむずかしい。私が分析したいくつかの調査は、健康障害が先か解雇が先かを検証する手だてを講じることで、この問題を解決している。一方が他方の原因である場合には、原因のほうが結果より先だと考えるのは理に適っているからだ（したがって、解雇のほうが健康悪化より先であれば、解雇が健康悪化の原因になったと考えることが合理的である）。また別の調査では、工場が閉鎖された日に注目している。工場が閉鎖されればそこで働いていた人はみな仕事を失うので、この日よりあとに健康が悪化すれば、解雇が原因と判断できる。

結論を先に言うと、解雇が健康に悪影響をもたらすことを多くのデータが裏付けている。しかも、アメリカだけでなく、セーフティネットが整備され労働者の保護が手厚いフィンランド、デンマーク、ニュージーランドなどの国でも同様の調査結果が出ているのである。多くの国で同じような調査結果が得られたという事実から、解雇が健康におよぼす影響(ひいては医療費への影響)の多くは、社会福祉や政府支援のレベルとはほとんど関係がないと考えられる。データは、解雇はどこでいつ行なわれようと健康に悪影響を与えることを示している。さらに一部の調査によれば、その悪影響は、たとえ新しい仕事が見つかっても続くことがあるという。

解雇と自殺

多くの調査が、解雇された人の死亡リスクが解雇されなかった人より高くなることを示している。さらに一部の調査は死亡の内訳もあきらかにした。それによると、解雇は自殺の確率を押し上げる。いちど解雇されると、次の職を見つけるのは容易ではないため、失業状態が続く可能性が高い。さまざまな国のさまざまな設計や手法による多くの調査が、失職を失うことが健康や幸福に悪影響をおよぼすことは疑いの余地がない、との結論にいたっている。[27]

ニュージーランドで行なわれたある長期の追跡調査では、ある食肉工場の閉鎖で余剰人員として整理された一九四五人の労働者を、閉鎖されなかった近くの食肉工場で働く一七六七人の労働者とともに八年にわたり比較調査した。すると年齢、性別、人種などの要素の統計処理後でも、解雇された労働者は、重度の自傷行為におよぶリスクが解雇されていない労働者の二・五倍に達すること、メンタルヘルスに問題ありと診断されて入院する確率が一七％高いことがわかった。[28]

スウェーデンでは、一九八七〜八八年に閉鎖された従業員数一〇人以上のすべての事業所を対象とした調査が行なわれている。その結果、男性労働者の場合、失業してから四年間の死亡リスクが四四％上昇したことがわかった。また男女を問わず、自殺とアルコール依存に起因する死亡数が約二倍に達したという。[29]

デンマークでは、一九五三年生まれの約九八〇〇人を対象に、四〇〜五一歳の間にそれぞれの人生における重要な出来事の結果として何が起きたかを調査した。すると、一回の解雇を経験した人は、失業経験のない人より死亡率が四四％高いことがわかった。この調査では、パートナー関係の破綻（結婚または長期にわたるパートナー関係の破綻）の影響も調べている。パートナー関係の破綻も死亡率を高めるが、興味深いことに、パートナー関係の破綻と失業との間には何ら関係は認められなかった。つまり、失業に伴う死亡率の上昇はあくまで失業の影響であって、失業したうえにパートナーとの関係が破綻したせいではないということである。[30]

アメリカでは、ペンシルベニア州の男性労働者について一九七四〜九一年の雇用歴と一九七四〜二〇〇二年の死亡数を調べた調査に基づいて、死亡日と年収・雇用歴の関係を分析した研究がある。死亡との因果関係をあきらかにするため、他の研究と同じく、年齢や年収などの要素に関して統計処理が行なわれている。この分析によると、解雇から一年以内の死亡数は二八％増加し、その後の二〇年間は一五〜二〇％増で推移した。解雇と死亡を結びつける最大の原因は、所得の減少だと考えられる。一度解雇された労働者は、その後の所得が恒久的に減少し、解雇前の水準を回復できないことが多い。この調査結果は、近年の景気後退期における労働市場の傾向と完全に一致する。一度失業すると、次の仕事がなかなか見つからないうえに、もし見つかったとしても、以前より時間給が低く、しかも以前より短い時間しか働けなくなる可能性がきわめて高い。この調査では、解雇に伴う推定死亡率からすると、四〇歳で解雇された人の平均余命は一年半縮まると予想している。[31]

重要なのは、解雇と失業状態が自殺および合計死亡数におよぼす影響に関して、たくさんの調査結果がおおむね一致していることである。そして多くの研究や分析が、失業は健康に悪影響をおよぼす、所得水準と死亡・病気の間には負の相関関係が認められる、解雇は死亡リスクを高めるといった結論に達している。となれば、ずばり解雇は労働者を殺す、と言ってよかろう。

解雇と健康悪化

ニューヨーク州立大学の社会学者ケイト・ストラリーは、アメリカの代表的なパネル調査である収入動態パネル調査のデータを利用して、解雇が健康におよぼす影響を調べた。ストラリーは最初に、工場などの閉鎖に伴う解雇（労働者の側に非のない解雇）と、懲戒解雇・普通解雇および自己都合による退職とを区別している。さらに、調査開始時点の健康状態、年齢、性別、人種、世帯所得、教育水準など健康に影響をおよぼすと考えられる要素を調整した。また回答者には、健康状態を自己申告してもらうほか、何らかの症状で医師の診断を受けたことがあるか、それはどんな症状か、という質問にも答えてもらった。この調査では、工場などの閉鎖による解雇後には健康状態が「ふつう」または「悪い」と答えた人が約五四％増えたことがわかった。回答者の健康状態を基準値に調整すると、解雇後に健康状態が悪化する可能性は約八三％高まるという[32]。これに対して、雇用が継続された人の健康状態は安定している。解雇後に新しい職に就いた人でも、すくなくともいくつかの点で健康状態が悪化していることも判明した。[33]

一九九二〜二〇一〇年に心筋梗塞（広く心臓発作）を発症した成人一万三〇〇〇人を調べた調査では、約七〇%が期間中に一回以上の解雇を経験していることがわかった。心臓発作を起こす可能性は、解雇の回数に応じて上昇する。解雇を一回経験した人が心臓発作を起こす可能性は、解雇されたことのない人と比べて二二%高く、四回以上経験した人は六三%高い。これらの結果は、喫煙、飲酒、肥満などの要素を統計処理した後でも変わらなかった。[34]

人員削減やレイオフのあった職場で働く人も、自分は解雇されていなくても影響を受ける。次は自分ではないかと恐れ、雇用不安定感が強まり、ストレスが大きくなるからだ。また幅広い調査であきらかになっているように、多くの企業は減らす仕事量以上に多くの人員を整理する傾向が強い。そうなると、解雇を免れた人たちの仕事量は大幅に増えることになる。その結果、疲労・消耗やストレスが増え、解雇されなかった人々の健康状態も悪化する。

解雇と健康状態に関する厳密な分析調査の一つに、フィンランドのライシオ市が一九九〇年代前半に行なった調査がある。フィンランドは一九九〇年代前半に深刻な景気後退に見舞われ、地方自治体の職員数が一九九〇〜九三年に一二%削減された。同国全体の失業率が一九九〇年の三%から九三年には一六%に上昇したとはいえ、かなりの大幅削減である。ライシオ市職員の追跡調査は一九九〇年に開始され、人員削減の影響をあきらかにするとともに、大規模な人員削減が行なわれた部署と小規模にとどまった部署とのちがいも調べた。すると、大規模な削減が行なわれた部署での病気欠勤は、小規模にとどまった部署の二倍に達し、喫煙も大幅に増えたことがわかった。残された人の負荷が増え、雇用不安定感が強まったことが、欠勤や喫煙の原因になったと考えられる。[35]

解雇と死亡および健康状態に関する調査の大半は、解雇された本人が主な対象とされ、残された人も対象にした調査はごく一部にとどまる。それは当然と言えば当然だが、しかし以上のように、残された人もストレスを感じているのである。それだけではない。じつは、解雇する側もストレスを感じている。つまり人員削減やレイオフのあった職場では、それを申し渡す管理職の健康状態も悪化する。四一〇人のマネジャー(人員削減を実施した人もいれば、していない人もいる)を対象に二〇〇〇~二〇〇三年に行なわれたある調査は、まさにそれを裏付けた。人員削減を通告した経験のあるマネジャーは、「健康状態が悪化した」、「病院で受診した」、「眠れない」、「仕事を辞めたい」と答えるケースが、人員削減の経験のないマネジャーに比べ、あきらかに多かったのである。またこの調査では、人員削減の通告が健康状態の悪化を招く原因として、精神的苦痛を挙げる人が多いこともわかった。[36]

解雇と暴力

解雇は、解雇された当人の死亡や疾病リスクを高めるだけではない。職場で暴力沙汰を引き起こす可能性を高め、解雇を申し渡した上司や職場に居合わせた人を死にいたらしめる危険性も高める。そうした例は枚挙にいとまがないが、ここではそのほんの一例を紹介しよう。二〇〇八年一一月一四日、カリフォルニア州マウンテンビューのある半導体スタートアップを解雇されたジン・ウーは、本社にやってきてエグゼクティブ三人に面会したいと申し入れた。会議室に通されたウーは、いきなり銃を取り出すと、CEO、事業担当副社長ともう一人のエグゼクティブを射殺した。[37]

この種の殺傷事件はいまに始まったことではない。アメリカ疾病管理予防センター（CDC）はすでに一九九二年に、職場での殺人行為は重大な社会問題であり、年間八〇〇人以上が職場で殺害されている、と発表した。[38]職場での自殺も、不況の始まった二〇〇七～〇八年一年間だけで二八％も増えている。また従業員一〇〇〇人以上の事業所を対象にした調査では、回答者の五〇％以上が、直近一年間で一回以上の職場内暴力に遭遇したと答えている。[39]

カリフォルニア大学バークレー校公衆衛生大学院のラルフ・カタラーノは、雇用不安定が引き起こすさまざまな影響について広範な調査を行なった。その結果、第一回の調査時点では暴力をふるったことのなかった人が、二回目の調査までに解雇を経験した場合、暴力行為におよんだと答えるケースが、解雇されなかった人の六倍に増えたという。この結果は、年齢、性別、社会経済的地位、人種、配偶者の有無、精神疾患の既往症の有無などの要素の統計処理後も変わらなかった。[40]別の調査では、地域における解雇と精神疾患による入院との間に関係性が認められた。地域内で解雇が増加すると、精神疾患による入院の件数が二倍に増えたという。[41]

インターネットには解雇に起因する暴力行為の体験談の類いがあふれているが、どうやってそれを防ぐかというアドバイスも多数見られて興味深い。たとえば、金曜日に解雇してはならない。解雇を通告するときは、警備員を見えるところに配置し、解雇された人が施設の外に出るまで付き添う。解雇された人が鍵など施設内に入る道具や手段を持ち出さないよう注意する、などである。解雇は、ときには本人の命を奪い、ときには解雇を申し渡した人の命を奪うという形で表れるほど、強い感情的な反応を呼び起こすのである。

解雇と有害な習慣

解雇された人々の間では、鬱病や不安障害が解雇されていない人より一五〜三〇％多いことが一貫して報告されている。[42] 鬱病や不安障害に加え、解雇に伴うストレスのせいで不健全で有害な習慣に染まる可能性が高くなることも指摘されてきた。解雇されると、飲酒[43]、大麻[44]、その他の薬物の摂取・乱用の発生率が高まることが、さまざまな学術的調査によって裏付けられている。[45] たとえばスウェーデンで男性を対象に行なわれたある調査では、二週間以上失業状態が続くとアルコール摂取量が二倍になり、深酒をする人が四倍になったという。[46] また別の調査では、飲酒や薬物摂取歴のある人は、解雇後の薬物乱用のリスクが顕著に高まることがわかった。過度の飲酒や薬物摂取をしたことのある人は、失業のストレスにさらされると、過去の不健全な習慣に立ち返りやすい。[47] これらの調査結果から、解雇はストレスの増大を通じて健康に直接的な悪影響を与えると同時に、そのストレスを軽減しようとアルコールの過剰摂取や薬物乱用といった習慣に染まることを通じて、一段と健康悪化に拍車をかけると結論づけられる。

人員削減で企業業績は上向くのか？

人員削減をすれば業績が上向くと企業は言いたいのかもしれないが、仮に上向くとしても、企業利益の増分が、解雇に伴う心身の健康悪化とそれに伴う医療費の増分と最低でも見合わなければ、社会的に合理的な選択とは言えない。ただし両者がほぼ見合ったとしても、人員削減やレイオフが社会的に最適な選択と言えるかどうかは大いに疑問符がつく。というのも人件費が減ったことによる利益の大半は解雇を行なった企業の懐へ入るのに対し、解雇に伴うコストの大半は当人および社会が負担するからだ。したがってここには、費用と利益の不整合が生じている。解雇に伴うコストをさほど負担しなくてよい企業側は、不当に安価な資源が浪費されるのと同じく、解雇を濫発しがちである。一方、解雇される側は、解雇に伴って元雇用主が得る利益の恩恵には与れないので、当然ながら雇用の安定を経営方針に掲げる企業を好み、安易に解雇に走る企業は避けようとする。

この状況で、多くの調査が（必ずしもすべての結果が一致するとは言えないが）、人員削減が当の企業に利益をもたらす例は少なく、むしろ損害を与える例のほうが多いことを示している。

まず、人員削減やレイオフは企業に数々のコストを生じさせる。コロラド大学のウェイン・キャシオは、退職金、未使用だった休暇および病気手当の支払い、再就職の斡旋費用、業績が回復したときの雇用費用、残された従業員の士気の低下とリスク回避志向、訴訟の可能性、解雇された従業員による破壊や暴力、組織としての記憶や知恵の喪失、経営陣に対する信頼の低下、労働生産性の低下などを挙げている。[48] 雇用関係は心理的な互恵関係であり、従業員のがんばりと忠誠心は報われるものという暗黙の了解があるが、解雇はそれを裏切ると感じられるため、従業員は自主的な努力をしなくなり、仕事に対する意欲も衰えてしまう。

しかも人員削減は、企業に利益をもたらさないことが多い。理由は、人員削減をしたところで、その企業が抱えていた根本的な問題、たとえば品質、生産性、市場での評判といった問題が解決されることはまずないからである。企業を悩ませる問題の大半は、過剰なコストではなく不十分な収入だ。コスト削減の努力は、往々にして顧客離れを招く結果に終わる。というのも市場に対する魅力的な提案が減り、収益問題を一段と悪化させるからだ。企業からの提供価値が低下して顧客の足が遠のき、企業はさらにコスト削減に走ってますます魅力的な提案ができなくなるという悪循環の罠にはまる。

アメリカの航空産業はまさにその典型例である。二〇〇〇〜〇七年にアメリカの航空会社を利用した高収益チケットの旅客数は四七％減少した。高収益チケットとは、正規料金のエコノミークラス、ビジネスクラスまたはファーストクラスの片道チケットを指す。一方、自家用機による旅客数は、二〇〇〇年には高収益チケット旅客数の一五％程度だったのが、二〇〇七年には同四〇％まで増えている。おそらくこの変化の一因は、9・11テロを受けてセキュリティが強化され、搭乗手続きが面倒になったことにあるだろう。とはいえミシガン大学が発表するアメリカ顧客満足度指数では、アメリカの航空会社に対する顧客満足度は携帯電話会社をかろうじて上回る程度となっている。アメリカの航空会社は何やかやと手数料を上乗せする一方で、サービスは切り詰めてきた。どんな業界も、気前よく払ってくれる最上の顧客を半分も失ってしまったら、発展は望めない。

他のデータも、航空会社の抱える問題がコストではなく顧客離れによる収益減にあることを裏付けている。業界団体の国際航空運送協会（ＩＡＴＡ）は二〇〇八年に、航空機の利用が快適でなくなった結果、旅客数が減少し、業界全体で年間一〇〇億ドルの収益が失われたと報告した。固定費の大きい産業（航空産業の場合、追加的な旅客一人を運ぶ限界費用はきわめて小さい）では、基本的に収益を徐々に増加させる以外に繁栄を維持する方法はない。グローバル金融危機後の景気後退局面でも、それは当てはまる。

人員削減が企業業績の改善につながらないとすれば、業績悪化が人減らしをする原因ではないと考えるのが理に適っているだろう。つまり企業が人員削減やレイオフを行なうのは、別の原因からだということになる。アート・ブドロスが行なった調査は、まさにそれを裏付けるものだった。ブドロスは、一九七九～九四年にフォーチュン一〇〇企業が実施した人員削減を調査した結果、人員削減に影響をおよぼすのは、なんと他社の人員削減、規制緩和、業界慣行や文化だと判明したという。[49] さらに彼は、経済情勢と人員削減の間には有意の関係性は認められないとも指摘する。[50] 他の研究者も同じような結論に達している。職場環境が類似する企業の人員削減を調べたところ、一社が人員削減を行なうと他社も追随する傾向が認められたという。[51] 言い換えれば、企業は業績改善の必要に迫られて人員を削減するのではなく、業界の制度や慣行に影響され、あるいは単に他社の行動を模倣して、人減らしをするということである。

人員削減と株価

人員削減やレイオフが株価におよぼす影響を調べた研究の多くでは、イベントスタディ手法が使われている。イベントスタディとは、ある企業に関する何らかの情報や出来事が、その企業の市場価値に与える影響を分析する手法である。研究の結果、人員削減やレイオフの発表は株価および株主総利回り（TSR）に対し、よくて中立、多くの場合にマイナスの影響を与えることがわかった。一九七九〜九七年に発表されたレイオフ一四一件を調べた研究では、発表した企業のTSRが軒並み下がっていること、その規模（対象人数）が大きいほど、また解雇の期間が長いほど、マイナス幅が大きいことがわかった。[52] また、一九九〇～九八年に発表された人員削減一四四五件を調べた調査も、削減規模が大きいほどTSRの縮小幅も大きいと報告している。[53]

アメリカと日本で発表された人員削減の影響を比較分析したある研究は、人員削減の発表が日米どちらでもTSRの異常低下を招いたと報告した。[54]またトロント証券取引所に上場するカナダの大手企業が一九八〇年代に行なったレイオフ二一四件を調べた研究も、発表から三日間の当該企業の株式時価総額の縮小幅のうち、すくなくとも〇・五ポイントはレイオフに起因すると分析している。[55]

人員削減が株価におよぼす影響を調べた一二本の研究論文のメタ分析は、株価の下がった一二件のうち九件までが、人員削減の発表が株価に悪影響を与えたと結論づけている。[56]

人員削減やレイオフの発表が株価を押し下げるという調査結果は、ある意味では当然と言えるだろう。というのも、そうした発表をするということは、その企業の経営がうまくいっていないと認めるようなものだからだ。レイオフが株価におよぼす影響を調べたある研究は、レイオフの理由によってちがいが出るかどうかも確認した。すると、需要減を理由に挙げた企業は株価が下がったが、効率を理由に挙げた企業は株価に悪影響のなかったことがわかったという。[57]

人員削減と収益性

ウェイン・キャシオは、一九八二～二〇〇〇年におけるスタンダード&プアーズ五〇〇構成企業の収益性を調査した。すると、人員削減を行なった企業の収益率は、そうでない企業より下がっていることがわかったという。一二二社の収益性を調べた別の研究も、人員削減前の収益性に関して統計処理を行なった後であっても、人員削減後の収益率は大幅に下がっていたと報告している。とくに低下が顕著だったのは、それまで研究開発に力を入れていた企業だという。[58] アメリカ経営者協会も、人員削減の効果を調べている。当然ながらこのような調査では人員削減を擁護するバイアスがかかりやすいし、企業も経営陣も自分たちが判断ミスを犯したとは認めたがらない。それでもなお、人員削減で営業利益が増加したと回答した企業は全体の約半分にとどまった。[59]

人員削減と生産性

アメリカ経営者協会のさきほどの調査では、人員削減によって生産性が向上したと回答した企業が全体の約三分の一に過ぎなかったこともわかった。[60] 工業統計調査のデータを使った別の調査では、一九七七～八七年の生産性の変化を調べたところ、人員削減を行なった企業より雇用を増やした企業のほうが生産性の上昇幅が大きかったという。この調査は、一九八〇年代に見られた生産性の向上に人員削減が寄与したとは言いがたい、と結論づけている。[61] ペンシルベニア大学ウォートン・スクールのピーター・キャペリ教授は、労働生産性を表す指標の一つである従業員一人当たりの労働コストは人員削減によって改善される一方で、もう一つの指標である従業員一人当たりの売上高は落ち込み、企業全体の収益率も下がると指摘した。[62]

それにしても、従業員の数を減らしても生産性が向上しないのはどうしたわけか。答の一つは、人員削減を発表すると、最も有能な従業員から出て行ってしまい、あまり有能でない従業員が残されるからである。もう一つの答は、時に企業は必要以上に人員を減らしてしまうからだ。残された人数が少なすぎると、当然ながら仕事をこなせなくなり、会社側は結局はいちど解雇した従業員を契約社員として呼び戻すことになる。これはコスト効率のよいやり方とは言いがたい。退職金を払ったうえに、解雇したばかりの元従業員を雇い入れ、彼らに払うだけでなく、仲介業者に手数料も払わなければならない。アメリカ経営者協会の調査では、人員削減やレイオフを実施した企業のじつに三分の一が、解雇した従業員を契約社員として再雇用していることがわかった。新規募集よりも元従業員のスキルのほうが必要だったということである。[63]

人員削減とイノベーション

人員削減やレイオフは、企業のイノベーション創出にさまざまな悪影響を与える。まず、いちど人員削減を発表すると従業員の間にリスク回避志向が強まり、リスクをとってイノベーションに取り組もうという意欲が低下する。失敗したら解雇されかねないと恐れるからだ。また、人員削減により一部の従業員が退職すると、社内のネットワークが壊れてしまう。イノベーションは一人の力でできるものではなく、社内で知恵を出し合う、設計・製造・営業などの部門横断的な協力や調整をする、社内に存在する専門知識を他部門に移転する、プロジェクトを立ち上げてさまざまな部門の人間が一緒に働く、といったことが必要だ。既存のネットワークが壊れると、短期間で効率よくイノベーションを生み出すことは困難になる。

こうしたわけだから、人員削減やレイオフを実施した企業ではイノベーションを生み出すスピードが鈍化する、と多くの調査が報告しているのもふしぎではない。ポルトガルで、人員削減を行なった従業員二〇〇名以上の企業を調査したところ、イノベーション創出活動が不活発になったと報告されている。[64] 大手ハイテク企業における大規模な人員削減の前・中・後の創造的活動について調べた調査では、人員削減の進行中はイノベーションを促す職場要因が低下して創造性が発揮されなくなったが、削減の完了後にはいくらか持ち直したことがわかった。[65]

人員削減は企業経営にプラスにはならない

どんな経営判断もそうだが、人員削減の決定もまたフィードバック効果を持つ。従業員の不安を煽り、やる気を失わせ、自主的な努力をしなくなるといったことも、フィードバックの一つだ。その結果として、人減らしによるコスト削減などせっかくの直接的なプラス効果も打ち消されてしまう。多くの研究文献のメタ分析を行なったところ、人員削減は従業員の意欲を削ぎ、残った人たちの組織への忠誠や貢献を低下させるという点で多くの研究が一致していることがわかった。また、業績指標もおおむね大幅に押し下げられるという。[66] 経営思想家のゲイリー・ハメルがたびたび指摘するとおり、人員削減は繁栄への道にはつながりにくい。人を減らしたら、その会社は小さくはなってもよくはならない。往々にして顧客のニーズに的確に応えられなくなり、革新力も生産性も低下する結果を招く。

会社が人員削減に着手すると、転職先の見つかる社員からさっさと出て行く。あるいは給湯室やコーヒーメーカーの周りに集まって情報収集や噂話に時間を費やす。会社側が有能な人材を引き留めようとしても、有能な人材ほど辞めていき、残った人たちは心配で仕事が手につかない。だからエア・プロダクツのCEOハロルド・ワグナーが、こう語るのも無理はない。「われわれは二カ月かけてレイオフの実施を決定し、二週間かけて実行し、そこから立ち直るのに二年かかった」。またハネウェルのCEOデービッド・コートは、二〇〇八年に始まった大不況のさなかにレイオフを回避しようとして、次のように述べた。「レイオフがいかに深い傷を残すか、大方の経営者はわかっていない。レイオフをすれば、組織にいる全員がすくなくとも丸一年はそれにふりまわされて消耗する。経営者はレイオフによるコスト削減効果を過大評価しているのだ[67]」

人員削減が企業経営にとってプラスにならないとすれば（世間的には合理化は最新流行で、市場でも評判がよく、経営者の決断力や辣腕が評価されるとしても）、なぜ経営者は敢えてやるのだろうか。一つの答は、人員削減と経営幹部の報酬の関係にある。ある調査では、前年に人員削減を発表した企業ではCEOの報酬が増えること、CEOの報酬の上昇幅は同時期に人員削減を発表しなかった企業の役員報酬上昇幅を上回ることが判明している[68]。

要するに、人員削減は業績改善につながらないことが多い。また人員削減や工場閉鎖は従業員の心理に悪影響をおよぼす。さらに解雇された人たちの健康悪化や有害な習慣や自殺につながりかねないことは前段で述べたとおりである。

企業は人員削減をしなくてもやっていける

二〇〇一年九月一二日水曜日。アメリカには航空機が一機も飛来しなかった。二機の旅客機がワールド・トレード・センターに突っ込み、一機がペンシルベニアで墜落した翌日のこの時点では、いつになったらアメリカの空港が再び開かれるのか、また運航が再開されるときにセキュリティ手続きなどはどうなるのか、またセキュリティが強化されたとしてそれで第二、第三のテロを防げるのか等々、はっきりしたことは何もわかっていなかった。このときアメリカはすでに景気後退局面に入っており、航空産業の需要が果たして回復するのか、それも定かではなかった。9・11からほどなく、アメリカン、デルタ、ユナイテッドなどアメリカの航空会社は、これまで何度もやってきたことをする——レイオフである。彼らは合計で約八万人を解雇した。ほとんどの大手エアラインが9・11の直後にレイオフを発表している——ただ一社を除いて。

その一社とは、サウスウエスト航空である。同社は社員にeメールを送った。そこには、同社の歴史においてただの一度もレイオフをしたことがなく、自宅待機でさえやっていないと書かれていた。あの状況では、さしものサウスウエストも絶対に今後もレイオフはしないとまでは約束できなかったものの、社員を守るために全力を尽くすと明確な決意表明をしたのである。フライトが再開できるようになったらただちに職場に戻り、いつもの最高のサービスを提供してほしい。会社は社員と顧客をしあわせにするためにできる限りの努力をする、と。サウスウエストは、顧客から要求があれば無条件で払い戻しをすると発表し、9・11後もフライトスケジュールを変更せず、さらに従業員利益分配制度に予定通り一億七九〇〇万ドルを払い込んでいる。[69] 二〇〇一年末の年次決算で同社は利益を確保しただけでなく、9・11後の第四・四半期に黒字を計上している。競合他社を尻目にサウスウエストは市場シェアを拡大した。そして二〇〇二年には、同社の株式時価総額は他の航空各社の合計を上回るにいたっている。

あらゆる企業、とりわけ景気循環の影響を受けやすい産業に属す企業は、事業運営の一環として定期的に人員削減せざるを得ないと信じ込んでいるらしい。だがこの考え方は、まずもってまちがっている。長い歴史を持つ半導体メーカーのザイリンクスは、半導体産業で半ば慣習化している周期的なレイオフと再雇用の繰り返しを回避してきた。二〇〇一年と〇二年のIT不況でインテルやAMDが合計九〇〇〇人の人員削減を行なったときも、ザイリンクスの二六〇〇人の社員は一人も解雇されなかった。[70] トヨタも、自動車市場が低迷している時期でも人員削減を避けるべく努力してきたことで名高い。同社は日本国内の従業員だけでなく、アメリカの生産拠点でも雇用を守る姿勢を堅持している。

一〇〇年以上の歴史を持つ溶接のリンカーン・エレクトリックは、一度も雇用を切り捨てることなく二度の世界大戦と無数の景気循環をくぐり抜けてきた。同社は長年にわたり利益分配奨励制度を運用してきたことでも知られる。これは利益に基づく従業員報酬変動制で、利益が縮小すれば自動的に報酬も減らすことで人員を減らさずに済むしくみだ。同社の元ＣＥＯは、人員削減は無能な策だと一蹴する。また同社の生え抜きである前ＣＥＯは、「われわれは厳しい経済環境の中で事業を営んでいるのであり、その痛みは全員で分かち合う。社員を切り捨てないことが長期的には株主利益によりよく貢献できるというのが私の経営哲学であり、先輩ＣＥＯたちの経営哲学でもある」と語っている。[71]

解析ソフトのグローバル企業ＳＡＳインスティテュート（未公開企業のため公表されていないが、二〇一六年の推定売上高は三二億ドル以上）は、二〇〇〇年代のハイテク不況の際に有能な人材を数百人雇い入れ、市場での地位を確立した。二〇〇七〜〇八年の大不況に見舞われたとき、ＣＥＯのジム・グッドナイトは社員から「ウチもレイオフをするのか」としきりに聞かれたという。そこで彼は全社員にｅメールを送り、無用の支出を抑えるよう注意喚起すると同時に、景気悪化を理由とする人員削減は行なわないと約束した。大不況の間、売り上げは伸び悩んだが収益率は悪くなかった、と彼は話している。雇用が確保されると安心した社員は、仕事に集中し、生産性が高まり、よき経営者の下で働けることに感謝と誇りを抱いたのだろう。そして熱意と勤勉と創造性で経営者に報いたのだった――もちろん経費節減にも十分な注意が払われたという。

人員削減には、その会社の価値観が反映される。二〇〇〇年代後半の景気後退の際に、自然食品スーパー・チェーンのホールフーズ・マーケットは人員削減をしたけれども、一〇〇人足らずにとどめた。また、高級ホテル・チェーン、ジョワ・ド・ヴィーヴル・ホスピタリティの創業経営者チップ・コンリーは、二〇〇〇年代後半の景気後退で収入が三〇%以上落ち込んだにもかかわらず、人員削減の規模を最小限に抑えようと努力している。そしてこの時期を乗り切り、景気が回復すると、ホテル・チェーンの持ち分の一部を売り払ってしまった。もう二度と大勢の人を解雇する辛さを味わいたくないからだという。

一部の先進国では、従業員の雇用維持を奨励する公共政策を導入している。ヨーロッパの多くの国では、いわゆる正規雇用の従業員を解雇した企業は多額の解雇手当を払わなければならない。このため企業は、解雇した分のコスト削減効果と法律に定められた解雇手当とを勘案して決断することを迫られる。このほか、人員削減やレイオフの事前通知、労働組合や労働側顧問弁護士との事前交渉を義務づける例もある。これらの政策は、失業率が高止まりし雇用がいっこうに増えない労働市場の安定化策として打ち出されたものだが、効果が上がったケースと上がらなかったケースは相半ばしている。[72] しかも政策効果を検討する際に、雇用安定化に伴うコストと、従業員の健康および幸福向上のメリットを対比させた研究はほとんど存在しない。

ドイツでは、解雇された労働者は失業給付金を始めとする十分な社会的支援を受けることができるが、安易な解雇を減らす目的で、こうした社会的支援の一部を企業に前払いさせる実験が行なわれた。ドイツのこの政策は、景気後退局面で通常起きる経済的混乱を最小限に抑えられたとして、高く評価されている。このように公共政策は、企業の人員削減の決定に影響を与え得る点で重要な意味を持つ。雇用不安定の抑止をめざす政策が採用されれば、政策によって課される費用負担も含めて、企業は人員削減のコストを真剣に考えざるを得なくなるだろう。

人員削減コストの外部化を容認すべきではない

今日では、人員削減はしないという経営方針を掲げる企業があきらかに少なくなっている。この変化は、組織のダウンサイジングやスリム化が経営手法として広く受け入れられるようになったことや、社会的な価値観が変わったことを反映したものと言えよう。現に、学校を出て最初に入社した会社で仕事人生を全うするといったことは、いまではほとんど考えられなくなっている。会社はもはや運命共同体ではなく、多くは短期的な雇用契約を交わした人たちの集合体に過ぎない。人員削減がひんぱんに行なわれるのも、働く人の健康や幸福よりも経済効率と資本収益率を重視する社会的価値観の表れである。

だが「柔軟」な労働市場は、労働者の生計に、そして彼らの心身の健康に犠牲を強いる。人員削減を行なう企業は、それに伴うコストの大半を負担しない。解雇してしまえばもはや自社の従業員ではないので、会社は医療費の面倒も見ない。元従業員が心身の健康を損ない、有害な習慣に染まろうと、おかまいなしだ。会社側の決定が引き起こすコストを負担しないからこそ、人員削減やレイオフが頻発されるのである。会社からすれば、そのほうが安上がりに見えるのだろう。

人員削減を行なう企業が、それに伴うすべてのコストを引き受けない限り、雇用された当人と広く社会とがコストを負担し続けることになる。しかし、人員削減に伴うコストを正しく評価するなら、人員削減は必ずしも最適の選択とは言えないはずである。

CHAPTER 4

長時間労働、仕事と家庭の両立困難

二〇〇九年一月。東京の会社である男性社員がデスクに突っ伏していた。同僚たちはうたた寝をしているのだろうと思っていたが、二時間経っても起きない。心臓発作で死んでいたのである。四二歳だった。残された妻は、夫が週に七五時間働き、しかも通勤に往復四時間かかったと話している。彼は死の直前四〇日間ぶっ通しで仕事をしており、「昼夜を分かたず働いて疲れきっていた」という。[1]二〇一五年末には、大手広告会社、電通の新人女性社員が飛び降り自殺した。死の前には、職場でのハラスメントが続くことや労働時間が長いなどの悩みを親しい友人に打ち明けていたという。この女性社員は土曜、日曜も働き、一カ月の残業時間は一〇〇時間を上回っていた。[2]

日本語には、働きすぎで死ぬことを表す言葉まで存在する。「過労死」だ。この言葉はいまでは英語の辞書にも載っている。過労死が初めて報道されたのは、一九六九年のことである。朝日新聞大阪本社発送部に勤務していた当時二九歳の既婚男性社員がクモ膜下出血で死亡した事件だ。以来、過労死は日本で大きな話題となってきた。厚生労働省の労災認定基準で過労による疲労蓄積に起因する脳・心臓疾患が労災認定されるようになったのに続き、過労による自殺の場合にも、心理的負荷による精神障害が認定対象になった。厚生労働省が発表した二〇一二年の労災補償の支給決定件数は、脳・心臓疾患が請求八四二件に対して三三八件、心理的負荷による精神障害が請求一二五七件に対して四七五件で、後者には自殺九三件が含まれている。[3] 二〇一五年には、前者の請求件数は微減となったものの（支給決定件数は二五一）、後者が一五一五件と大幅に増え（支給決定件数は四七二）、合計で二三一〇件に達した。だがある報道によると、実際の数字はもっと多く、一万件に達するのではないかという。これは、年間の交通事故の死者数に匹敵する。[4]

日本のある研究者は、「今日では過労死という言葉を知らない人はまずいない……多くの日本人労働者とその家族が過労死を心配している」と話す。過労死が社会的に大きな話題になり、過重労働の疑いのある企業が立入捜査などを受けたにもかかわらず、問題はいっこうになくならない。二〇一六年一〇月に行なわれたある調査では、対象企業の四分の一近くで、一部の従業員が月八〇時間以上の残業をしていることがわかった。[5] 厚生労働省は一九八七年から過労死の統計を公表しているが、公表される数字が完全に信頼できるかと言えば、大いに疑問符がつく。というのも、個々のケースについて死亡の原因が過労かそうでないかを見極めるのは容易ではないからだ。[6]

長時間労働とそれに伴う健康状態の悪化は、日本だけでなく多くの国で問題となっている。中国の銀行監督官リー・ジェンホワは、二六年におよぶ激務の末に、四八歳で心臓発作を起こして死亡した。広告会社オグルヴィ・アンド・メイザーの北京オフィスで働いていたガブリエル・リーは、二〇一三年五月、病気休暇から職場に復帰した初日に亡くなっている。このほかにもオグルヴィのパブリック・リレーションズ・ワールドワイドの二四歳の社員、監査法人プライスウォーターハウスクーパースの二五歳の会計士など、中国でも過労死は後を絶たない。[7] 中国の工場、とくにアップル、HP、シスコなど著名ブランドの電子製品の組立を行なう工場は、低賃金と劣悪な職場環境で悪名高い。それだけでなく、超長時間労働と予測不能な不規則労働でも知られている。顧客第一主義を標榜するアップルなどの企業は、サプライチェーンのスリム化に力を入れる一方で、デザインが決まったらすぐにでも新製品やニューモデルを市場に投入しようとする。彼らは、下請企業が何でも喜んでやることを知っているのだ。文字通り真夜中に工員を叩き起こしてでも、売り上げを増やそうとする。

こうしたわけだから、中国にも過労死に相当する言葉があるのはふしぎではない。「過労死」という。過重労働は中国でも大きな問題になっており、チャイナ・ユース・デイリー紙は「年間約六〇万人が働きすぎで死んでいる」と報じた。国営ラジオ局中国国際放送によれば、毎日一六〇〇人だという。首都経済貿易大学労働経済学院が北京の勤労者を対象に実施した調査では、回答者の六〇％が、法定限度（一日の残業は二時間まで）を大幅に超えて働いていることがわかった。[8]

先進国では労働基準法などの法規が整備されているのだから、長時間労働は新興国だけの問題だと考える人がいるかもしれない。たしかに先進国には労働関連法規が存在して、一日当たりまたは一週間当たりの上限を超えて働いた場合の超過勤務手当の支払いを義務づけ、有給休暇の日数の下限を定めて年間労働日数を制限するほか、学齢期の子供の労働時間を制限あるいは禁止している。

だがじつは、こうした規定の恩恵に与れないケースがかなりある。まず、強制送還を恐れる不法移民や失業を恐れる低賃金労働者は、自分たちの権利を主張しない（できない）。また、一部の管理職や監督職、さらには弁護士や会計士などの専門職は、超過勤務手当の対象にならないことが多い。エアバスはご存知のとおりフランスに本社を置く航空機メーカーであり、そのフランスは週三五時間労働制を導入したことで知られる国であるが、そのミドルマネジャーは週六〇時間働いており、だいたい夜八時まで残業するという。

さらに業種や職種の中には、途方もない長時間労働を強いられるものがある。たとえば国や地域を問わず、投資銀行がそうだ。すでに述べたように、二〇一三年にメリルリンチ（バンク・オブ・アメリカの投資銀行部門）ロンドン支店でインターンをしていた二一歳のモリッツ・エアハートは、三日連続で朝六時まで徹夜で働いた末に死亡した。死の直前の二週間で徹夜を八回したという。エアハートの死亡を伝える記事には、「彼は多くのインターンと同じく、狂気のメリーゴーラウンドに乗せられてしまった。このメリーゴーラウンドでは、タクシーがインターンを自宅に送り、シャワーを浴びて着替える間外で待っている。そしてインターンを乗せてオフィスに戻り、次の長い一日が始まるというわけだ。メリーゴーラウンドは止まらない」とある。同僚のインターンはこう話す。「ボクたちを死ぬまで働かせるつもりなんだろう。で、とうとう彼はほんとうに死んでしまった」[9]

法律関係の職業も、長時間労働になりやすい。彼らは働いた時間だけ顧客に請求できるからだ。長時間働いて、その分を請求すれば、法律事務所にとっては利益が膨らむ。薬物乱用絡みの合併症で前夫を失ったジャーナリストのエイレーン・ジマーマンは、「彼は二〇年にわたって週六〇時間以上働いていた。ウィルソン・ソンシーニ・グッドリッチ&ロサーティ法律事務所で知的財産権関連の仕事をする傍ら、研修も担当していたから」と話す。[10] ちなみにこの法律事務所はシリコンバレー最大手である。

ハイテク企業も、エナジードリンクのレッドブルを飲んで徹夜をやり遂げることで知られており、やはり長時間労働が常態化している。医療機関のパロアルト・メディカル・ファウンデーション(PAMF)は、シリコンバレーを検診車で巡回している。車には診察室が二つと検査室が一つあり、同地域の大手二〇社以上が顧客だ。なぜ車で巡回するのかと質問すると、PAMFの企業医療サービス責任者はこう答えてくれた。「ここの社員は猛烈に忙しくて、医者へ行くなんてことは考えてもみないからね」[11]。検診車で受診する人の四〇%にはかかりつけの医者がいない。高額な報酬をもらい、会社が医療保険を提供しているにもかかわらず、である。「なにしろ患者の中には、診察を受ける間もモバイル端末を手放さない人がいる」という[12]。そんなに仕事ばかりしているとどうなるか。「三〇歳のエンジニアたちの肉体年齢は五〇歳だ。腹は出て背骨は曲がり、顔色はどす黒い。関節が痛み、活力がなく、糖尿病と心臓疾患のリスクが高い」[13]

このように、長時間労働とそれが健康におよぼす悪影響はほぼすべての国に見られる問題と言ってよく、また業種や職種を問わないと言える。ある医療専門誌に掲載された論文は「近年、多くの先進国で長時間労働が常態化し、しかも労働時間はなお増える傾向にある」と報告している[14]。アメリカにおける労働時間はとくに長く、かつ不規則であり、状況は悪化する一方だ。保健衛生関連の非営利組織ロバート・ウッド・ジョンソン財団の人事担当副理事長デービッド・ワルドマンは、「アメリカでは、過重労働はいまに始まった話ではない……だがいずれ限度を超えてしまうのではないかと心配だ」と話す。[15]「過去数十年にわたって年平均労働時間が増え続けており、現在ではついに日本と西欧のほとんどの国を抜いてしまった」という。一九七九年の時点ではアメリカの労働時間は世界最長ではなかったが、二〇〇〇年代には世界最長の不名誉な地位に就いてしまった。ある調査によると、アメリカの労働者の約三〇％が週末に働いていることがわかっている。この比率はフランス、ドイツ、オランダ、イギリスより高く、スペインの二倍に達する。この調査では夜間（午後一〇時～午前六時）に働く率も調べており、二五％が夜間に働いていることがわかった。これは、調査対象となったどの国よりも高い比率である。[16]

上昇志向の強い人にとっては、長時間働くことがあたりまえになっている。あるエグゼクティブ・コーチによれば、クライアントの大半は毎日一〇～一二時間働いているという。朝八時から夕方六時まで働き、夕食をとったあとまたオフィスに戻って真夜中あるいはもっと遅くまで働く。さらに土曜か日曜のどちらかは働く。こうしたパターンがあまりにふつうになっているので、誰かが働きすぎで身体がだるいとか家族と揉めたなどとこぼしても、このコーチは全然同情しなくなってしまったという。出世するためには、そして途方もない報酬と権力を手に入れるためには、その程度の犠牲は当然だという風潮になっている。

そのうえ、電子端末の普及によりいつでもどこでも「つながる」状態になっているため、オンの時間とオフの時間の区別がつけにくくなった。つねに呼び出しに応じられる態勢にしておかなければならず、職場にいなくても仕事をしなければならない。ある調査では、回答者の八一％が休日もメールチェックをすると答え、五五％が夜一一時以降でもメールに返信する、五九％が旅行先でもメールチェックをすると答えた[17]。中には葬儀に列席中や妻の出産中も端末から目を離さない人がいる。先ほどのエイレーン・ジマーマンは、前夫の葬儀の光景を辛辣に描写している。

「葬儀に列席した弁護士たちのうちかなりの人が、スマートフォンにかがみ込んでメールを読み、返事を打っていた。友人で同僚でもあった人が過労で死んだというのに、弔いの言葉が述べられている間さえ、彼らは働くのをやめられないのだった[18]」

多くの人が、自宅にいようとバカンス先にいようと、仕事の電話やメールに応じることを期待されている。ライドシェアのウーバーは苛酷な職場環境で悪名高い。エンジニアの一人は、バズフィードのコミュニティに次のような投稿をした。

「週末にメールが来た。夜の一一時に。もし三〇分以内に返事をしないと、二〇人ぐらいから返事はどうした、と責め立てられることになる……このところボクは三、四カ月ぶっ通しで、仕事を片付けるために金曜、土曜、日曜の朝の三時か四時まで起きている。平日は毎日一〇時間以上働いたうえで、だ[19]」

こうした事態が起きているのは、ハイテク企業や投資銀行や法律事務所だけではない。つねに臨戦態勢であることを要求し、電話やメールに即応することを期待する傾向は、あらゆる産業に拡がっている。アウトドア用品のパタゴニアで人事部長を務めるディーン・カーターは、百貨店チェーンのシアーズで働いていた頃の経験をこう話す。

「クリスマスイブの夜七時にメールが来たときのことは忘れられない。私は翌朝八時に返事を打った。クリスマスの当日だ。するとあるエグゼクティブから、どうしてこんなに時間がかかったんだ、と怒られた。君はもっと機敏に対応しなければならない、とね」

オフの時間にまで仕事が侵入している事態を憂慮したフランスは、二〇一六年に「つながらない権利」を盛り込んだ法案を可決した。この法律は、就業時間外の仕事絡みのメールを禁止したわけではないが、従業員五〇名以上の企業に対し、仕事が休日や帰宅後の時間まで侵食することのないよう、新たな定款を定めることを求めている。フランスの労働大臣は、「職場の外でも仕事とつながっている労働者が増え続ける現状を鑑みると」このような法律が必要だと説明した。[20]

フランスの労働時間規制やメール規制はよくジョークのネタにされる。だが実際に就労者三六五人を対象にしたある調査は、就業時間外に飛び交う仕事関連のメールは人々の健康に悪影響をおよぼし、疲労感を強め、ワーク・ライフ・バランスを損ねると報告しているのである。つねにメールに即応できることが期待されるのはストレス要因になる、との調査は結論づけている。[21]

長時間労働あるいは不規則な労働時間はさまざまな形で現れ、そのどれもが健康に甚だよろしくない。第一に、長時間労働が一週間以上にわたって続くと、まとまった睡眠時間がとれなくなる。これは、免疫システムの機能低下につながる。ギャラップがアメリカの成人七〇〇〇人以上を対象に行なった調査では、睡眠時間と自己申告による幸福感との間には正の相関関係があることが確かめられた。たっぷり眠っている人ほど幸福感を味わうわけである。また回答者の四〇％は、夜間の睡眠時間が七時間未満であることもわかった。

七時間というのは、健康維持のために最低限必要とされる睡眠時間数である。[22]

第二に、過重労働が一年を通じて続くということは、たとえ有給休暇が用意されていてもとらずに働き続けることを意味する。骨休めもしなければ旅行にも行かないわけだ。ある調査は、アメリカの労働者の約三分の一が、与えられた休暇を使い切っていないと指摘する。[23]また最近行なわれた別の調査では、有給休暇を提供されている人の半分以上が休暇を全部は使っておらず、未使用の休暇の中央値は七日だと報告した。[24]さらに、四分の一はまったく休暇を消化していないことがわかった。[25]

第三に、過重労働が常態化している職場では、従業員はたとえ病気になっても休もうとしなくなる。病気で休んだらクビになるのではないか、報酬を減らされるのではないか、会社のことを第一に考えない忠誠心の乏しい奴と思われるのではないか、と恐れるからだ。二〇一四年にBBCが行なった調査では、アメリカの労働者の二五％以上が病気でも仕事を休まないと答えている。さらに四分の一近くが、自分の病気または家族の看病のために休暇をとったとして解雇されたり、解雇するぞと脅されたことがあるという。[26]アメリカの成人一〇〇〇人の全国標本調査では、回答者の六二％が病気でも出勤したことがあると答えた。[27]だが病気のときに働くのは本人の生産性が下がるだけでなく、同僚に感染させる恐れがある。メキシコ料理のファストフード・チェーン、チポトルは、ノロウィルスに感染した従業員が働いていたせいで大流行を引き起こしたと非難された。[28]

第四に、シフト勤務や不規則勤務や夜勤など、人間の通常の生活リズムを乱すような勤務形態の問題がある。ある製紙工場の従業員を一五年にわたって長期的に追跡調査した結果、一〇年以上シフト勤務で働いた従業員が心臓疾患にかかる確率は、通常勤務で働く人の二倍に達することがわかった。[29]

企業には選択肢がある

現代の経済を特徴付けるのがグローバル競争や技術革新であるとしても、だからといって長時間労働が当然だとか、病気休暇をとらないことが当然だ、ということにはならない。その証拠に、同じ国の同じ産業に属す企業であっても、働き方や労働時間はそれぞれにちがう。したがって長時間労働は現代経済の必然ではなく、企業の経営方針やその延長である現場の判断の結果だと言える。シェフィールド大学のマーク・L・ブライアンは、「一部の職場には長時間労働をあたりまえとする文化が根付いている。そうした職場では、残業が必ずしも必要でない場合でさえ、長時間働くことが習慣と化している」と指摘する。[30]イギリスの調査データを分析したある研究によると、週労働時間のばらつきの約三分の一は、企業レベルのちがいに起因するという。このちがいは、サービス部門でとくに顕著であることがわかった。
グーグルは数年前アイルランドのダブリンである実験を行なった。仕事を終えて帰宅する際に受付でビープ音が鳴った従業員は、携帯電話、iPad、コンピュータその他ストレス要因と考えられる電子機器類をすべて会社に置いていく、というルールを導入したのである。「おかげでストレスのない夜を過ごすことができたとの声が多く寄せられている」と当時人事部長だったラズロ・ボックは話している。[31]
アウトドア用品のパタゴニアは、標準的な労働時間を設定するとともに、職場に保育施設を用意している。「保育所が五時半に閉まると、駐車場がだいたい空っぽになる。みんな家に帰るんだ。六時以降も駐まっている車はめったに見かけない」と同社の人事部長は話す。パタゴニアでは平日九時間労働に移行し、一週おきに金曜日を休みにできるようにした。つまり年二六回は、週末が金土日の三日間になる。そしてこの三日間の週末には仕事のメールや電話はしない決まりだ。ある社員が話すとおり、「やってみればなんてことはない。これまではやらなかっただけ」なのである。
不動産情報サイトのジロー・グループも、ワーク・ライフ・バランスに配慮して労働時間を制限している企業の一つだ。ある社員は「この会社に入って、ほとんど誰もノートPCを家に持ち帰らないことに気づき、朝は保育所に子供を預けてから九時四五分に出社すればいいのだとわかったとき、これがまさにワーク・ライフ・バランスということなんだと腑に落ちた」と語っている。

ランドマーク・ヘルスは、慢性症状を抱える患者に在宅医療を提供するスタートアップである。同社では研修段階からメールの送信には十分配慮し、患者のケア以外のことでは夜間、週末、祝日などにはメールを打たないよう徹底している。いま挙げた以外にも労働時間の抑制や就業時間外の電話やメールの制限に意欲的な企業は増えており、またフレックスタイム制も普及してきた。

労働時間やワーク・ライフ・バランスへの配慮が企業によってちがうとすれば、それは業種や職種上の必然ではなく、企業文化や経営判断によるのだと考えられる。となれば、労働時間も、それに伴う健康への影響も、ある程度まで経営者次第で改善できるはずだし、また社会的な規範や労働市場の規制によっても改善可能なはずである。逆に言えば、企業経営者と政府は、長時間労働や休暇をとらない、とれない習慣に責任がある。

長い時間働きたがる人たち

生活のさまざまな優先事項より何よりとにかく仕事が第一だ、とする価値観が職場に根付いている場合、そこでは雇用する側とされる側がある意味で共謀し、長時間労働を奨励し、称賛し、誇示していると言ってよい。管理職も平社員も、長い時間働くことは会社や仕事への献身と忠誠を表すものだと考えている。しかも彼らは、自分たちの仕事が非常に重要だと信じて疑わない。がんばって働き仕事のために多くのことを犠牲にしている人たちは、自分の行動に一貫性を持たせようとして自分のがんばりを正当化し、自分のやっている仕事はこんなに重要なんだと言いたがる。一部の調査では、非営利組織では多くの人が長時間働くと指摘されているが、これはおそらく、高邁な目的のためだからやむを得ないという心理が働くからだろう。[32] だが言うまでもなく、非営利組織で働く人も営利目的の企業で働く人と同じく、長時間労働が続けば消耗する。

また中には、長時間働くほど自分がタフで強靭な人間であることの証明になると考える人もいる。ある会計士は「シリコンバレーではまさにそうだ。連中は、誰よりも長く、誰よりもがんばって働くということが自慢になる」と話す。こうした企業文化の中では、出世争いの一要素として労働時間の長さを競うようになる。この会計士はある医療関連会社で働いていたときのことを次のように語っている。

「あの会社で働き始めてほどなく、昨日は四時間しか眠れなかったと何気なく言った。

すると上司である財務担当副社長は、自分は三時間だと返事をした。四時間しか寝ていないなら休みをとれ、なんてことは絶対に言わない。そういう職場で働いているうちに、私自身も部下に、明日までは待てない、今日中にやれ、どんなに遅くなってもかまわない、などと命令するようになった」

今日では多くの企業が中間管理職をなくす方向に向かっており、勢い出世のチャンスは限られてくる。少ない椅子を争う状況になって、社員の多くは職場にいて上司にがんばりぶりをアピールすることが必要だと感じるようになった。高度なスキルを備え、高額の報酬をもらっている専門職の場合でも、労働時間はどんどん長くなっている。シルヴィア・アン・ヒューレットが二〇〇四年に実施した調査では、高報酬を得ている専門職の六二％が週五〇時間以上働いていると答え、一〇％は八〇時間以上働いていると答えたという。また半数近くが、一日平均一五時間働く状況が五年以上続いていると答えた。彼らはまずもって休暇というものと無縁である。そして、すくなくとも金銭的には人もうらやむ成功を収めているにもかかわらず、六九％はもうすこし仕事を減らせば健康を回復できると考え、五八％は仕事のしすぎで子供と過ごす時間が取れないとこぼし、四六％は配偶者とうまくいっていないと答えている。[33]

数十年前には、余暇をたっぷり持てることが社会的地位の高さの証だった。小麦色に日焼けした肌は、ビーチでくつろぐリッチな休暇をとった証拠としてうらやましがられた。ところが今日では、社会的地位が高く報酬も高い人ほど、低所得者よりせっせと働く。このねじれ現象においては、長時間労働が地位の証であるらしい。日付が変わるまで働くのは、その人が非常に重要で、会社にとって欠かせない人間であることの証拠というわけだ。リーダーシップ開発に携わるドレーク・ベーアは、健康情報サイトのスライブ・グローバルに次のような記事を投稿している。ちなみにスライブは、ハフィントンポストの超多忙な編集長だったアリアナ・ハフィントンが睡眠の大切さに気づいて立ち上げたスタートアップである。

「いまでは忙しいことがクールだとされている。アメリカの文化には、忙しくしていたいという願望さえ根付いている……地位が上がれば上がるほど、スケジュールは埋まっていく……クリスマスカードに〝このところ忙しすぎてね〟などと書くことが、一九六〇年代から大流行だ……アメリカ人は、忙しいという言葉を聞くと高い地位を連想するようになった……忙しい人間だということは、社会に必要とされ、重んじられていることを意味する。誰もがそうなりたがっているのだ[34]」

こうしたわけで、長時間働き**たがる**人々がいる。自分は価値のある人間だと見せつけるために。

会社はなぜ長時間労働をさせたがるのか

後段で述べるように、労働時間と業績とは無関係か、さらには負の相関性が認められるにもかかわらず、多くの企業には長時間働き休暇をとらないことをよしとする文化が根付いている。結局のところ、「勤勉」を悪いと言う人はいない。多くの企業が社員の忠誠と意欲を求めており、競争を勝ち抜くために全身全霊を挙げて会社に尽くす社員を歓迎する。とは言っても、忠誠や意欲といったものは目には見えない。評価しやすいのは献身の度合いを示す間接的な指標だ。その代表例が労働時間であり、与えられた休暇をとらずに働くことである。労働時間はかんたんに測定できるので、社員の熱意や献身を表す指標としてよく使われる。

長時間労働は忠誠と献身の表れだと考える経営者は、長時間働く社員を高く評価し、高い報奨を出す。いや、そもそも経営者というものは、会社のためによろこんで犠牲を払う気のある社員が大好きなのである。文字通り働きすぎで死ぬことほど会社への忠誠を表す行為があるだろうか。現に多くの調査が一貫して、労働時間の長さが給与水準や昇給ペースに反映されていると指摘する。時間給制でない労働者の給与にも、である（言うまでもなく時間給制であれば、労働時間が長くなるほど賃金は増える）。

さっさと帰る社員より長く働く社員を経営者が評価するのは、長時間働けばアウトプットも増えると漠然と考えているからでもある。たしかに、労働時間とアウトプットが正比例する仕事は存在するだろう。とくに、あまり創造性やスキルや集中が必要とされない昔の製造業はそうだったと考えられる。だが深い思索や創造性が求められるクリエイティブな仕事では、長く働くほど成果が上がるとは思えない。多くの仕事には、これ以上いくら働いてもアウトプットは増えないという臨界点が存在する。長時間働けば疲れ、退屈し、ミスが増え、気は散るし、いいアイデアは出てこなくなる。

自分の上司は長時間働く部下が好きで、そういう部下を高く評価して給料を上げたり昇進させたりするとわかると、部下のほうも上司を満足させるべく策を練るようになる。ICカードでドアを開けたりプリンターにアクセスする方式が普及する前は、社員はひどくローテクな出勤簿にサインするのがふつうだった。そこでシリコンバレーでは、週末に出勤してサインしたあと、遊びに出かけたり食事に行ったり、ともかく仕事以外のことをして、まるで一日中オフィスにいたように演出することが大流行した。今日でも、コンピュータに内蔵された時計をリセットし、真夜中にメールを送信したように見せかける悪賢い社員がいる。あるいは電気をつけっぱなしにしたり、上着やセーターを椅子の背にかけておいたりして、私は働いていますよ、ちょっと席を外しているだけですよ、と見せかけるずるい手を使う社員もいる。こうした策略の目的はただ一つ、上司に勤勉な部下だと思わせることにある。言うまでもなく、職場にいた時間と働いた時間はイコールではないし、仕事の出来と比例するわけでもない。だが長時間働くこと、休暇をとらずにいつでも長時間労働に応じられることは勤勉さのシンボルとみなされるため、出世競争において重要な意味を持つ。

一般的に女性は男性よりも家庭のことに多くの責任を持っているため、女性のほうが職場にいる時間が少なくなる傾向がある。それが、出世競争で不利になっていると言えるだろう。スタンフォード大学ビジネススクールのチャールズ・オライリー教授とジョージ・メイソン大学ビジネススクールのオリビア・オニール教授が行なった研究によると、労働時間の統計処理後では男女間の給与格差はなくなったという。[35] オライリーらは、地位が上がるにつれて労働時間の影響は大きくなると指摘する。当初は男も女も将来性を買われて採用され、知識や能力にばらつきがある。ところが出世競争は言わばトーナメント方式であり、どのレベルでも限られた椅子を争い、負けたら次のレベルには進めない。トーナメントが進むにつれて、能力の劣る者は、いや、際限なく仕事をするだけの時間がなかった者ははじき出される。地位が上がるにつれて、能力的には差がなくなっていくため、決め手はひたすら意欲と努力、つまりはそれを表す労働時間だけ、ということになりやすい。言い換えれば、昇進するほど労働時間がモノを言うことになる。この点に関してすべての調査結果が一致するわけではないが、多くの調査が、労働時間を調整すれば男女の給与格差は減少すると報告している。

こうなれば、社員の側も長時間労働をよしとする企業文化に加担するようになるのは当然の成り行きと言えよう。同僚の中で目立つため、そしてやる気満々であることを示すために、人より多くの時間を会社に投じようとするのである。たとえ有給休暇が潤沢に与えられていても、また表向きはフレックスタイムが導入されていても、それらをフル活用する社員はほとんどいない。たとえばＩＢＭでは、同僚に負けまいとして休暇をとらない社員が大勢いるし、休暇をとってもメールに返信したりする。[36]だが献身とか意欲といったものは、相対的な概念である。つまり、他人との比較でしか評価できない。かくして出世競争は激化の一途をたどり、自分がいかに価値のある人間で仕事熱心であるかを示すために、同僚より一分一秒でも長く働こうとする。全員が徹夜で残業するようになるか、病気で倒れるか、死ぬかするまで、それが続く。

解雇の場合と同じく、長時間労働およびシフト勤務が健康におよぼす有害な影響は疫学的に立証されている。その一方で、長時間労働が企業に利益をもたらすという証拠はほとんどない。つまり長時間労働は従業員に犠牲を強いる一方で、経営者にさしたるメリットをもたらしていないのである。となれば、企業業績を損なうことなく、従業員の心身の健康によりよい職場慣行に転換する余地は大いにあるということだ。それどころか、健康によい職場に転換すれば、企業の業績にとってもプラスになるはずである。

長時間労働と不規則労働の悪影響

アメリカの主要テレビ局でニュース番組のプロデューサーを一五年務めてきた男性（仮にポールとしよう）は、「ニュースの世界で昇進したいなら、最悪のシフトで働かなければならない」と語る。「ボクは週末に働き、プライムタイムに働き、のべつ現場に出向く。他社に先駆けて第一報を伝えるには、そうしなければならない」。たとえばポールは、二〇一一年に起きたツーソン銃撃事件を担当している。民主党の下院議員ガブリエル・ギフォーズが重傷を負い、六人が死亡した事件である。このような重大事件の担当になると、報道関係者の控え室で三時間程度の仮眠をとるだけで現場に戻らなければならない。不規則な睡眠パターンが続いた結果、何の邪魔も入らないときでも三、四時間で目を覚ます習慣がついてしまったとポールはこぼしている。

「睡眠不足のせいで、ボクは三重苦に陥った。甲状腺機能低下、運動不足、ひどい食事だ。まともな食事を用意する時間なんて、ない。朝六時半には現場に行かなければならないんだ。すると、えーい、ポテチで済まそう、ということになる。あれなら自動販売機で買えるからね。二〇〇八年にシニアプロデューサーになって、もうこれ以上は無理だと二〇一二年に辞めるまでに、ボクは三〇キロ近く肥った。代謝が低下して、身体を健康に保つはずのすべての機能がだめになってしまった」

出世のために自主的にやるにせよ、上司に強要されるにせよ、あるいは時間給が少なすぎて長時間働くか複数の仕事を掛け持ちせざるを得ないにせよ、長時間労働の影響ははっきりしている。長時間労働は心身の健康を損ない、死亡率を高めるということだ。さらに近年の研究では、長時間労働が健康に悪影響をおよぼすさまざまな経路があきらかになっている。

第一に、ポールの例からもわかるように、長時間労働は睡眠不足や不規則な睡眠パターンに直結する。そして睡眠不足が健康に悪いことはすでに多くの研究であきらかにされている。カナダのケベック州で行なわれた調査では、慢性的な睡眠不足は脂肪の多い食事や運動不足以上に肥満につながりやすいことがわかった[37]。別の研究は、睡眠不足が代謝系に悪影響をおよぼし、ストレスホルモンと呼ばれるコルチゾールの分泌が増える、炭水化物耐性が低下して肥満リスクが高まるといった現象が起きる、と指摘している[38]。

第二に、長時間労働は薬物乱用につながりやすい。とくに刺激剤や、コカインなど依存性の高い薬物に手を出しがちになる[39]。医師の処方以外の刺激剤の服用で救急外来を訪れた一八～三四歳の成人の数は、二〇〇五～一一年で三倍に増えたという。また二〇一〇～一二年に刺激剤の乱用で薬物依存治療センターに入院した人の数は、それ以前の三年間に比べ一五％以上増えたと報告されている。あるスタートアップ（皮肉なことに健康関連アプリを扱っている）の創業者は、一日の平均睡眠時間が三時間二五分という日が九カ月続いた末に、刺激剤の習慣的摂取で薬物依存治療センターに入院した。医療専門家は、刺激剤は不安障害、依存症、幻覚などを起こすだけでなく、職場に蔓延する恐れがあると指摘する。もともとストレスの多かった職場では、誰か一人が薬物依存になると、他の人が追随しやすくなるという[40]。

第三に、長時間労働はワーク・ライフ・バランスを損ね、仕事と家庭の軋轢を一段と悪化させるため、深刻なストレス要因となる。これについては本章の後段でくわしく論じる。

第四に、長時間労働は、だいたいにおいて仕事の量が多すぎるか要求が厳しすぎることが原因であり、当然ながらリラックスしたりリフレッシュしたりする時間が削られてしまう。

第五に、長時間職場にいると、いじめや意地悪な上司といったストレス要因にさらされる可能性が高くなる。

そして職業によっては、疲労が本人のみならず大勢の命にかかわるようなものもある。たとえば、航空機のパイロット、トラック運転手、医療従事者がそうだ。疲れから居眠りしたり注意散漫になったりすれば、致命的な事故につながりかねない。こうした職業で、定期的な休憩や労働時間・勤務日程の制限が法律で義務づけられているのは当然と言えよう。ところが不心得な経営者や管理者は、そうした法規制をかいくぐったり、無視したりしようとする。

長時間労働が健康におよぼす悪影響は、地域や業種・職業を問わず数十年も前から確認されている。にもかかわらず、そうした研究成果に十分に注意を払われておらず、政策にも反映されていないし、企業の職場慣行でも考慮されていない。

長時間労働に関するデータ

じつは半世紀以上前に行なわれたある調査で、週四〇時間以上働いた男性は心臓発作の発生率が通常より高いことがすでに指摘されている。[41] この調査では、イギリスの公務員（三九〜六二歳）で心臓疾患の既往症のない七一〇〇名を一〇年にわたって観察した。すると、平均的に一日一〇時間働く人の場合、八時間労働の人より心臓発作の発生率が四五％高く、一日一一時間働く人の場合は六七％高いことがわかったという。代表的なリスク要因である年齢、性別、血圧、コレステロール値などの統計処理後でも、労働時間と心臓発作の発生との間に正の相関関係が認められた。つまり、長時間働くほど心臓発作を起こしやすいということである。

また、カリフォルニア州で二〇〇一年に行なわれた労働年齢の個人二万四〇〇〇人以上を対象とする調査のデータを分析したところ、週労働時間と自己測定の高血圧の間には正の相関関係が認められたという。高血圧が心臓疾患のリスク要因であることは、改めて言うまでもない。週労働時間が四一〜五〇時間の人は、一一〜三九時間の人と比べ、血圧が高くなるケースが一八％多く、週労働時間が五一時間以上の人では二九％多いことがわかった。[42] 日本の建設会社の従業員約一〇〇〇人を対象にしたある研究は、仕事中毒《ワーカホリック》が健康に与える影響を調べた。ワーカホリックとは、自分から仕事をしたくてたまらず、仕事から離れるといてもたってもいられない「症状」を指す。この研究は、ワーカホリックは生産性にも生活満足度にも悪影響をおよぼし、健康悪化と正の相関関係にあると報告している。[43]

二一件の調査を対象にしたあるメタ分析は、労働時間とフィジカル、メンタル両面の健康障害の間には、弱いながらも統計的に有意な正の相関関係が認められると報告した。[44]また、アメリカ国立労働安全衛生研究所は、労働時間と病気および労働生産性の関係を調べた四二件の調査報告のレビューを行ない、次のように結論づけている。

「健康全般への影響を調べた二二件の調査のうち一六件が、残業は自己申告による健康悪化、負傷および疾病発生率の上昇、死亡率の上昇につながると報告している。長時間労働に関するメタ分析一件は、長時間労働と早産の間には弱い相関関係が認められると示唆した。残業は不健康な肥満につながるとした調査が二件、飲酒の増加につながるとした調査が三件中二件、喫煙の増加につながるとした調査が二件、神経心理学検査（知能、記憶、言語などの検査）の成績が低下するとした調査が一件あった[45]」

長時間労働はメンタルヘルスにも悪影響をおよぼす。長時間働けば疲労とストレスが増し、回復する時間が十分にとれないのだから当然だろう。たとえば、老人ホームで働く介護助手四七三人を調べた調査では、週五〇時間以上働いた場合、月に二回以上休日も働いた場合、月に二回以上二交代制で働いた場合には、抑鬱症状を発症する確率が五倍に跳ね上がることがわかった[46]。また、恒常的に残業をする人一三五〇人を残業のない人九〇九二人と比較した調査では、前者における不安障害や抑鬱症状の発症率は男女を問わず後者より統計的に有意に高いことがわかった。さらにメンタルヘルスの問題は、残業時間数とほぼ正比例の関係にあることも判明している。つまり、残業をたくさんするほど不安障害や抑鬱症状の発症率は高くなる[47]。

ボーイング社では、787型旅客機の開発が当初の予定より数年も遅れを来したとき、エンジニアリング部門の人間には途方もない重圧がかかり、労働時間が大幅に増えた。同社はこの新型機の開発で競争相手に遅れをとるまい、と躍起になっていたのである。エンジニアリング部門に近いところにいた社員の話によると、疲労困憊して燃え尽き症候群に陥るエンジニアが続出し、会社の周辺では医者にかかるボーイングの社員が急増したという。それも当然だろう、誰だって働きすぎたら疲れて病気にかかりやすくなるに決まっている。そして医者が「たっぷり睡眠をとりなさい」ではなく「もっと働きなさい」と言ったという話は聞いたこともない。ストレスは免疫機能を低下させる。そして長時間労働や過重労働がストレス要因であることはまちがいない。

長時間労働と生産性

長時間働けばアウトプットが増えるという考えが見当違いであることは、多くのデータがはっきり示している。大方の企業は職場にへばりついている社員を高く評価するようだが、実際には働く時間を制限する社員のほうを厚遇すべきである。そのほうが社員は健康になり（もちろん医療費も少なくて済む）、生産性は向上し、創造性やイノベーションもゆたかになる可能性が高い。

疲れているのに無理に働いていると、ミスが多くなる。ウーバーのあるエンジニアは、ちょっとしたミスのせいで二〇一五年にマスターデータベースをダウンさせてしまったと話す。「その直前の五日間、毎日午前三時まで働いていたんだ。だから、三、四時間しか寝ていない。そこでミスをしたとして、そいつの責任だと言えるのかい？」[48]

経済協力開発機構（ＯＥＣＤ）は、一九九〇〜二〇一二年における加盟国の一人当たり労働時間と一人当たりＧＤＰの関係をグラフ化している。このグラフを見れば、「労働時間が少ないほど生産性は向上する」ことが一目瞭然だ。[49]

第一次世界大戦中、イギリスの軍需産業労働者保健委員会が軍需工場で働く工員の生産性を調べたデータがある。スタンフォード大学の経済学者ジョン・ペンカベルがこのデータを分析した結果、最適な労働時間は週約四八時間であることが判明したという。この時間を下回る場合、アウトプットは労働時間に比例して少なくなる。だが「ひとたび四八時間を超えたときから……アウトプットは減少に転じる」[50]。

国際労働機関（ＩＬＯ）は二〇一二年に、労働時間が生産性と企業業績におよぼす影響について調べた研究文献の総括を公表した[51]。報告によると、多くの研究で長時間労働はむしろ生産性を低下させることが判明したという。ここではその一例を挙げよう。

- アメリカの一八業種のパネルデータを使った研究では、残業をすると一時間当たりの平均アウトプットがほぼすべての産業で低下していることがわかった。残業が一〇％増えると、生産性が二・四％低下したという[52]。
- ＯＥＣＤ加盟国一八カ国について一九五〇年以降の国別の生産性を分析した研究では、労働時間が増加すると、例外なく一時間当たりの生産性が低下することがわかったという。年間の労働時間が一九二五時間を超えたときから、労働時間の一％の増加は生産性の〇・九％の低下につながる[53]。

・やや古いデータだが、ＩＬＯは労働時間の短縮は生産性の向上に結びつくと報告している。[54]

・専門職について調べた研究では、本人は労働時間が短いほど仕事の効率が上がると感じることがわかった。[55]

・歯科医院六カ所で労働時間の実験を行なった研究がある。この実験では、週労働時間を二・五時間減らして運動を増やす、週労働時間を二・五時間減らして運動はしない、現状維持の三通りのパターンをランダムに従業員に割り振り、自己申告による生産性と客観的な測定値を調べた。客観的な生産性は、単位時間当たりで処置した患者の数で計測した。すると、労働時間を減らしたケースでは、運動あり・なしいずれも客観的な生産性が向上した。そして労働時間を減らして運動を増やしたケースでは、自己申告による生産性が向上すると同時に、病気欠勤が減っている。[56]

以上のように、長く働けばアウトプットも増えるという単純な考え方はまちがっている。要するに、人間は疲れるとミスをしやすいのである。さまざまな実証研究が、ある限界値を超えると、労働時間を減らすほうが従業員の健康も生産性も向上し、仕事の質的向上も期待できることを裏付けている。従業員の健康に配慮して労働時間を短縮したからと言って、アウトプットが減ってしまうと心配するにはおよばない。

仕事と家庭の両立困難

先ほど登場したニュース番組プロデューサー、ポールのいた部署では、女性が多く、しかも大半が独身だった。「彼女たちは修道女と呼ばれていたよ。みんなそう呼ばれるのをいやがっていたが、あの仕事はどう考えても苦行のようなものだからね」。ポールが着任したときニュース部門にいた四二人のうち、五年後まで残っていたのは一二人だけだった。そのうち既婚の子持ちはポールだけである。苛酷な勤務を考えれば、それも無理はない。

ポールがテレビ局を辞めてからのある日、彼は娘とおしゃべりをしていて、「ニュースのプロデューサーはカッコいい」と思われていることを知る。ポールの話の続きは、こうだ。

「『じゃあ、パパがテレビの仕事を辞めちゃったことにがっかりしてる?』と訊ねると、『ううん、全然。いまのパパは私の話を聞いたり、ご本を読んだりしてくれるもん』と娘は答えた。それから彼女は付け加えたものだ。『ああ、パパは前もそうしてたけど、いつもミスター・ベリーと一緒だったじゃない』。ミスター・ベリーというのは、私のブラックベリー端末のことである」

限られた時間でやるべき仕事のほうが多い状況を役割過重（role overload）と呼ぶ。ある役割、たとえば社員として要求される行動と、別の役割、たとえば父親として要求される行動が齟齬を来す状況は、役割葛藤（role conflict）と呼ぶ。役割過重と役割葛藤に関する長期的な研究はどれも一貫して、こうした過重や葛藤がストレスを一段と深刻化させると結論づけている。[57] このため当然ながら、役割過重と役割葛藤は転職率を押し上げ、業務効率を押し下げるなど、さまざまなマイナスの影響を引き起こす。

仕事と家庭における役割要請が相容れずに役割葛藤を引き起こすケースには、二つの形態がある。第一は、家庭の役割要請が仕事に支障を来すファミリー・ワーク・コンフリクト（FWC）である。たとえば子供の病気で仕事を休むとか業務に集中できない、などだ。第二は、仕事の役割要請が家庭生活に支障を来すワーク・ファミリー・コンフリクト（WFC）である。たとえば仕事が忙しすぎて配偶者や子供と過ごす時間がとれない、学校の面接や行事に行けない、などだ。本書では、両者を総称する場合には「仕事と家庭の両立困難」としている。

実証研究はやはり一貫して、仕事と家庭の両立困難は心身の健康に悪影響を与えると結論づけている。たとえば、ニューヨーク州エリー郡の成人約二〇〇〇人を対象にした調査では、性別、人種、教育水準、世帯所得、既婚・未婚、子供の数の統計処理後でも、強度の両立困難は抑鬱症状、体調不良、飲酒量の増加を引き起こすことが判明した。またニューヨーク州バッファローの約七〇〇世帯を対象にした調査でも同様の結果が出ている。どちらの調査でも、両立困難の影響に男女差は認められなかった。[58]

約二七〇〇人の成人就労者を対象にした調査では、仕事と家庭の両立困難を感じていると回答した人の場合、医者に病気と診断される程度に健康状態が悪化しているケースが、困難を感じていない人の二～三倍に達することがわかった。[59] とはいえ、仕事と家庭の両立困難のせいで健康を害したのではなく、心身の健康に問題を抱えているから両立が困難になったという可能性はある。この点を確かめ因果関係を明確にするために、四年間にわたる長期調査が実施された結果、仕事と家庭の両立困難は身体的な健康障害や抑鬱症状と関連づけられること、またアルコール摂取の増加とも関連づけられることが判明した。[60]

仕事と家庭が両立できなくなる最大の原因は、役割過重である。これは、配偶者との関係[61]や結婚生活の満足度[62]に悪影響をおよぼす。そして役割葛藤は、一般に嘘をつくという行為になって表れやすい。なるほど、求められる役割が両立しないとなれば、嘘をついてごまかしたくもなるだろう。[63]

心身の健康悪化、嘘、結婚生活の満足度低下などは、ヌリア・チンチリャの言う「社会的公害」そのものである。その行き着く先はと言えば、生産性の低下ひいては病気休業であり、結局は企業にとって大きな損失となる。[64]

労働時間を短縮することに加え、労働時間や勤務形態により柔軟性を持たせる、家族休暇制度を充実させる、といった措置を講じれば、従業員にとってはもちろん、雇用主や広く社会にとってもメリットが大きい。雇用主にしても、社員の過労や仕事と家庭の両立困難で損害を被るのである。

ワーク・ライフ・バランスに配慮する企業

もちろん、すべての企業が長時間労働をさせたがるわけではない。また国によっても労働時間の実態にはかなりの差がある。たとえばパタゴニアだ。同社の人事部長のディーン・カーターは、家族への配慮が充実した制度についてこう話している。

「私たちは家族というものを非常に大切に考えている。職場に保育施設を用意しているのは、その表れだ。子供を預けている社員は、いつでもそこへ顔を見に行っていいし、朝食や昼食を子供と一緒に食べるのもOKだ。ちょっと休憩をとって子供と一緒に寝転んでいるのも、まったく問題ない。それから、育児休暇もたっぷりとれるようになっている。パパが一二週間、ママは一六週間だ。高齢の親の介護をする場合にも、一二週間の有給休暇が用意されている。

パタゴニアの文化でとりわけ衝撃的なものを一つだけ挙げろと言われたら、やっぱり育児と家族への配慮だね。たとえば小さい子供のいる母親が出張する場合、子供の交通費や宿泊費も会社が出すし、ママが仕事中に子供の世話をするナニーの費用も会社が負担するんだ」

有能な人材はどの国もどの企業も欲しがっている。激化する一方の人材獲得競争では、仕事と家庭が無理なく両立できるよう配慮することが決め手の一つになるはずだ。たとえばパタゴニアでは、「赤ちゃんを産み育児休暇をとった社員の九九%が職場に戻ってくる。これは、他社より二〇%も高い。職場復帰が容易になるようさまざまな措置が用意されているからだ」という。このようにワーク・ライフ・バランスに配慮する企業は、有能な社員の退職や転職を効果的に防ぐことができる。

「ウォー・フォー・タレント（人材育成競争）」という言葉が定着して久しい。国家は教育や研修に投資して人的資本の質的向上に努めてきた。企業も人材育成に力を入れるだけでなく、潜在能力の高い社員を見極め、その定着を促すさまざまな制度を用意している。そして労働時間や勤務形態に関する柔軟性の拡大や仕事の裁量拡大、そして仕事と家庭の両立を容易にする方針は、有能な人材を呼び込み、定着させる点でも非常に効果的だ。

フォーチュン誌が発表する「働きがいのある会社」ランキングで上位に入る企業の多くは、ワークシェアリングの導入、労働時間の短縮、在宅勤務、家族休暇や家族手当の充実など、ワーク・ライフ・バランスに配慮している。にもかかわらず、というよりもそのおかげで、株主利益率で同業他社を上回っているケースが多い。グーグルのほか、デロイト・コンサルティングを始めとするコンサルティング、会計、法務などのプロフェッショナルサービスファームの多くが、社員の定着を図るために労働時間管理に柔軟性を持たせている。その背景として、近年では仕事中毒の社員よりも、出世と引き換えに家庭を犠牲にするのはいやだと考える社員のほうが増えていることが挙げられる。ワーク・ライフ・バランスに配慮する企業は、採用面で有利である以上に、社員の定着に効果を上げている。

グーグルは、アメリカで「働きがいのある会社」の一位によく選ばれる企業である。同社は「社員を地球上で最も健康で最もハッピーにする」ことをめざしており、二〇一一年の同社のウェブサイトには、こう謳われている。

「グーグルは新しい医療プランの延長として、二〇一〇年に〝生活最適化〟プログラムを始めました……グーグルでは幸福感を高める試みとして……ライフ・コーチング、深い睡眠をとるためのレッスン、脳トレーニング、エクササイズのためのスペースなどを用意します。これらはすべて、オフィスで二〇～三〇分の休憩をとって利用することができます」[65]

あれほど儲かっているグーグルならそんなこともできるだろうさ、と考えた読者が多いのではないだろうか。だが長時間労働に決別して従業員の健康にもっと配慮しようと決めたのは、何もソフトウェア企業ばかりではない。競争の激しいスーパーマーケット業界に属すホールフーズ・マーケットは、「働きがいのある会社」ランキングで二〇一七年に五八位に入っており、アンケート調査に応じた社員の八五％が、とりたいときに休みをとれると答えている。[66]

労働時間ひいては社員の健康状態が企業によって大きく異なるのは、多くの場合、経営幹部の価値観や行動と関係がある。ランドマーク・ヘルスのCEOは、医療を提供する企業である以上、社員の健康に留意するのは当然だと考えている。パタゴニアの創業者イヴォン・シュイナードは、仕事で心身を磨り減らすべきではないという強い信念を持っており、同社の経営哲学を本に書いた。タイトルは、ずばり『社員をサーフィンに行かせよう』である。

だが、職場環境や労働慣行に関する決定は、社員全員の健康にかかわってくるものである。それを、一創業者やCEOの自由裁量に委ねてよいものだろうか。創業者の気まぐれや経営陣の交代で、社員全員の心身の健康が危うくならないとも限らないではないか。たとえば、食品の安全性を経営者の決定に委ねたり、環境を汚染するかどうかを企業任せにしている国は存在しない。従業員の健康が食品の安全性や環境保護と同じぐらい重要な問題であるなら、一経営者や創業者の価値観と自由裁量に任せるべきではあるまい。この点については、最後の章で改めて論じる。

ワーク・ライフ・バランスへの取り組みは企業によっても国によってもさまざまだが、残念なことにアメリカは、悪い意味で多くの国とちがっている。なにしろアメリカは先進国の中で唯一、企業に有給休暇の付与を法的に義務づけていない。有給の病気休暇も、である。またワーク・ライフ・バランスに関しても、企業に課される義務がきわめて少ない。カリフォルニア大学ヘイスティングス法科大学院のワークライフ法律センターの報告から引用しよう。

「アメリカと比較対照するために、高所得国二〇カ国を調査した結果は次のとおりである。子供を持つ従業員に労働時間の調整を認めることを企業に義務づけている国が一七カ国、家族の介護のための措置を義務づけている国が六カ国、生涯学習のための労働時間の調整を認めることを義務づけている国が一二カ国、段階的退職のための支援を義務づけている国が一一カ国、理由の如何を問わず従業員に希望する勤務形態への変更の機会を与えることを義務づけている国が五カ国あった」[67]

こうした政策が採用されるか否かによって、女性の労働力参加率に影響があるのは興味深い（ただし因果関係は明確ではない）。「労働最適年齢（二五～五四歳）の女性の労働力参加率は、アメリカでは伸び悩んでおり、現在では高所得国二〇カ国中で一四位である……アメリカの大卒女性の労働力参加率は、高所得国二〇カ国中で最低だった」という。[68]

体系的なデータやさまざまなエピソードから、労働時間とワーク・ライフ・バランスへの配慮は、有能な人材を呼び込むにも定着させるにも、また既存の人的資本を育ててフル活用するうえでも、重要な要素となっていることがわかる。創造性とスキルがいっそう求められるようになった今日の世界では、なおのことだ。

労働者はいま、何をすべきか

しかるべき公共政策でもって、長時間労働や仕事と家庭の両立困難が生じさせる社会費用の問題に取り組むことは十分に可能なはずである。だが世界全体で労働市場規制が減少・緩和の方向にある中では、政府の政策にはあまり期待できそうもない。一部の企業はすでに自主的に取り組んでおり、今後そうした企業が増える可能性はある。だからと言って、それにばかり期待するわけにもいくまい。

となれば私たちは、何らかの組織に雇われているにせよ、フリーランスで働くにせよ、自分で自分の身を守らなければなるまい。高い報酬を確保することも重要ではあるが、それよりもっと重要なことがある。本書の調査中、私はこんな発言をいやになるほど耳にした。「よくわかってるよ、こんな働き方が長続きするはずがないし、健康にも悪いってことは。それに、家族と過ごす時間が足りなくてまずい結果を招きかねないってこともね。だけどあともうちょっとの辛抱だ」あるいは「ほかにどうしようもないんだ。いまはがんばるしかない。幸いボクは丈夫にできてるし、まだ若いんだから、大丈夫だ」等々。多くの人が、過酷な労働環境でも自分だけは大丈夫だとなぜか信じきっている。だが残念ながら、ものごとはそう都合よくはいかないのである。

私からの忠告は、こうだ。健康を損ねるとか、結婚生活が破綻するとか、そういう悪い結果は自分には起きないと自分に言い聞かせるのはやめること。もっと自分の健康や家族のことに気を配るべきなのに、そうできない（そうしない）口実を探すのもやめること。そして、持続可能な水準まで労働時間を減らすことだ。人間のスタミナには限界があり、リフレッシュが必要だと理解しなければならない。休暇をとり、週末は休んで、家族や友人と過ごす時間をとること。身近な人の支えが幸福にとっていかに重要かは、多くの研究が繰り返し強調している。ついでに言えば、会社や仕事の都合に合わせて計画出産をするなどということはやめたほうがよろしい。アメリカでは医学的に不要な帝王切開が多いが、これは母体に与える影響が懸念されるだけでなく、すでに多すぎる医療費をますます増やす一因にもなっている。

そして何より重要なのは、初めて就職するにせよ、転職するにせよ、どんな仕事を選ぶか、どんな経営者を選ぶか、あなたのその選択が心身の健康に重大な意味を持つようになるのだと自覚することだ。別の言い方をしよう。大勢の人が給料をもらうために健康を害し、そして死んでいる。あなたもその一人にならないように。

CHAPTER 5

健康な職場を支える二大要素
――仕事の裁量性とソーシャルサポート

企業は、社員が転職してしまったり病気になって長期間休んだりするコストをよく承知しているはずだ。また、たとえ法律で義務づけられていなくても、自主的に社員の健康に留意し、意欲を維持することが重要だともわかっている。現に多くの企業が健康診断や職場満足度調査などを実施してきた。ところが魅力的な職場をめざす企業側の努力は、どうもピント外れの方向に向かいがちだ。より重要で困難な職場自体の抜本的改革ではなく、ぱっと見にはおしゃれで楽しそうだが実際にはくだらない「おまけ」や「特典」の大盤振る舞いになっているのである。気前のよい特典の提供でつとに知られるのは、シリコンバレーを筆頭とするハイテク企業群だ。彼らの職場でこれでもかとばかり提供されるクールな仕掛けは、メディアでもさかんに取り上げられるのでご存知の読者も多いことだろう。たとえばヘリコプター乗り放題、アルコール飲み放題、スイーツ食べ放題、職場内の美容院、フィットネス・クラス、バイクの修理サービス、昼寝用のスポット、ボールプール、インドアのバスケットボール・コート、巨大なゲームルーム等々。[1]

だが、有能な人材を呼び込み、定着させ、モチベーションを高めている企業も、従業員が心身ともに健康な職場も、そんなことはしていない。人間は、食べ放題飲み放題やお昼寝スポットにすぐにいかれてしまうほど単純ではないのである。バスケットボールで遊べようが、犬を連れてきてもOKだろうが、そんなことはストレスフルな職場の埋め合わせにはならない。

働く人の意欲と生産性にとって、そして心身の健康にとって重要なのは、労働環境であり、仕事そのものである。たとえば、のべつ怒鳴ったり威張りちらしたりする上司がいないことは必須条件だ。職場でのいじめや圧力が健康被害を引き起こすことは、すでに多くの研究で指摘されている。[2] 個人用のオフィスを持てることが最も望ましいが、そこまでいかなくとも最低限のプライバシーは保たれてほしい。もちろん温度、湿度、照明などが快適な水準に維持されることも必要だ。要するに、物理的な環境がストレス要因になるようでは困る。[3] そのうえで、健康な職場にとって必要不可欠な二つのことを本章ではとくに強調したい。一つは仕事の裁量性の確保、もう一つはソーシャルサポートの確立である。この二つは、どんな産業のどんな企業でもさしてコストをかけずに実現できるはずだ。以下では、この二つが職場環境においていかに大切かを検証するとともに、裁量の拡大やソーシャルサポートの促進によってどのように働く人の心身の健康を向上させ、健全な職場を形成していくか、事例も紹介する。

仕事の裁量性と健康

一九七〇年代に、イギリスの疫学者マイケル・マーモットのチームは、ある興味深い事実に気づいた。イギリスの公務員の場合、地位が上がるほど、脳血管障害（CVD）や冠動脈性心疾患（CHD）の発症率と死亡率が下がることである。[4] ほんとうに地位が高いほど健康になるのだろうか、なるとしてそれはなぜだろうか。ふしぎに思ったマーモットは、公務員の職階と健康に関する一連の長期調査を開始した。これがのちにホワイトホール研究として有名になる調査の始まりである。ちなみにホワイトホールとはロンドンのトラファルガー広場から国会議事堂にいたる通りの名称で、この周辺の官庁街を指す。

ホワイトホール研究は、前向き（プロスペクティブ）コホート研究と呼ばれる手法を採用している。コホート研究とは、対象となる集団（コホート）を決め、ある要因・特性を持った群（曝露群）と持たない群（非曝露群）に分けて、疾患の罹患や改善・悪化の有無などを一定期間観察し、その要因・特性と疾患との関連性をあきらかにする研究方法である。また前向きとは、研究を開始してから将来にわたって数カ月、数年と追跡を続け、疾患などの発生状況を比較する研究方法のことである（これに対し、研究を開始する時点から過去にさかのぼって、疾患などを引き起こした要因を調べる研究方法を後ろ向き〔レトロスペクティブ〕と呼ぶ）。ホワイトホール研究では、参加者を募って定期的に健診を行ない、健康状態をモニターした。この種のフィールドリサーチでは避けられないことだが、調査対象者はイギリス人のランダムサンプル（無作為標本）とは言いがたい。さらに至極もっともな理由から、対象者にランダムに業務を割り当てることもできなかった。それでも、調査開始時点で対象者の肥満度指数、血圧、コレステロール値、血糖値、年齢、性別、その他健康に影響をおよぼす要因（喫煙など）は把握できており、これらの要因を統計処理した後でも、社会的地位、つまりこの研究では公務員の職階が、健康に重大な影響をおよぼすことが確かめられたのである。いったい、なぜだろうか。

　第一期のホワイトホール研究では、職階が上がるにつれてＣＶＤ発症率が低下するのは、裁量権が拡大するからだと結論づけている。大方の組織がそうだが、イギリスの官僚組織の場合も、地位が上がるほど、どの仕事をどの順序でどのように誰と進めるかなど、自分で決められることが増える。もちろん地位が上がれば仕事上要求されることも責任も大きくなるが、しかし裁量の余地も大きくなるということだ。このことは直感的に納得できるだろう。組織内で地位の高い人ほど、重要なこと、金額の大きいことについて決定権が与えられるのがふつうだからだ。一九八五年にスタートした第二期ホワイトホール研究では、七三〇〇人以上の対象者を一九九一年から九三年まで追跡調査した。第二期の研究では、自己申告による胸の痛みと医師の診断によるＣＨＤの発症率も調べた。調査結果について、マーモットは次のように解説している。

「ＣＨＤを新たに発症するリスクは、年齢調整後で、職階が最も低い男性群（事務職および事務支援スタッフ）の場合、最も高い男性群（局長クラス）の一・五〇倍に達した。両者の格差が最も大きかったのは、医師の診断による局所貧血で、職階が最も低い男性群は最も高い男性群の二・二七倍に達した。女性の場合のＣＨＤ発症リスクは、職階が最も低い群は最も高い群の一・四七倍だった。この差を説明し得るさまざまな要因を検討した結果、最大の要因は仕事の裁量が乏しいことであるとの結論に達した。身長（背が高いのは幼少期に健康だったことの表れだとする説がある）と標準的な心臓疾患リスクファクター（危険因子）もいくらかは寄与したと考えられる」[5]

つまり職階の低い人は、年齢調整後（一般に病気の発症率と死亡率は年齢とともに上昇するため）のCHD発症リスクが、職階の高い人より五〇％も高いということだ。男性も女性も、である。また男性の場合、局所貧血を起こすリスクは、職階の低い人は高い人の二倍以上に達するという。しかもその単独の最大の要因は、仕事の裁量性だというのである。喫煙よりも、自分で自分の仕事をコントロールできないことのほうが心臓疾患を起こしやすいとは、驚くべき結論ではないか。

言うまでもなく、心臓疾患の有無は健康状態を表す重要な指標ではあるが、唯一の指標ではない。ホワイトホール研究では、職階による病気欠勤の度合いも調べている。すると、職階の最も低い男性の病気欠勤日数は、最も高い男性の六倍にも達することが判明した。女性の場合の格差はそこまでではないものの、職階の最も低い女性の病気欠勤日数は、最も高い女性の二～五倍に達するという。[6] またホワイトホール研究は、「仕事要求度が高く裁量は乏しい状況」というストレス因子が、メタボリックシンドローム（内臓脂肪症候群）の発症しやすさにつながることも示唆している。慢性的に職場でストレスを感じている人は、そうでない人と比べ、メタボリックシンドロームの発症率が二倍に達したのである。[7] 改めて言うまでもないが、メタボリックシンドロームは、心臓疾患や2型糖尿病のリスク因子となる。

仕事の裁量性が健康に影響をおよぼすことは、イギリスの公務員に限った話ではない。

一九五七年にウィスコンシン州の高校を卒業した男女一万人以上を無作為抽出した長期的な追跡調査がある。調査対象者に対し、健康状態、仕事の内容、教育状況、喫煙や飲酒など健康に関係のある習慣について定期的に聞き取り調査を行なう方法で、調査開始時点では子供時代の健康状態なども確認した。こちらの調査も、完全なランダムサンプルではない。一九五七年の時点では、ウィスコンシン州の高校の生徒にマイノリティは少なかったし、そもそも当時は高校卒業者の数自体が少なかったからだ。それでも、長期にわたって情報を収集した結果、いくつか重要なことが確認できた。まず、調査対象者が五四歳（一九九三年調査）の時点では、女性の場合、裁量の乏しさと自己申告による身体的健康の悪化との間に統計的に有意な相関性が認められたのである。ただし、男性の場合は、このときも、六五歳の再調査（同二〇〇四年）の時点でも、有意な相関性は認められなかった。また調査対象者は、五四～六五歳の一一年間で女性の七・四％、男性の一一・二％が死亡しているが、裁量と死亡との相関性は確認されていない。[8]

仕事の裁量と健康との関係性は、他の調査でも確認されている。ヨーロッパにおける医療従事者を対象にしたある横断研究は、西ヨーロッパでは仕事の裁量性と健康の間に正の相関関係が認められたと報告している。[9] また、スウェーデンのホワイトカラー労働者八五〇〇人を対象にした研究によると、組織再編の過程で個人の意見が反映されて裁量が拡大した人は、意見が反映されず裁量も拡大しなかった人に比べ、健康状態が良好だったという。裁量拡大群は、一二種類の健康指標のうち一一種類で病気の発症率が低く、病気欠勤日数も少なく、抑鬱症状も少なかった。[10] このほかインディアナ大学がウィスコンシン州の住民二三六三人を対象に実施した七年間の長期調査も、業務上の要求が多くかつ各自の裁量は少ない状況に置かれた人は、そうでない人より死亡率が一五・四％高かったと報告している。[11]

仕事の裁量性は、当然ながら身体的健康のみならずメンタルヘルスにもかかわってくる。自分の仕事を自分ですこしも決められないというのは、どう考えてもストレスフルな状況だ。報酬や公式の地位はどうあれ、自分の判断に委ねられる余地がまったくなかったら、無力感に襲われるにちがいない。アメリカ北東部の七二のさまざまな組織に属す約七〇〇人を対象にしたある調査では、仕事の裁量性と自己申告による不安や抑鬱症状の間に負の相関関係が認められたという。[12] この調査では、裁量が大きくなるほど、不安や抑鬱症状が少なくなることが確かめられた。

なぜ裁量の余地が小さいと健康に悪いのか

ネズミかイヌ、あるいは人間でもいい、とにかく何か生き物を泣かせたり、落ち込ませたり、怒らせたり、絶望させたりしたいと思ったら、確実な方法は、理由もなく行き当たりばったりに罰することである。あるいは、思いつきであれこれ命令し、すぐさま逆の命令を出すことである。要するに、自分が他人の意思に翻弄され、手も足も出ないと相手に思わせることだ。長い間仕事をしてきた人の大半は、締め切りが突然前倒しになったり、仕事の担当が事前通知もなく変更されたり、指示通りにやったのに不当に罵倒されたりしたことがあるのではないだろうか。本書の調査をした際にも、じつにいろいろな不満を聞かされたものである。たとえば、出張中に何の説明もなく行き先が変更された、業績評価基準がのべつ変更される、等々。またある職場では偵察係を決めていて、上司が朝職場に到着したときの機嫌を調べるという。その時々の機嫌次第でその一日の仕事のやり方を慎重に考えなければならないのだそうだ。

また、こんな話もよく聞く。ある職場では各自に売り上げと利益にノルマがある。ある女性は営業成績が抜群で、人柄やリーダーシップも申し分ないと目されていたにもかかわらず、突然解雇された。職場全体で不満が高まり、理由をはっきりさせろと無言の圧力を感じた上司は、自分はおまえたちに説明責任は負わないと言い放ったという。

上司が思いつきや気まぐれで行動し、朝令暮改を繰り返していると、部下は次に何を言われるかわからないので戦々恐々とする。これは心身ともにじつに消耗させせられる状況だ。

回避不能な嫌悪刺激に長期間さらされ続けると、その刺激から逃れようとする自発的な行動が起こらなくなる。これを学習性無力感（learned helplessness）という。学習性無力感に関するある研究は、「制御不能な要因への長期的な曝露は生命体を甚だしく衰弱させる」と報告している。「心的外傷を受けて無抵抗になり、どう対応すればいいか学習する意欲もなくなり、著しい感情的ストレスを感じる」という。[13] となれば、仕事の裁量性が疾病率や死亡率を左右するのも驚くには当たらないし、裁量の余地が多いほど健康で長生きできるのももっともだと納得がゆく。

学習性無力感に関する別の研究は、制御不能な要因が重なると意欲、認識力、学習能力が低下し、鈍感になると指摘する。[14] それはそうだろう。自分の力ではどうにもならないとわかれば、自力で何とかしようという意欲は失せてしまう。自分の力では事態は変えられそうもないと諦めて、何かやってみようともしなくなる。努力しても結果につながらないなら、努力するだけ無駄ではないか。この研究では、行動と結果の関係が断ち切られることによって、人々が仕事に関して自分はまったく無力だと感じるようになり、意欲が減退すると結論づけている。

ウェブ国際会議の開催支援を行なう企業のある社員は、仮議事日程を用意して上司に提出したところ、「全然なってない。別の人間にやらせるから、おまえはもうやらなくてよい」と言われたという。すでに徹夜続きで疲れきっていたこの社員は「自分がゴミのように扱われたと感じた。おまえはもうやらなくていいと言われて、ボクは次にどうすればいいんだ?」と話す。このような不適切で暴言に近い上司の発言は、部下にやる気を失わせる。「正直なところ、ここで続ける意味はあるのかと思った」

ここで、子供が何かを学ぶプロセスを考えてみよう。子供は周りの人たちのやっていることや自分自身の経験から、どんな行動をとるべきかを学び、環境に適応していく。たとえば熱いストーブに触ったらやけどするとか、この食べ物は甘い、あの食べ物は苦いとか、ぶらんこは並んで順番を待たなければいけない、等々。人間は、これをしたらこうなるというふうに行動と結果を結びつけて学ぶ能力があるからこそ生き延びて進化してきたわけだが、学習が成り立つためには、何らかの行動が合理的に予測可能な結果を生むことが大前提となる。だからこそ、望みの結果を生むにはどう行動すればいいかを考えることができるのである。運転している最中に、ブレーキが突然アクセルになったり、また不意にブレーキに戻ったりする車を想像してほしい。とうていまともに運転できないだろう。研究では、結果が制御不能なときには学習が困難になるだけでなく、いったん自分の力ではどうにもならないという無力感を経験すると、実際には学習可能なことにも困難を感じるようになると指摘されている。ある程度までできていたことについても、もうできないと感じて修得が遅れるという。[15]

仕事の裁量がまったく与えられなかったり、ごくわずかしか与えられなかったりすると、人間は意気沮喪する。自分に任された仕事をうまくやってのけたという充足感から人間は自信をつけるのに、裁量が十分に与えられていない状況では「任された」のではなく「言われたとおりにやる」だけになり、責任も感じないし、うまくできても達成感もない。その結果、ストレスがつのることになる。とくに、それまで成功し自信満々だった人ほど強く不満を感じる。この場合、会社を辞めるか、すっかりやる気を失って努力しなくなるか、あるいはその両方になりやすい。また仕事の裁量が乏しくストレスを強く感じれば、負の感情に悩まされ、抑鬱症状や不安に陥りかねない。このように、仕事の裁量は労働者の学習能力、意欲、感情ひいては心身の健康に重大な影響をおよぼす。

仕事の裁量性と仕事満足度

人間は、子供のときには両親や先生が何をどうすればいいかを手取り足取り教えてくれる。大きくなるにつれて、いろいろなことを自分で決められるようになる。たとえばいつ寝るか、いつ食べるか、何を食べるか、いつ免許をとるか、どんな車を買うか、そのお金をどうやって稼ぐか、などだんだんに大事なことも自分で決めるようになる。やがて人生を決定づけるような事柄も、自分で決めるようになるはずだ。何をどこで学ぶか、どこに住むか、誰と結婚するか、等々。そしてある日、仕事に就く。すると会社や上司や職業にもよるが、何をどうやってするかについての選択肢は突如として消え失せる——すくなくとも仕事中は。つまり子供時代に逆戻りである。これはひどすぎる。大方の人は自分でいろいろなことを決めたいし、自分の経験や能力を仕事に活かしたいと考えているだろう。それなのに何も決められない、仕事をどう進めるかについて裁量の余地もないということになれば、それはストレスフルだ。じつに健康に悪い。このことは、多くの研究で裏付けられている。

カリフォルニア大学バークレー校を卒業し、弁護士として企業で働く人の不満を紹介しよう。彼が言うには、今日の企業で出世する基準が何かは知らないが、部下に仕事を任せて上手に育てる能力でないことはたしかだという。その証拠に、マネジャーの大半は部下に任せることができず、マイクロマネジメントに終始している。不幸にも上司がマイクロマネジメントをするタイプだったら、部下は何をするにもいちいち上司にお伺いを立てねばならず、いずれは万事を監視し管理する上司を恨むようになる。

「いまの上司は、自分の目の届くところに部下がいないと気が済まない。だから私は、いつも席にいることを期待されていて、しばらく席を外そうものなら、何をしていたのかどこへ行っていたのかとうるさく聞かれる。こんな調子だから、在宅勤務やフレックスタイムなんて夢のまた夢だ。職場では不満がくすぶっていて、士気は低い。私はれっきとした弁護士で、ばかじゃないんだし、もっと任せてほしい。自分で自分の仕事をコントロールしていると感じたいんだ。たとえ幻想であっても、ちょっとしたことでもいいんだ。人間なんだから、自分の自由意志で決められたらいい気分じゃないか、そうだろう？　マイクロマネジャーの下で働くのはまったく楽しくない」

この弁護士のような具合に働かされたのでは、たまらない。パタゴニアでは、「職場にいる人間はみな自分のやるべきことを心得ているのだから、余計な管理や干渉をされずに仕事をすべきだ」というのが創業者イヴォン・シュイナードの考えだ、と同社人事部長のディーン・カーターは話す。カーターによれば、シュイナードは「管理者不在のマネジメント」の原則を貫こうとしたという。そのためパタゴニアは「真にフラットな組織構造」を導入してマイクロマネジメントを防止している。「われわれの組織では、一人のマネジャーがとうていマイクロマネジメントできないような人数を見ることになっている。大事なのは組織設計だ」。パタゴニアの社員はみな、創業者が『社員をサーフィンに行かせよう』を書いたこと、それはつまり、「社員をアウトドアスポーツ（ベンチュラでサーフィン、リノでスキー！）ができるようなコンディションに整え、外に出て楽しむことを大いに歓迎する」価値観を会社が持ち合わせていることをよく知っている。

不動産情報サイトのジロー・グループでは、マネジャーが守るべき四つの原則を定めている。その一つは「チームに任せる」だ。同社のマネジャーは、企業の人材開発・教育担当者として「独裁者にならずにチームを支援し、障害物があれば取り除く役割を担っている」。またランドマーク・ヘルスの人事担当者へザー・ワシレフスキーは、ヘルスケア・サービスのダビータで一〇年以上働いた経験から、「自分のやっている仕事がまったく価値がないとか、自分には仕事に関して何の発言権もないとか、自分のやるべきことはすべて事細かに上から指図されているというふうに感じたら、その人は仕事に関して何の達成感も得られず、ただ徒労感だけを覚えるだろう」と話す。

企業にせよ官庁にせよ現代の組織では、部下に仕事の裁量を与えるとしても、それは一部の仕事に限られるし、誰にでも与えるというわけにはいかない、と考えるのが一般的のようだ。だが、その考え方はまちがっている。どんな仕事でも、どんな人にも、もっと裁量の余地を与え、自分で判断して自分で進められるようにすべきである。コレクティブ・

ヘルスは、クラウドサービスを活用して中小企業向けにカスタマイズ可能な医療保険の提供と運用支援を行なうスタートアップだが、当然ながら従業員の健康にも注意を払っている。同社で働く医師のアンドリュー・ハルパートは、コールセンター業務をどのように設計したか話してくれた。同社の医療保険は従業員それぞれの健康状態に応じてきめこまかい給付プランを設定でき、経営者にとっては保険料を大幅に削減できるというメリットがあるが、その分コールセンターでは顧客企業それぞれに対して専門知識を駆使した対応が求められる。もちろん営利追求企業である以上、コレクティブ・ヘルスにしても有能な人材を獲得するために、快適な職場環境にヘルシーなカフェテリアといったものも用意している。だが同社が人材を惹きつける決め手として用意しているのは、もっと別のことだ。個人に裁量を与えることである。

「大方の医療保険会社では、コールセンターを人件費の安い中西部に置いて、コールセンター業務の経験者を雇う。だがウチではスタンフォード大学やペンシルベニア大学、カリフォルニア大学デービス校などから採用している。そのほとんどが人類生物学を専攻していて、いずれ医療関係の仕事に就くつもりだが、その前にしばらくおもしろそうなスタートアップで働いてみたい、という連中だ。こういう頭のいい連中を酷使して消耗させるのではなく、やる気にさせ、満足させるにはどうしたらいいか、と私たちは考えた。

まず、研修を十分に行なう。それから、技術面で必要なツールを与えて、スムーズに仕事がこなせるようにする。だが結局のところ、一日の大半を電話で話す仕事だろう？　そこで、まず二、三週間おきに物理的にフロア内の場所を変える。これだけでも気分が変わるじゃないか。それから、ちがうタイプの仕事もローテーションでやってもらう。保険の仕事、顧客開拓の仕事、という具合にね。こうすれば、自分の会社が何をやっているのか全体像を把握することができる。

もし問題を発見したら、自分の判断で別のグループと共有して解決方法を探してかまわない。たとえば技術的な問題だったらエンジニア部門と協力する、というふうに。つまり、エンパワメント（権限委譲）が広く行なわれている。そもそも優秀な人材を雇って、しっかり研修して、ツールも与えたのだから、うまいこと問題を解決できるにちがいない。他社では何度も同じ問題が起きて訴訟ということになっている。たしかにコストの点で言うと、コレクティブ・ヘルスのやり方は余計にコストがかかっているかもしれない。なにしろ教育水準の高い人間を雇って、高い報酬を払い、問題解決にも時間をかけているのだから。だが現実に問題は解決されている。訴訟沙汰になって会社の存続自体が脅かされている既存の保険会社とは大違いだ」

仕事を任され、顧客企業のために創造的な解決を見つけているコレクティブ・ヘルスの社員は、何通りもの意味で恵まれており、成果もあげていると言えるだろう。第一に、顧客企業の従業員に医療保険を提供するという意義のある仕事をしている。そしてそのおかげで、社員の定着率も押し上げられる。第二に、コレクティブ・ヘルス自身の業務設計とエンパワメントにより、社員はやり甲斐のあるおもしろい仕事に取り組むことができている。それによって、自社の社員の定着率も高めている。そして第三に、このやり方は問題解決にも非常に効果的である。

以上の例からわかるように、従業員に仕事の裁量を与えることは、本人のやり甲斐や健康にとってプラスになるだけでなく、経営者にとってもプラスである。数十年にわたる縦断的研究も、仕事の裁量の余地が大きいこと、つまり何をどの順序でどうやるかを自分で決められることはきわめて重要であり、仕事満足度や意欲を大きく左右すると結論づけている。それも、場合によっては報酬より重要だという。[16] また仕事の裁量は、仕事の出来にも好影響を与える。[17] 仕事を任されればモチベーションが上がるので、自分の能力を最大限に発揮して最高のやり方で成果に結びつけることができるからだろう。

本書で取り上げた他の多くのケースと同じく、従業員の健康を維持向上できるような職場や業務プロセスを設計することと、企業の業績向上につながるような職場や業務プロセスを設計することの間には、トレードオフは存在しない。仕事の裁量を与えられた社員のモチベーションは上がり、仕事満足度も高まって、業績も向上する。同時に、社員はいきいきと健康に働き、長生きする。

なぜ裁量は与えられないのか

仕事の裁量を与えることが雇われる側にとっても雇う側にとってもよいことなら、なぜその慣行が広く普及しないのだろうか。自分の仕事のやり方を自分で決めてよい人がこうも少ないのはどうしたわけだろう。多くの国の労働環境を対象にするギャラップその他の調査によると、仕事の裁量は減り続けているという。[18] その一因は、コンピュータによるモニタリングが容易になり、コールセンターでの処理件数から医師の診療件数や検査回数にいたるまで、さまざまなタイプの仕事をチェックできるようになったことにある。常時監視されているという圧迫感は、従業員の意欲の減退や仕事満足度の低下につながる。

私は二〇年ほど前に、社会心理学者のロバート・チャルディーニと博士課程の学生二人とともに、上司が部下に裁量を与えない理由を調べる実験を行なったことがある。私たちが当初直感的に設定した仮説は、こうだ。人間は、自分は有能だと思いたがる。だから、自分のこの感覚をより一層強めてくれるようなことに熱心に取り組む。このように自分についてよい感情を持ちたい、自己評価を高めたいという動機を自己高揚動機（self-enhancement motivation）と呼ぶ。自己高揚動機に駆られると、心理学的に二つの結果に立ちいたる。第一に、自分は有能であり事態を思い通りにできるという幻想にとりつかれる。自分がちょっと手を貸したり介入したりすれば、それによって状況は好転すると思い込むのである。この幻想あるいは錯覚に関する古典的な研究では、何の規則性もなく偶発的に起こる事象（たとえばサイコロ投げ）を自分の力で変えられる、と考える人が多いことがあきらかにされている。[19] 第二に、人間は自分を過大評価し、結果を改善する能力に自信を持っているので、自分に介入の余地がたくさん与えられている場合（または与えられたと思っている場合）ほど結果を肯定的に評価するようになる。かんたんに言ってしまえば、人間は自分の監督能力に自信を持っており、しっかり監督するほど結果はよくなると思い込んでいる、ということだ。

この直感的な仮説を確かめるために、私たちは実験で三通りの条件を設定した。実験の参加者は二名で、一人は監督者（ランダムに決まる）、もう一人は作業者（この実験ではスウォッチの腕時計の広告案を作成する）になると説明される。じつは実際には二人とも監督者なのだが、どちらももう一人は別の部屋で作業していると思っている。第一は対比のための対照実験で、最終広告案だけを見て評価する。第二の条件では作成途中の案を見て標準的な書式に評価を記入し所見を述べるが、手違いにより別の部屋の作業者にそれが渡されなかったと伝えられる。第三の条件では、第二のケースとまったく同じ作成途中の案を見て標準的な書式に評価を記入し所見を述べ、かつこの評価と所見を作業者が読んだと伝えられる。いずれの条件でも、実験の最後にいずれも同じ最終案を見せられ、最終案のできばえ、監督者としての自分の能力、作業者の能力を評価する。

第三の条件では、監督者は最終案も自分の監督能力も作業者の能力も、対照実験の二倍近く高く評価した。第二の条件は、第一と第三の中間だった。両者の乖離は統計的に有意だったし、納得もいく。第三の条件では、作成途中の案に対する自分の意見を作業者が受け入れたと思い込んでいるのだから、最終案を高く評価するのは当然だろう。また、自分は適切な意見を述べたと自信を持っているのだから、自分のことも高く評価するわけだ。これに対して、途中で所見を述べたりせず最終案だけを見せられた第一のケースでは、評価は低くなる。第二のケースでは、作成途中の案に意見を述べられたというだけで（それを作業者が読まなかったにもかかわらず）、やや好意的に評価している。こんな調子では、上司が部下に任せられないのは無理もない。任せたとたんに、相手の能力や仕事ぶりに対する評価は下がり（自分が監督指導していないのだからうまくできないに決まっている！）、同時に自分の監督能力に対する評価も下がってしまう。[20]

このように、心理的なバイアスが部下への権限委譲を困難にしていると考えられる。だが仕事の裁量性が従業員の健康と生産性を左右する重要な要素であることはさまざまな研究で指摘されているし、コレクティブ・ヘルスの事例からも、従業員の裁量に任せる方向で業務を設計することは十分に可能であることがわかる。

ソーシャルサポートと健康

透析事業のダビータの企業文化を紹介する動画では、ある女性社員が乳癌になったときのことを話している。職場の同僚が資金集めのためのバザーを開催してくれたほか、入院中に必要なものをどっさり届けてくれたという。また別のシングルマザーの社員の話も紹介されている。彼女は、道路を横断中に車にはねられ骨盤骨折の重傷を負ったとき、完治するまで子供の世話を会社と同僚がどれほど助けてくれたか、涙ながらに語っている。どちらの例でも、助けてもらったことだけでなく、自分がコミュニティの一員だと、自分にはこんなに親身になってくれる仲間がいるのだと実感できたことがじつに大切なのだとわかる。ダビータではあの『三銃士』のモットーに基づいて「全員は一人のために」を社是に掲げているのだが、社員はこれを着実に実行しているのである。

健康な職場を支える一本の重要な柱が仕事の裁量性だとすれば、もう一本の柱はソーシャルサポートである。一九七〇年代に行なわれたある調査では、ソーシャルサポートと健康は密接な関係にあることが、さまざまなケースで一貫してあきらかにされた。[21] 友人がいることは、禁煙するのと同じぐらい健康によく、運動よりはるかに健康によいのである。ところが別の調査によれば、親しい友人がいないと回答したアメリカ人の数は、この数十年間でおおむね三倍に増えているという。[22]

調査データによれば、ソーシャルサポートが得られること、すなわち困ったときに頼れる家族や親しい友人がいることは、健康にとって直接的な効果が期待できるだけではない。健康を害するようなさまざまな心理的社会的ストレスを緩和する緩衝効果もあるとされる。これを不安緩衝装置仮説という。たとえばある研究によれば、社会的に疎外されている人々は死亡率が高くなるという。また、「ソーシャルサポートを得にくい人々は、得られる人々に比べて死亡率が高く……とくに心臓疾患による死亡率が高い。また、十分に検証されてはいないものの、ソーシャルサポートが得られる人々の間では癌や感染症の発症率も低いとみられる」と報告されている。[23] 二〇一二年にギャラップが実施した世界一三九カ国を対象とする調査では、年齢、教育水準、性別、既婚・未婚の統計処理後でも、困ったときに頼れる家族や友人がいると回答した人は、いないと回答した人よりも、自分の健康状態に満足しているケースが多いことがわかった[24]。

多数の個別の実証研究報告を統計的に集約するメタ分析でも、ソーシャルサポートが健康に与える直接効果[25]および職場のストレスを含むさまざまなストレス要因[26]や疾病[27]の緩衝効果の両方が一貫して確認されている。さらに最近の研究では、ソーシャルサポートが健康に影響を与える生理学的な経路の一部もあきらかにされた。ユタ大学の健康心理学者バート・ウチノは、ソーシャルサポートと心臓血管・神経内分泌・免疫機能の変化には関係があるとのデータが得られたと話す。ソーシャルサポートは、これらの疾患に特異的なシステムの機能を高める生物学的作用と正の相関関係があるという[28]。

こうした発見はどれも驚くには当たらないだろう。人間が社会とのつながりを求め、親和動機（他者の注意、承認、支持を得たいという欲求）を持っていることは、多くの研究で繰り返し指摘されてきたとおりである。たとえば人間は赤ちゃんのときから、社会的愛着を形成することに喜びを覚える（愛着理論）。そして、既存の結びつきを断ち切られることに抵抗する。帰属意識は、感情パターンや知覚プロセスにさまざまな形で強い影響を与えるとされている[29]。刑務所の独房で監禁するなど個人を社会から隔離することは非常に苛酷な刑罰であり、法的に容認できるものではないと考える人もいる。戦争捕虜から機密情報を聞き出す目的で仲間から引き離して孤独にさせる方法が広く使われているのも、それが非常に効果的だからにほかならない。ソーシャルサポートは幸福感や満足感を深める。いや、単に家族や仲間と一緒にいるだけでも安心感が得られる。では企業はどうしたらよりよい人間関係を形成し、ソーシャルサポートを生み出す文化を育てられるのだろうか。

まずは有害な慣行を打ち切る

職場には、人間関係やソーシャルサポートの形成にとって有害な慣行が数多くはびこっている。だから、職場環境の改善は思うほどむずかしくない。まずは単に有害な慣行をやめればよいのである。

私からの提案は、強制的な順位付け（forced ranking）をすぐにやめることだ。これはおそらく、最も重要だと信じる。強制的な順位付けは正規分布曲線状にランク分けをする相対的な人事評価手法で、おおまかに言うと上位二〇％をA、下位一〇％をC、その中間をBという具合に評価し、さらにその中でこまかくランク付けすることも多い。このやり方はスタックランキング・システムとも呼ばれ、ゼネラル・エレクトリック（GE）の元CEOジャック・ウェルチが推奨して有名になり、いまだに多くの企業が採用している。

フィナンシャル・タイムズ紙のアンドリュー・ヒルは「スタックランキングはマイクロソフトの〝失われた一〇年（二〇〇〇～〇九年）〟の原因を作ったと批判されている（二〇一三年に廃止された）。同社の社員の多くがあのシステムは最悪だと嘆き、社員同士の足の引っ張り合いが激化し、協力が減ったと指摘する」[30]と書いている。スタックランキング方式が次第に不人気になったのは、社員の協力やチームワークの阻害要因となったからだ、とコンサルティングのデロイトは指摘する。評価される側にとってはもちろんのこと、評価する側にも不評となったため、今日ではスタックランキングを廃止する企業も増えてきた[31]。

だが問題なのは、協力やチームワークが減ることだけではない。相対評価である以上、社員同士の対抗意識が強まり、ライバルを蹴落とす行為が横行して、社員の間の社会的な絆が壊れ、ソーシャルサポートなど望むべくもなくなることも大問題だ。すでに述べたように、ソーシャルサポートは健全な職場環境に欠かせない要素である。スタックランキングが健康やソーシャルサポートにおよぼす影響についてはまだ体系的な調査データが得られていないが、相対評価が社員同士の競争を激化させることはまちがいないだろう。たとえば配車サービスのウーバーではスタックランキングを採用しているが、社内の競争は激しく、社員は評価システムが不公平でブラックボックス化していると感じている。自分が裁量的に評価されていると感じ、不確実な要素の多いことがストレスになっているという。[32]

そして、GEである。同社の元シニアマネジャーはこう話す。

「全員が熾烈な縄張り争いをしていた。みんながみんな、隣の社員の売り上げを横取りして自分の成績にしようと争っていたんだ。すぐに自分もそこに加わった。そうしないと、やられてしまうからね。そんなにみんなががんばったら、全員を昇進させなくちゃならないと思うだろう？ そうはならないんだ。デスマッチだからね。私は、たとえば同僚のジムとのデスマッチをやっているわけだ。ジムか私のどちらかは昇進する。だけど、二人ともどんなに好成績を上げても、片方は昇進できない。相手を倒すしかない――それがウチの文化だった。そうやって昇進する……そしていずれはクビになるのさ。次の世代の若い連中に追い落とされるってわけだ」

社内競争のストレス、そしてこの競争で勝つためには寝る間も惜しんで必死に働かなければならないという事実の前に、大勢の同僚が脱落していったと彼は話す。

現代の職場でよく見られる現象は、熾烈な競争のほかにもまだある。それは、組織設計が悪く、上から下へ適切なフィードバックが与えられないことだ。とりわけ問題なのは、この状況ではスキルアップが望めないことである。今日の企業は無駄を削ぎ落とすと称して中間管理職の数を極端に減らしている。その結果、管理職は忙しすぎて、部下に適切なフィードバックを与える暇もなければ、ソーシャルサポートを行なう余裕もない。たとえば、広告学を専攻したある女性は、大学を卒業して大手広告代理店オグルヴィ・アンド・メイザーに就職した。同社が急発展中だったという事情もあり、新人にメンターをつける余裕がないし、彼女がまごついていても手助けをする時間もない。この女性は「誰も自分のことなど気にかけていない。ただ放っておかれた」と感じたという。「〝がんばってるね〟とか、〝それはいいアイデアだ〟とか、一言でもいい、言ってくれたら、次はもっとがんばろうという気になるでしょう。入社したばかりの私には励ましが必要だった。でも、そういうものは全然なかった」

マネジメントにもう少しばかり投資するだけで、新人も悩みを抱える部下も上司からのサポートやフィードバックが得られるのではないだろうか。それと同時にスタックランキングのような悪しき慣行を打ち切ることで、熾烈な社内競争をいくらかでも和らげ、ソーシャルサポートの乏しい殺伐な職場環境を改善できるはずだ。

困っている社員に、そして全員に、手を差し伸べる

すでに見てきたように、経済的な不安定はストレスの大きな原因になる。そしてしつこいようだが、ストレスは健康に悪い。だが多くの企業が労働者を取引対象と考えている。つまり労働者を生産の一要素とみなし、労働の対価として賃金を払うという関係を結ぶ。このような関係では、会社と社員の間に感情的な絆は生まれにくい。

一方、ソーシャルサポートが自然に生まれるような環境づくりをしている企業では、次の二つの目的をもってさまざまな取り組みや活動を行なっている。第一は、会社が社員をサポートする強い意志を持っていることを広く伝え、行動で示すことである。そして第二は、互いに支え合うような活動に社員が率先して参加するよう促すことだ。こうした取り組みは、有形のサポートの提供のほかに、重要なメッセージを発信している。それは、困ったときに手を差し伸べるために会社も社員もそこにいるのだというメッセージ、職場のゆたかな人間関係にはさまざまな福利厚生に劣らぬ価値があるというメッセージである。

「働きがいのある会社」ランキングでたびたび上位にランクされるアナリティクスのSASインスティテュートは、顧客と、そして社員との長期的な関係を最重視する戦略を掲げている。このこと一つとっても、同社が社員を大切にする会社であることがうかがわれるだろう。たとえば、あるプログラム・マネジャーが、同社に転職してきたばかりのときに、

母親が末期癌だと告知された。すると会社が訪問看護師を手配し、同僚たちは車いす用のスロープの設置を手伝ってくれたという。また、ある社員がボート事故で死亡すると、会社から補助金をもらって保育施設に預けている子供たちの問題が浮上する。いったいいつまで補助金を出すべきなのか。答は、保育対象年齢の間は希望する間ずっと、というものだった。親が社員でなくなっても問題ではない、というのである。[33] SASがいかに社員を大切にしているかを最もよく表しているのは、おそらく、チーフ・ヘルス・オフィサーという役職を置いていることだろう。このオフィサーの仕事は職場内の厚生施設の運用のほか、社員が健康維持や病気治療のための適切な指導や医療を受けられるようにすることである。

サウスウエスト航空は顧客を大切にすると同時に社員を大切にする企業文化でつとに有名だが、[34] ダビータも負けてはいない。同社では会社全体を村のようなコミュニティにして帰属意識を高めたいと考えて、ダビータ・ビレッジ・ネットワークを形成している。このネットワークは、危機の際に互いに助け合うことを目的とする。たとえば天災に襲われたとき、事故に遭ったとき、病気になったとき、社員が任意で給料から寄付すると、会社も年間二五万ドルを上限に、寄付に見合う金額を拠出する。[35] 二〇〇四年にフロリダ南西部が何度もハリケーンに見舞われたときのことを、ある透析担当マネジャーが話してくれた。

「家が浸水して住めなくなってしまったとき、ダビータ・ビレッジ・ネットワークが住宅資金を貸してくれ、元通りの生活ができるようになるまで食費を出してくれた[36]」

グーグルも、ラズロ・ボックが人事責任者だった頃はとくに、会社の義務や責任と考えられる範囲以上のサポートを社員に提供していた。それが正しいことだ、というだけの理由からである。ボックは「われわれのやっていることは、必ずしも効率やイノベーションの枠組みの中には収まらない。いくつかのプログラムは、単に社員をもっとしあわせにするためという理由だけで実行された」と書いている。[37]たとえば二〇一一年にアメリカでの出産休暇を五カ月に増やすと決めたことなどは、その一つだ。だがそれよりも驚かされるのは死亡給付のほうだろう。

「二〇一一年にわれわれは、社員が死亡した場合には、その社員の保有していた自社株の権利をただちに確定して配偶者またはパートナーが配当を受け取れるようにするとともに、給与の五〇％を一〇年にわたって支払うことを決めた。また子供がいた場合には、一九歳になるまで（全日制の学校に通っている場合は二三歳になるまで）毎月一〇〇〇ドルをさらに家族に支払う[38]」

ボックによれば、それにかかるコストなどたいしたことはないと言う。「給与総額の一％の一〇分の一ぐらいだ」。だが受け取る側にしてみればどれほどありがたいことか。ボックはこんなエピソードを紹介している。

「二〇一二年に福利厚生チームは社員から匿名のメールを受け取った。そこにはこう書かれていた――私は癌からのサバイバーで、現在は六カ月ごとに病院で再発や転移がないか検査を受けています。もし最悪の結果になったとき、実際に私の家族がどういうことになるか、会社にはわからないだろう……そう考えて私は検査用のベッドの上でラリー［ペイジ］にメールを書き、もし自分が死んでも保有株の配当を家族が受け取れるようにしてほしいと頼んだのです。

会社から新たな死亡給付を知らせるメールを受け取ったとき、私は思わず泣いてしまいました。社員のことをこれほど親身に考えてくれる会社がほかにあるでしょうか……グーグルで働くことを心から誇りに思う理由がまた一つ増えました[39]」

ここで強調しておきたいのは、ボックとグーグルはコミュニティを築くためにこうした取り組みをした、ということである。ボックは「コミュニティへの帰属意識こそが最高の仕事をしたいという気持ちを引き出す」と考えていた。[40] これらの事例から、ソーシャルサポートが直接的にも間接的にも従業員の心身の健康改善につながることがおわかりいただけよう。ソーシャルサポートはまた、自分は大切にされている、自分の価値を認めてもらっているという感覚を与える。それは従業員自身の意欲向上にもつながるし、有能な人材を定着させ、また新たな人材を呼び込むことにもつながる。

コミュニティの文化を育てる

人間は、何らかのつながりがあると感じる人、たとえば自分と似たところがある人や同じ経験をしてきた人を好きになるものだし、助けようとするものである。進化の過程では、敵か味方か、仲間かそうでないか、さらには遺伝的な同類かそうでないかを瞬時に見分けられることが生き延びるうえで非常に重要だ。したがって、「似ている」ということが人的関係の第一歩になり、何か共通性のある人をほとんど反射的に助け、頼みを聞き入れようとするのも納得がいく。[41] その共通性は、たとえば名字が同じだとか誕生日が同じといった偶然のものでもかまわない。[42] となれば企業にとっては、その気さえあれば、社員の絆を強めるような文化を育て、コミュニティへの帰属意識を高めることはすこしもむずかしくないはずだ。そもそも社員は、同じ会社で働くという強い共通性を持っているのだから。

そのためにまず奨めたいのは、コミュニティに共通の言葉を決めることである。肩書きとは無縁にメンバー同士が呼び合えるような名前などはとくに望ましい。たとえばさきほど紹介したように、ダビータは会社を「村」と考え、CEOはよく「村長さん」と呼ばれる。従業員は「チームメート」である。

文化を育てるもう一つの方法は、イベントやさまざまな活動である。ダビータでは社会人講座や交流イベントを開催し、中には同じ地域の社員数百人が一堂に会する行事もある。チームに分かれて寸劇を演じるのが習わしで、かなり本格的な衣装も着ける。会社紹介の動画の中である社員は、一緒に歌を歌うとか劇を演じるなど実際に身体を動かす活動をともにすると、一体感が強まり、分け隔てがなくなると話している。

そこまでやるのはごめんだという企業も、一緒に食事をするとか、パーティーを開催することなら十分に可能ではないだろうか。多くの企業が社員食堂を用意している。これは外に出る時間を節約することが主目的かもしれないが、社員が顔を合わせ、食事をとりながらおしゃべりをするまたとない場になるはずだ。パタゴニアのようにアウトドアのレクリエーションを楽しむ企業もある。同社では社員の勤続年数が長いことに加えて、こうした共通の楽しみがあることでコミュニティ意識はいっそう高まっている。ネバダ州リノにあるサービスセンターのエグゼクティブは、こう話す。

「パタゴニアではたしかに共同体意識が強い。たぶん……ほとんどの社員がアウトドアのアクティビティが大好きだということと、パタゴニア一筋という社員が多いことが重なって、社員同士の絆が強いのだと思う。だから、企業としてのミッションをみなよく承知している……毎日の仕事をこなすこと以上に、大きな目標が重視されているんだ。これはパタゴニアならではだと思う」

また、地元の非営利団体を支援するなどボランティア活動を奨励する企業もある。異なる部署の社員がボランティアとして同じ目的のために共同作業をすることで、得られるものは大きい。二〇一三年にユナイテッドヘルスが行なった調査によると、調査の前年にボランティア活動に参加した人のうち七六%が活動参加後に健康状態が改善したと答え、七八%がストレスが軽くなったと答えたという。さらに、職場を通じてボランティア活動に参加した人の八一%が、一緒に活動することで同僚との連帯感が強まったと答えている。[43]

祝祭日のイベントや誕生パーティー、創立記念パーティー、あるいは製品発表を祝う会など、理由は何であれ社員が和やかに集まれる催しも、共同体意識を高め一体感を強めるうえで効果的である。サウスウエスト航空のハロウィーン・パーティーは、仮装に気合いが入っていることで有名だ。[44] なにしろ元ＣＥＯのハーバート・ケレハー自らが念入りに仮装したという（エルビス・プレスリーの格好をしたらしい）。他愛のない楽しみをともにすることは、社会的な絆を強めるかんたんで愉快な方法である。

以上のように、本章の提案はごくシンプルである。が、多くの企業で実行されていない。仕事の裁量をもっと増やすとともに、ソーシャルサポートが自発的に行なわれる文化を育てることは、社員の心身の健康の改善につながる。またその結果として、有能な人材を呼び込み、定着させることにも寄与する。つまり裁量拡大とソーシャルサポートの充実は、企業にとっても社員にとってもプラスになるのである。

CHAPTER 6

なぜ悪しき職場を辞められないのか

心身の健康によろしくないどころか有害な職場で働く人々は、じつはそのことを承知している。ストレスに苦しみ、心身の健康を蝕むとわかっていながら、また現に身も心もぼろぼろになって死んでしまう人もいると承知のうえで、働いているのである。

それだけではない。いわゆるブラックな職場だとわかっていながら、そこに就職・転職することを選ぶ人もいる。ここでは、ある若い韓国系アメリカ人女性（仮にキムとする）の例を紹介しよう。キムはコンピュータ工学の学位をとり、大学を出てアマゾンに入社し、eコマース部門に配属された。この時点ですでに彼女は、そこが苛酷な職場であることを承知していた。「悪い噂があるのはわかっていた。もちろん自分の会社の悪口を言うなんてプロフェッショナルな態度ではないから、表立って言われるのではなく、陰で囁かれるだけだけれど」。ともかくもキムは採用通知が来ると入社することを決める。なぜ？　アマゾンで働くのは聞こえがいいからだ。「アマゾンで働いていたと言えば、次はどこにでも転職できるとみんなに言われたの。だから、アマゾンに行くことにした。アマゾンの社員であることは一種のステータスなのよ」

働き始めてすぐ、キムは長時間労働で疲弊し、社内の競争や駆け引きで消耗し、何をやっても満足しない気難しい上司にいじめられるようになる。頭痛や胃痛がひんぱんに起きるようになり、身体中に発疹ができた。自己嫌悪に陥り、抑鬱症状をやりすごすために暴飲暴食するようになったという。アマゾンに行く前は、いずれは大学院へ進み、社会に貢献する仕事に就きたいという夢があったが、「アマゾンに入ってからは、もうどうでもいい、いまの苦しさを忘れさせてくれるものがあるなら、それが薬物であれ何であれ飲んで楽になりたい、と思うようになってしまった」と話す。キムによれば、アジア女性は年齢より若く見えることが多いが、いまの自分は母親と同じぐらいの年齢に見えるという。

キムのような例は枚挙にいとまがない。アマゾンの別の社員は、休暇で旅行中も必ず毎日スターバックスへ行き、職場にメールして仕事の指示を出していたという。「胃潰瘍になったのはその頃からだ」[1]。そしてこれは、アマゾンに限った話ではない。業種も地域も異なるさまざまな人が仕事で健康を害し、偏頭痛、胃痛、発疹などの症状に悩まされるようになったと話している。そうなってもなお働く人々は、自分が健康に悪い職場にいることをよくわかっているのである。それどころかキムのように、そういう職場であることを重々承知していながらそこに就職する人もいる。

GEの元シニアエグゼクティブは、自分のいた職場がいかに健康にも家族にも悪影響をおよぼしたか、何度会社を辞めようと思ったことかと苦悩を打ち明ける。ストレスで肥満になったうえ、一年を通して出張続きで、まるまる三週間も妻と幼い子供二人に会えなかったこともあるという。「社員をそんなに長い間家族から引き離す権利が会社にあると思うかい」と彼はいまだに憤慨している。また、本書の冒頭で紹介したあるヘルスケア企業の財務担当役員は、苛酷な職場と長時間労働のせいで精神的に変調を来しているとわかっていながら、それを「治す」ために興奮剤などの薬物やアルコールに手を出していた。要するに、本書のためのリサーチで話を聞いた人のうち、職場が心身の健康を害していると気づいていない人はほとんどいなかったのである。

となれば、当然の疑問が浮かび上がる。なぜ健康を蝕む職場で働いているとわかっていながら、辞めようとしないのか？

生計を立てなければならない

第一の答は、言うまでもなく、経済的な必要性である。親から潤沢な遺産でも受け継がない限り、大方の人は働いて生計を立てなければならない。高齢の親や病気の子供を抱えている、夫が失業した、子供の教育費がかかる等々さまざまな理由から、苛酷で健康に悪いが給料のいい仕事を辞められない人は少なくない。

そのうえ一部の企業はきわめて合理的な理由から、製造や物流などの拠点を新設する際に、雇用が不足している地域、産業が立ち後れている地域、経済的に困窮している地域などを選ぶ。このような地域では、少ない賃金でもよろこんで働き、労働条件をうるさく言わない（言えない）労働者を容易に見つけられるからだ。たとえば大きな工場が閉鎖された地域では、大勢の人が解雇され、仕事口を見つけようと躍起になっている。アマゾンはそうした地域を選んで新しい倉庫を建設するケースが多い。労働者が供給過剰になっているため、とにかく賃金がもらえるなら何でもやりますという人がいくらでもいる。ある記事は、近年アマゾンはテネシー州やサウスカロライナ州（いずれも被雇用者の年間所得が全米平均を大きく下回る）に拠点を置く傾向があるとして、次のように指摘する。

「アマゾンの発表によれば、今年同社の最大の雇用機会が創出されるのはテネシー州らしい……同社幹部とテネシーの人材採用担当者は、新規に開設される拠点は……アマゾンが必要とする臨時雇い労働者を大量に供給可能な労働市場に属すと認めた……

拠点の周辺では、キャンピングカーに住む渡り鳥のような労働者が大量に居住しており、アマゾンの需要を満たしている」[2]

「苛酷な労働条件を受け入れる労働者が容易に見つかる」という基準で立地を決める企業は、もちろんアマゾンだけではない。労働者が供給過剰で、したがって失業率が高い地域とは、つまりは低賃金で劣悪な労働環境を我慢する労働者が多い地域であり、企業にとっては甚だ魅力的である。インターネットに公開されている立地条件チェックリストの多くでは、コールセンターやデータセンターを新設する際に一番目か二番目にチェックすべき条件として「雇用コストと労働者の供給」が挙げられている。[3]

失業率の高い地域にコールセンターを設置するとか、他社が工場を閉鎖した直後の町にプラントを建設する場合、政府の産業誘致政策の恩恵を受けられるというメリットもある。たとえば固定資産税などに優遇税制が適用されたり、低利で融資が受けられたり、場合によっては雇用確保に必死の地元自治体から土地や建物を提供されることもある。現にアマゾンが流通センターを新設したテネシー州チャタヌーガでは、土地は無償提供され、固定資産税は通常の七三％引きという大幅な優遇税制の適用が認められた。そして、苛酷な労働条件を厭わない労働者をかんたんに雇うことができた。ほかにほとんど選択肢のない彼らは、アマゾンで働き続けている。

このように、景気が悪くなったときや経済的に立ち後れている地域では必然的に失業率が高くなり、人々はともかくも仕事にありつきたい、それが有名企業であれば履歴書に箔もつくからなお結構だ、と考えるようになる。生計を立てる必要性に迫られたら、心身の健康を損ねる危険性などは二の次三の次にされるのである。

有名な企業、刺激的な仕事

健康に悪い職場とわかっていながら辞めようとしない第二の理由は、社会的にステータスの高い企業で働くことによって自分の価値を高めたいという動機である。GEの元ゼネラルマネジャーはこう話す。「自分はもう三六歳になる、ここらで一度大企業で地位を得たいと思った。これほど規模の大きい企業で働いたことがなかったので、GEの部長を経験するのは自分のキャリアにとっていい投資だと考えたんだ……それに実際、GEの部長をやったメリットは大きかったよ。シリコンバレーに戻ったとき、みんなが私の履歴書を見て、こいつはできる男にちがいないと判断するようになったからね」。アマゾンに就職したキムも、同じ動機からだった。たとえ健康を損ねる恐れがあっても、有名で社会的地位の高い企業で働くことは自分の価値や評判にプラスになるのだから、多少の犠牲はやむを得ないと考える人はきわめて多い。

それに、現にストレスの多い職場にいても、自分自身のやっている仕事がおもしろくてたまらず、ついに倒れてしまうまで、辞めるなんて考えもしないという人も少なからずいる。あるイベントプランナーは、自分の職場がストレスフルで身体を壊す人が多いと認めながらも、仕事自体は刺激的で楽しいと話す。また電力会社で働いていたある女性は、心的外傷後ストレス障害（PTSD）で結局会社を辞めることになるのだが、現場を飛び回って働くのはやり甲斐のある仕事だったと話している。前出のGEの元シニアエグゼクティブにしても、ひんぱんな長期出張を不満に思いながらも、大きなビジネスを動かすチャレンジングな仕事を楽しんでいた。またシリコンバレーの大手法律事務所で働いていた前夫を薬物乱用絡みの合併症で失ったジャーナリストのエイレーン・ジマーマンも、「彼は知的で困難な仕事ほどやり甲斐を感じていました」と書いている。[4]

自分の専門性を活かせる仕事に就き、社会的に尊敬を勝ち得る——この目標のために、あるいはこの目標が実現されつつあると実感しているがために、上昇志向の強い人たちはストレスの多い職場を辞めようとしない。おそらく彼らは、自分の職場が日々自分の身体や心を蝕んでいることに気づいていないのだろう。あるいは、転職したところでこの業界はどこも同じだと諦めているか、自分にそう言い聞かせているのかもしれない。

たしかに、そもそも苛酷な業界や苛酷な職種というものはあり、その中での選択はどこも似たり寄ったりということはあるかもしれないが、それでもどんな産業、どんな職種にも、いくらかは選択の余地がある。つまり従業員の健康に配慮している企業もあれば、まったく配慮のない企業もあるということだ。そして健康に配慮する職場は、より人間的な職場でもある。たとえばグーグルやSASインスティテュートがそうだ。こうした企業の多くが「働きがいのある会社」ランキングで上位の常連であり、これこそが履歴書に書くうえでも誇るに値する企業だと言えるだろう。

たとえば小売業は景気変動の影響を受けやすいうえに、低賃金で雇用が安定せず、しかも勤務時間が一定でない業種であるが、それでも包装資材のコンテイナー・ストア・グループは「働きがいのある会社」ランキングで上位を獲得している。またオーダー紳士服のメンズ・ウェアハウスも、すくなくとも創業者のジョージ・ジマーが陣頭指揮をとっていた頃は、給与水準が高く、パートタイム勤務は少なく、社員重視の文化を育てて、「働きがいのある会社」ランキングのトップに君臨していた。コストコも、共同創業者の元CEOジェームス・シネガルの時代には、ライバルのサムズ・クラブより高い賃金と手厚い福利厚生を用意していた。そのため、転職率の高い業界でありながら、コストコの社員の定着率は高いと評判だったものである。航空業界はレイオフの頻度や給与水準にばらつきが多い業界だが、サウスウエスト航空は一度もレイオフをしたことがなく、給与の引き下げも行なっていない。

要するに、同じ産業、同じ地域、同じ程度の社会的ステータスであっても、個々の企業が力点を置くところはちがうということだ。社員の健康や家族の幸福に配慮する企業もあれば、そうでない企業もある。となれば労働者の側には選択肢がある。職場を選ぶときには、心身の健康への影響をもっと真剣に考えるほうがいい。これは、教育水準、立地、職種や業種を問わず言えることである。

経済学的説明は事実と一致しない

人々が健康を蝕むと知りつつその仕事を辞められない理由について、経済学的な見地からの説明も存在するが、そうした説明にはほとんど実証的な裏付けが得られていない。

合理的経済人（ホモ・エコノミクス）を前提とする経済学者たちは、職場が私の言うほどひどいはずがないと主張する。それほどひどいところならみんな辞めるに決まっている、だからみんな好きでいるのか、でなければ無知にちがいない、というわけだ。顕示選好

(revealed preference)という概念はもともとは消費行動を説明するために考え出されたものだが(消費者は自分が最も好むものを実際に選択し、消費支出行為として顕示する)、やがてさまざまな選択状況にも敷衍され、個人は労働市場を含むあらゆる市場で自分の好みを顕示するとされている。[5] しかしホモ・エコノミクスに異を唱えるノーベル賞受賞経済学者のアマルティア・センは、顕示選好理論は「あらゆる個別の選択において何をしようとも、自己利益の最大化をめざしたようにみなせることを示した」だけだと指摘する。[6] 言い換えれば顕示選好は同語反復に過ぎない。人々が悪しき職場にとどまるのは、もちろん自分がマゾヒストだと顕示するためではない。ある職場にとどまるからといって、その職場が好きだとか、健康に悪い職場だとわかっていないことにはならないのである。

経済学者好みのもう一つの説明は、補償賃金仮説である。かんたんに言えば、リスクや大きな負担を「補償」するために賃金は上乗せされるということだ。つまり有害な職場の場合には、高い報酬でもって危険や負担を埋め合わせているはずである。[7] よって、そういうところで働き続ける人は、安全や健康面のリスクをとる見返りとしてより多くの報酬を受け取ることを意識的に選んでいるのだ、ということになる。だが、ちょっと待ってほしい。なるほどこの仮説はもっともらしく聞こえる。ところが、実際にリスクに見合う報酬の上乗せがされているかというと、それを裏付けるデータはほとんど存在しない。[8]

人々は自分の労働条件をちゃんと知っている。有給休暇が年間何日あるか、残業の上限が月何時間かわかっているし、週末も出勤したりすれば家庭生活にどのような悪影響があるのかも大方の人は承知しているだろう。だから、人々が自分の労働条件に無知だという説を真に受けるわけにはいかない。ただ、健康面の悪影響がどれほど深刻かについて正確には知らない、ということはあるかもしれない。それでも、生活費を稼ぐ必要性から、あるいは（実際にはめったに存在しない）健康リスク上乗せ報酬を受け取るメリットのために、わざわざ危険な職場を意識的に選ぶ人が大勢いる、という見方には賛同しかねる。多くの調査が示すとおり、人間が合理的な意思決定者であることはめったにない。職場の選択においても、だ。[9] 現実には、人々はさまざまな原因から有害な職場にとどまらざるを得なくなっている。言わば罠に落ちてしまったのである。

辞めるエネルギーが残っていない

人々が悪しき職場にとどまる原因の一つは、無気力である。調査で取材した多くの人が、どれほど不快な職場であってもそのまま居続けるほうが楽だと感じた、と話している。

まず、転職先を探すこと自体が重労働だ。時間もエネルギーもとられる。ところが苛酷な職場に嫌気がさして転職しようと考える人の大半は、すでに睡眠不足やストレスに悩まされており、現在の仕事をこなす物理的なエネルギーも精神的なエネルギーも足りない状態なのだから、新しい仕事を探すエネルギーが残っているはずもない。この意味で彼らは悪しき職場の罠に落ちたと言えよう。すでに極限まで疲弊しているために、自分を消耗させた当の職場から逃れられないのである。セールスフォースのある営業担当エグゼクティブは次のように話している。

「去るも地獄、残るも地獄だ。ここが自分にとって最適の職場でないことはわかっている。自分がベストの状態ではなくなっていることもわかっている。この間、金曜日に食事に行こうと誘われて、いいね、と私は答えた。それから五分ぐらいしてから、えーと、いつ何をしに行くんだっけ、と聞いたんだ。相手は、こっちが記憶喪失になったのかと思ったにちがいない……じつはほんとうに困ったことに、頭がまるきり働かなくなった。大げさではなくほんとうに、何の話をしていたのか、一〇秒後には忘れてしまう。もうすぐ私は解雇されるだろう。本来なら病気休暇をとるべきだということはわかっている。ここへ来たとき、私は優秀な部類だったと思うのだが、いまはそうは言えない。もう評判はがた落ちだろう。朝、出社するときに、行きたくない、仕事なんかできない、一日をどうやりすごしたらいいのかわからない、と考えて涙が出てくるんだ」

こんな状態では、転職先を確保することはおろか、探すことさえできまい。このように、悪しき職場を辞められないシンプルな原因の一つは、身体は疲れ果て、心は病んで、辞めるエネルギーさえ残っていないことにある。

実力不足と思われたくない

GEのある元マネジャーは、あそこは気風が合わないので三年で辞めたと話している。じつは、もっと早く辞めるつもりだった。ところが退職の意思を告げにいくたびに、上司から「そうか、君にはGEのマネジャーとしてやっていく力が備わっていないということか」と挑発される。むっとした彼は、俺は実力不足なのか？　いやいや俺は十分に優秀だ、と自問自答する。そこでしばらくはとどまるというわけだ。彼の話はこうだ。「GEで働き始めたとき、まるで火事場のようなところに来てしまったと感じたね。誰も何も教えてくれないで、馬車馬のようにしゃかりきに利益を追求するだけだ。こんな状況では、文句を言わずに働くか、出て行くか、どちらかしかない。そこで、黙って働くことにした。三年しか続かなかったが」

一年足らずで辞める人は、たとえ退職の理由がまっとうであっても「すぐに辞める人」とみなされ、あるいは「根性がない」「我慢が足らない」さらには「能力がない」などと判断されることになる。誰がそんなふうに思われたいだろうか。いや、自分で自分をそう認めることすら、いやなはずだ。さきほどのＧＥの元マネジャーの上司は、「リーダーなら自分で何とかする方法を考えて乗り切れ」が口癖だという。その意味するところは、君に実力があるならどれほど厳しい職場でも成功するだろうし、実力がないならお払い箱だ、ということだ。自分が実力不足でお払い箱になるのは、誰だってごめんである。

　アマゾンで次第にいたたまれなくなったキムが最初に考えたのは、「私に何か足りないところがあるのではないか」ということだった。「私は自分を責めるようになったのです」と彼女は話す。アマゾンは、最高の人材だけを必要としていること、誰もが働ける職場ではないことを明言している。その裏には、この職場でやっていけるなら、君は最高の人材だ。やっていけないなら、君は失敗者だ、という意味が込められている。アマゾンが人材募集用に制作した動画では、若い女性が「あなたはこの会社にフィットするか、出て行くか、どちらかになる」と語っている。[10] アマゾンの辣腕のスカウトは、「ウチはほんとうに革新的で歴史を作るようなでかいことをやる会社だ。それは、誰にでもできることではない……中には、どうしてもできない人間も出てくる」と認める。[11]ある最近の記事は、「アマゾンは、人並み以上の人間が自己嫌悪に陥るような会社だ」と論評している。[12]競争が激しく、実力主義で、ノルマ達成の圧力がかかる職場では、要求に応えてやり遂げれば出世するが、さもなくば出て行くしかない。そして自分自身にも、家族や友人知人にも、自分は負けた、最高の人材と伍していくには実力不足だったと認めることになる。

人間は、「自分はできる」と思いたがるものだ。人間が持ち合わせているさまざまな動機の中でも、自己高揚動機は強力である。自己高揚動機とは、すでに述べたが、自分のことをよく思いたい、自分の価値を高く評価したいという気持ちのことである。[13]この種の自己評価や自己肯定は、さまざまな形で現れる。たとえば、何らかの長所（ユーモアのセンス、容姿、文章力など）について匿名で自己評価してもらうと、回答者の半分以上が「自分は平均以上だ」と評価する。人間はなにかにつけ自分を「ふつうの人より上」とうぬぼれがちなのである。これを心理学では人並み以上効果（above-average effect）と呼ぶ。[14]さらに人間は、何らかの能力や特性で卓越していると言われると、それこそが成功の決め手だと過大評価しやすい。そして、自分の持っているその能力を本来の価値以上に重視するようになる。

自己高揚動機のもう一つの表れは、自分が個人的に関与したものやことには好感を抱き、その成果をより高く評価しがちになることである。前章のスウォッチの広告作成実験で紹介したように、広告案の作成過程で監督者に意見を述べる機会が与えられた場合には、機会がなかった場合よりも、最終作品に対して高い評価を与えた。見せられた作品はどちらもまったく同じものだったにもかかわらず、である。また、作成者に対する評価も高くなった。これと関連するが、人間は一度自分が所有したものに対しては愛着を抱き、価値を認める傾向がある。それがマグカップやペンやチョコレートといったささやかなものであっても、自分のものだというだけで価値が高まり、手放すのを惜しむようになる。これを心理学では授かり効果（endowment effect）という。[15] このように、人間はとにもかくにも自分のことや自分に帰属するものをよく思いたがる生き物なのであり、そのことはさまざまな行動に現れる。

自分が何かの分野で人より劣ることをよろこんで認めようという人間はあまりいないだろう。その何かが自尊心にかかわるようなことなら、なおさらである。そして仕事は、まさにそれだ。どんな職業に就いているか、どの会社で働いているかといったことは、自己概念や自己像と深く結びついている。社会的地位の高い職業に就いている人やステータスの高い会社に勤めている人の場合はとくにそうだ。自分のイメージを高めてくれる仕事のためなら、どんな犠牲も惜しくないと考え、その仕事を辞めるのは、自分は実力不足だ、敗残者だと認めることにほかならない、と思い詰めるようになる。そこで、自分は優秀でタフで意欲的な人間だと自分にも他人にも示すために、何としてでも、たとえ身体を壊してでも、やり抜こうとする。

かくして苛烈な労働環境を生き抜く能力を備えていることが、名誉の証とみなされるようになる。たとえばヒューレット・パッカードのマーケティング担当役員だったある人は、年間四〇万キロ（地球一〇周に相当する）も出張をしたと自慢する。ほとんどの場合にアメリカン航空を使ったため、すっかり上得意客となり特別待遇をされるようになったそうだ。またアマゾンのディナ・バッカリは、四日連続で徹夜して締め切りに間に合わせたと誇らしげに語っている。[16] シリコンバレーのエンジニアもそうだ。彼らの自慢は、並外れた労働時間、徹夜もこなす体力、どんな状況でも引き受けた仕事はやり遂げる能力であるらしい。

そして会社側は、社員ががんばり通せるように手助けする。職場にカフェテリアはおろかクリーニング、散髪から車のメンテナンスサービスまで用意されているのは、社員がそのために休暇をとったり会社を離れたりしなくて済むように、という「配慮」なのである。中には費用も会社持ち、というケースさえある。さらに会社は、社員が休まず働き続けられるように食べ物や飲み物も（アルコールも）提供する。ある慧眼のＩＴ業界ウォッチャーは、多くの企業で提供される食事のメニューが、社員ががんばれるような成分になっていると指摘する。ランチはタンパク質やビタミンが豊富だが、「残業時間やシフト勤務の夜勤の時間になると、俄然糖類や脂肪が多くなり、腹持ちのいいメニューが増える」。こういうものは胃にもたれるしヘルシーとは言いがたいが、一時的にエネルギーを高め、夜中いや朝まで働き通せるようになるからだろう。それに言うまでもなく、会社はガッツのある社員にさまざまなインセンティブを用意している。昇進、昇給、高評価、表彰、ボーナス等々。同時に脅しも忘れない。「まさか君には、ここでやっていく力がないというわけじゃないだろうな？」

自分で選んだ仕事だから

人間は一度こうと決めると、その意思決定に心理的に縛られるようになる。これを心理学ではコミットメント効果（commitment effect）と呼ぶ。とりわけ、その選択が心の中だけではなく公になされた場合（職業選択は家族や友人が知ることになるので、公と言える）や、自分の自由意志でなされた場合（すなわち強制されていない場合）には、その心理的な束縛が一段と強くなる。いったん自分でコミットしたからには最後まで貫徹しようとする心理が働くからだ。かんたんな例で言えば、自分で選んだ映画が全然おもしろくなくても最後まで見ようとするのはその一つだ。これを「一貫性の法則」と呼ぶこともある。[17]

コミットメント効果は強力で、自分が決心したことがうまくいかなくなっても、打ち切らずにさまざまな形で追加投資を行ない、最初の決定を貫き通そうとする。プロジェクトがもはやあきらかに失敗しつつあるのに、いやいやこのプロジェクトの目的は正しいなどと正当化し、追加の人員や予算を投入したりするのは、まさにそれだ。また、訪問販売は、事前に電話でこれから訪問してよいかどうか許可を取っておくと、購入率が格段に高まるという。これは、訪問してよいと許したことから、一貫性の法則が働いて、ついつい買ってしまうのだと説明できる。このように人間は、最初に何か小さなことを決めると、その決定の正当性が保たれるように行動する傾向がある。

いったんコミットすると、複数の心理作用が始まる。まず、ある人が下した決定は、その人の決定である。たとえばあるマグカップを選んだら、そのマグカップがその人のものになって愛着がわくように、自分の決定には愛着がわく。そこで、ある企業を転職先に選んだら、それはその人の選択になるので、愛着やこだわりが生まれることになる。もう一つの心理作用として、自己高揚動機も絡んでくる。自分のことをよく思いたいとなれば、自分が下した決断はまちがっていたとか、ばかなことをしてしまったとは認めたくない。そこで、自分の選択ミスを認めたくないがゆえに、悪しき職場にとどまり続けることになる。自分がばかだったと認めるくらいなら、最初の決定を正当化して貫き通すほうが容易になるのである。ことほどさように人間は、自分を正当化することにかけてはじつに巧みで有能で、天才的である。

自分のコミットメントを正当化する一つの方法は、現在の職場がいかにひどかろうと、それは永遠に続くわけではない、と自分に言い聞かせることである。たとえば、このプロジェクトはもうすぐ完了する、地位が上がれば自由がきくようになる、あの上司もそのうちいなくなるだろう、等々。あるいは、現在の職場のメリットを再確認することである。金融畑で働くある人は、「信じられないほどペイがいい。それに家から近い」と話す。あるコンサルタントは、「自分は父や祖父を考えればずっと恵まれているし、仕事が好きかどうかなんてことは先進国だけの贅沢な悩みだ」と語る。この手の正当化は枚挙にいとまがない。

あるエグゼクティブ・コーチは、彼女の顧客（つまりエグゼクティブたち）は、あまりに長い時間を会社に注ぎ込みすぎ犠牲を払いすぎたことが、仕事を辞められない原因だと指摘する。

「彼らはみな一様に、次の四半期で辞めるとか、このプロジェクトが終わったら辞めるとか、言う。でもそれをずっと繰り返してきたのだ。彼らは睡眠障害を起こしたり、会議で痙攣が止まらなくなったりする。だが、まだ若い場合はとくに、自分の健康が蝕まれていることになかなか気づかない」

コミットメントは、自分は意志強固であって途中で挫折するような人間とは見られたくない、という願望を通じてもコミットした人の行動を縛ることになる。たしかに、初志貫徹する人は尊敬され、すぐに諦め尻尾を巻いて退散する人は軽蔑される。そこで人間は、職業選択も含め、一度決めたことはやり抜こうとするわけだ。それに、ひんぱんに転職を繰り返すと、職場ではなく当人に問題があるのではないかと見られるようになって、そのうち転職先が見つからなくなるかもしれないという現実的な心配もある。以上のようにさまざまな心理作用により、人間は悪しき職場とわかっていても辞めようとしない。

異常がいつしか正常に

私たちは、何が期待され何が求められているか、他人の行動を見て学ぶ。社会生活を送る中でさまざまなものから受ける影響を心理学では社会的影響と呼び、とくに他者から得た情報に基づいて態度や行動を変えるようなときの影響を情報的影響と言う。情報的影響は六〇年以上前から研究されてきたものだが、いまなお心理学において重要な概念である。[18]私たちが他人のふるまいに影響されるのは、自分はどんな態度や行動をとるのが適切か、他人のふるまいが有用な情報を提供してくれるからである。とりわけ、自分と社会的に似通った他人のふるまいは有効な手がかりとなる。社会心理学者のロバート・チャルディーニが指摘するとおり、いちいち自分で判断するよりも、他人の行動をまねし、他人が発信する情報を鵜呑みにするほうが認知能力の節約になるからだ。[19]要するに、他人がどうふるまうかを見ているだけでいい。このように、他人の行動や他人から得た情報によってその後の自分の行動や判断が影響を受ける心理作用のことを、心理学では「社会的証明（social proof）」と呼ぶ。たとえば、ある店の前に行列ができていたら自分もつい並んでしまう、一人が拍手すればみんなが拍手する、といったことだ。大勢の他人が賢明であってものごとをよく考え抜いているのであれば、他人の行動を自分の行動指針とすることは理に適っているし、むしろそうすべきだということになる。

規範（norm）と規範的（normative）という言葉が同じ語源であることを思い出してほしい。規範とは判断や評価が従うべき基準のことであり、規範的な議論とはあるべき姿、望ましいあり方を論じることを言う。そして何が規範になるかと言えば、要は多くの人がやっていることや考えていることにほかならない。この意味で人間は集団の中で状況を見極め、何が求められ何が受け入れられるかを判断し、それを規範にしていると言える。

このように、私たちは他人から大きな影響を受けて自分の行動を決めている。仕事に関しても、そうだ。大手会計事務所で働くある公認会計士は、「公認会計士は報酬も社会的地位も高い立派な職業だ」と親が息子自慢をしているという。今回調査に応じてくれた多くの人が、「君は有名企業で出世してすごい」と友人から思われていると語っている。このような状況では、仕事を辞めるのはむずかしい。親や友人知人の期待を裏切ることになり、「立派な仕事」、「世間もうらやむ地位」のせいで身体を壊したと言わなければならないからだ。

社会的影響は強力である。ファストフード産業の転職について調べたある調査では、転職が社会的に感染することがわかった。[20] ある店で誰かが辞めると、次々に他の人も追随する。逆に、辞める人がほとんどいなければ、みな長続きする。ファストフード産業のように賃金水準が低く、シフト勤務など悪条件の職場でさえ、辞めるかどうかが他人の行動に影響されるのである。同様に、仕事や職場に対する態度も同僚の反応に影響される。[21] みんなが、身体はきついがおもしろくてやり甲斐がある仕事だと感じているなら、自分もそう思うはずだ。みんなが最悪の職場に最悪の上司だと不満たらたらであれば、自分もそう感じるようになる。

情報化社会の現代においては、社会的影響はますます強力になっている。このこと自体はとくに驚くには当たらないが、驚くべきはその影響力が引き起こす結果である。たとえば、禁酒をすると決めた人は、酒飲みの友達と付き合うのはやめなければならないと知っているだろう。タバコでも薬物でも同じである。じつは、肥満も交友関係を通じて「感染」することがわかっている。どんなものをどのくらい食べるかという「規範」が交友関係を通じて形成されるからだ。そして同じことが、健康を蝕む職場環境に対する反応にも当てはまるのである。長時間労働も、休日出勤も、長期出張も、家庭との両立困難もあたりまえと受け止めてがんばり続ける人たちの間で働いていると、それが規範になる。誰もがその職場のやり方を容認し、唯々諾々と従う。たとえ心の中では、こんなのはあたりまえじゃないと思っていても。

不幸にも現代の多くの職場では、長時間労働を始めとする苛酷な労働条件が規範と化している。そこで、そういう職場に直面しても別に異常とは思わなくなってしまう。むしろ愚痴をこぼす人や文句を言う人、病気になる人、果ては辞めていく人を見ると、そちらを「おかしい」と感じるようになる。大勢があたりまえと思っている仕事をなぜ辞めるのか、というわけだ。そして、たとえば長時間労働がどこでもあたりまえになったら、長時間労働をしない職場など、もうどこにも見つからなくなってしまうだろう。

キムはアマゾンで働いていたとき、あるマネジャーからこんなことを言われたそうだ。「自分はもっとひどい会社にいた。それと比べたら、アマゾンはずっとましだ」と。そしてエグゼクティブ・コーチたちはこう言って顧客を励ます。「エグゼクティブになったら、誰もが長時間働く。苛酷な労働条件は世界共通だ。誰もがその中で伍しているのだから、あなたにもできるはず」

実際、とうてい不可能な締め切りに追われて昼夜兼行で働き続けることはいまやあたりまえであって、自慢にもならないらしい。どちらがあたりまえかと言えば、定時に終わる職場ではなく、夜中まで働く職場なのである。現にあるエグゼクティブはこう話す。「仕事が落ち着いて、午前二時まで働く必要がなくなったら、きっとみんなこう言い出すだろう。ウチの会社はどうしたんだ、全員が怠け者になったのか、それとももうすぐ倒産するのか、とね」。これがまさに、長時間労働が「規範化する」ということである。「みんな洗脳されてしまったんだ。毎日のように午前二時まで働くことが、働いて生きることだと、誰もが思い込んでいる」。かくして異常が正常と定義され、容認され、それどころか期待される。成功の証として、異常を求めさえするようになる。

物語に縛られる

これまで述べたことの中にも暗に含まれてはいるが、改めて論じておくべき問題として、物語の重要性がある。物語とは、ここでは、私たち自身や他人が置かれた状況、具体的には職場やそこで働く人たちについて作り上げられたそれなりに筋道の通った説明や講釈を意味する。物語は、自分がいる環境に意味づけする。そしていったん物語ができあがってしまうと、私たちはその物語と矛盾しない情報だけを受け入れるようになり、矛盾する情報は無視したり都合よく忘れたりする。

悪しき職場環境に関しては、二つの物語が流布している。第一は、そうした苛酷な職場は競争力があってやり甲斐のある企業にのみ存在する、というものである。業界に激震を引き起こし、途方もない利益を上げるためには、厳しい職場でなければならないし、ストレスが大きくて当然だという。これはまさにアマゾンの物語だ。また、物議をかもしたウーバーの元CEOトラビス・カラニックの物語も、これである。シリコンバレーの投資家兼評論家ジェイソン・カラカニスはこう語る。「ハイテク企業の中には、社員五人からスタートして五〇〇〇人、五万人まで育て上げた立志伝中の人物が十指に余るほどいる……ウーバーなんて、起業の時点から当局と争わなければならなかった……起きている時間ずっと戦い続けていたら、誰でも戦闘的になってしまうものだ」[22]

この物語の結末は、こうだ。そういう会社の一員であることを誇りに思わなければならない。狭い自己利益より、いや自分の幸福よりも、このやり甲斐のある会社の成長と成功を優先させなければならない。たとえば医療コンサルティングのワン・メディカルの元社員は、こう語っている。

「あの会社で働き始めたとき、そこは自分にとって天国だった。なぜなら、あの会社には崇高な使命があったからだ。あらゆる人が妥当な料金で医療サービスを受けられるようにするという使命だ……私はその使命を信じ、自分たちは社会のためになることをしているのだと信じていた。だから、会社の成功のためなら自分の生活も犠牲にした。全身全霊を挙げて会社に尽くすというのが、あの会社の文化でもあった……そして私たちはほんとうに、自分たちのことを顧みずに仕事に打ち込むようになった。だが結局のところ、職場について、というよりも職場の魔力について言えるのは、その使命だとか、あるいはお金や成功や地位といったことのために、人生のあらゆる意味を投げ出しても平気になるということだ……企業の使命のために社員が責務を果たすことと、自分の人生を意義あるものにすることとは、まったく別のことだ。そして私は、前者のために後者を失ってしまった」

会社の使命のために身も心も捧げるという行為は、不老不死の妙薬を探すために人生を捧げる武勇伝の類いとすこし似ている。なぜなら、自分より偉大で自分より長命な企業の成功と繁栄のために自分の短い人生を捧げることになるからだ。

もう一つの物語は、こうだ。たしかに一部の職場はひどい。創業者や経営者の野心あるいは崇高な目的が最優先で、社員の幸福どころか健康や命さえ後回しにしているかもしれない。このような企業の多くは業績至上主義を貫き、人的犠牲などはまったく計測されていないか、計測されたとしても無視されている。だがその創業者や経営者にしても、自分の健康や命を犠牲にしてまでその崇高な目的の実現をめざしているのだ。そこでこの物語の結論は、だから社員もそうするのが当然だ、ということになる。さきほどのワン・メディカルの元社員は、こう説明している。「CEOは、自分の健康に注意する必要があるなど、露ほども考えていなかった。彼は、会社の成功のためなら本気で自分を犠牲にするつもりだった。その情熱が社員に伝染したのだと思う」。なるほど結構。だが経営者の価値観がひどく偏っているからといって、社員全員が人生のバランス感覚を狂わせる必要はどこにもない。この物語では、社員が会社を辞める権利を行使することが正しいし、自己肯定にもつながる。そうなれば経営者は社員に強いてきた犠牲をようやく自覚し、代わりの人間を雇うのがいかに困難かに気づき、変革の必要性に目覚めるだろう。

どちらの物語でも、会社の目的のための無私の自己犠牲に対して、自分の健康と幸福を追求するのは利己的でずうずうしいというふうに対比されている。ここで、第三の物語を私に語らせてほしい。二つの物語をとりまとめたうえで、自分の健康に注意を払うことに正当性を持たせる物語である。もしあなたが悪しき労働環境のせいで病気になったり、何らかの身体的能力や機能を損なったり、あるいは死んでしまったりしたら、あなたは自分自身や家族はもちろんのこと会社の役にも立てなくなる。だから、経営者があなたの固有の能力や献身に期待しているなら、あなたの健康を気遣うはずだ。これこそが正しい筋書きだと信じる。会社が社員の生産性や能力について真剣に考えているなら、社員が元気で満ち足りて意欲満々で能力を発揮できる職場環境を整えるはずだし、社員の満足度を押し下げるような要因はせっせと取り除くはずである。環境保護や社会貢献で高い評価を得ている企業であれば、なおのことだ。自社の労働環境の改善と社員の幸福のために時間とエネルギーを注ぎ、人間の持続可能性を実現する――このような物語なら納得がいくのではないだろうか。

最後はどのように辞めるのか

悪しき職場に人々をとどまらせるさまざまな心理作用を紹介してきたが、それでも最後は多くの人が辞めていく。実際、本書の調査で取材した人たちは、ほぼ全員が辞めていた。辞めるのは、基本的には次の三つの条件のいずれかに該当したときである。

第一は、決心を急がせるような出来事、ラクダの背を折る最後の一本のわらに相当する何かが起きることである。あまりにひどい言語道断のことが起きて、職場の現実に目覚めるわけだ。ある人は、同僚が親友の葬儀に参列中に職場から電話で呼び出されたと話す。その同僚があわただしく戻ってきて葬儀の翌日に出社すると、ああ、もう間に合わないからあの仕事はやっておいた、と言われたそうだ。それを目の当たりにして、社員をこんなふうに扱う職場に人生の貴重な時間を費やすわけにはいかない、と決めたという。

第二は、多くは家族、あるいは近しい友人が、退職を妨げている心理的要因を取り除くのに手を貸してくれるときである。ある女性は、ひどい職場ではあるがここで多くのことを学べたし経験も積めた、ということが辞められない理由になっていた。「でもある朝、病気なのに出社しようとした私を夫が引き留め、いつまでもこんなことは続けられるものじゃないと話してくれた。それで私は目が覚めた。すぐに職探しを始めて、転職を決めた」

GEの元マネジャーは、何度も「今日こそ辞めてやる」と決心して会社へ行くのだが、上司から「そうか、君にはGEのマネジャーとしてやっていく力が備わっていないということか」と挑発され、辞めるのを止めることを繰り返していた。そんなある日、妻の一言が彼を目覚めさせる。あなたはGEのマネジャーとしては及第かもしれないけれど、夫や父親としては落第ね。これが決定打となり、彼はついに断固として辞めたのだった。

そして第三は、心か身体がほんとうに深刻な病気になって、会社へ行くことが物理的に不可能になったときである。金融業界で働いていたある人はこう話している。「自分は金融のごく狭い知識しか持っていないので、金融業界以外では働けないと思っていた。ウォールストリートは何と言うか別世界で、一度あそこで働くとほかへ行くことなど考えられなくなる。でもとうとうボクはメンタルをやられてしまった。辞めないと壊れてしまうと医者にもみんなにも言われ、降参するほかなかった」

PTSDで病気休暇をとり続けた末に辞めた人もいる。またアマゾンのキムは、単純に疲れきり、もうこれ以上は無理だと考えて辞めた。だから、辞めない（辞められない）理由をあれこれ拵《こしら》え上げていた人も、結局は辞める。ただ、多くの犠牲を払ってから、中には取り返しのつかない犠牲を払ってから辞める人があまりに多い。

受け入れがたいことを受け入れるのはやめよう

自分の行動を正当化すべくあれやこれやと理屈をつけようとする（このこと自体は必ずしも悪いわけではないが）能力というものは膨大である。そのうえ、苛酷な職場でやる気満々らしい同僚に囲まれ、異常が正常になる文化にどっぷり浸かったら、辞めるのはますますむずかしくなる。身体を壊し、心を壊し、家庭も破壊したと本人が自覚していてさえ、なかなか辞められない。

ここで、いくつか現実的なアドバイスをしたい。第一に、私たちは他人に影響を受けるものであるから、まともな時間に働き家族や友人といい関係を築いている人と知り合い、できれば友達になって、いろいろ話を聞くとよい。きっと、あなたがよりよい決断をする助けになるだろう。

第二は、自分のプライドにこだわるのをやめることだ。仕事の選択だって、他の選択と同じようにミスをすると認めよう。まちがったと認めたら、それを正せばよい。

第三に、有害な職場で働くことの影響がいかに深刻なものかを理解してほしい。調査で出会った多くの人が、職場を辞めてからも影響は容易に消えなかったと話している。動画配信サービスのフールーの元社員は、転職して新しい職場で働き始めてからも、前の職場のストレスがしつこくつきまとったという。彼女はこのことを「職場のカバン」だと表現した。英語ではカバン（baggage）に「心の悩み」という意味があり、ストレスはカバンのように前の職場から持ち込まれる。長くストレスにさらされているほど持ち越すストレスも多くなるだろう。だから手遅れにならないうちに決断してほしい。

第四に、何より重要なことだが、次の仕事を選ぶときは、職場のストレス要因や健康面を重視することである。働くのはお金のためだけではないはずだ。お金では、壊れてしまった家庭や人間関係も、損なわれた心身の健康も修復できない。誰もが心身の健康を最優先して職場を選ぶようになるまで、経営者は社員の健康に十分配慮するようにはならないだろう。

CHAPTER 7

変えられること、変えるべきこと

バリー・ウェーミラーのCEOボブ・チャップマン（彼は経営者向け月刊誌インクでCEOとして世界三位にランクされた）[1]は正しい。「私はある日テキサス州サンアントニオで開かれた経営者会議で、一〇〇〇人のCEOを前にしてこう言った。あなたたちは医療危機の元凶だ。なぜなら、疾病の七四％は慢性的であり、慢性疾患の最大の原因はストレスであって、ストレスの最大の原因は職場にあるからだ、と」

人気漫画POGOの有名なセリフを借用するなら、「敵をつかまえてみたら自分だった」ということになろうか（環境問題を提起するこの漫画は、鏡を突き出されて動揺する人間を描いて、環境の敵は結局人間だと示している）。企業は社員の健康を損ね、政府はそれに対して有効な手だてを講じず、結局は全員がその代償を払っている。

だがこの筋書きはけっして必然ではなく不可避でもない。失われずに済んだはずの何十万人もの労働者の命と生活を救い、払わなくて済んだはずの何十億ドルもの余計な医療費その他のコストを節約すると同時に、あらゆる部門、あらゆる業種の組織をより健全で効率的にすることは十分に可能である。本書ではさまざまな調査研究に基づいて、職場のどのような要因が最も健康に有害かを示すとともに、社員を大切にする企業の例も紹介してきた。企業、政府、労働者はこうした実態をきちんと理解し、積極的に現状を変える努力をしなければならない。

バリー・ウェーミラー、パタゴニア、ジロー・グループ、コレクティブ・ヘルス、グーグル、ダビータなどの企業を見ればわかるように、社員の健康と幸福を大切にする職場を作ることは十分に可能だし、ぜひとも実現しなければならない。人間の持続可能性を高める職場環境の構築はいまや急務である。それは、社員だけでなく企業にとっても望ましいことだ。多くのすばらしい企業がすでにそうしているが、その数はまだ十分とはとても言えない。

仕事がいやでいやでたまらないものではなくなり、職場が心身の健康を害するものではなくなったら、どうなるか想像してみてほしい。生産性は大幅に上昇し、医療費は大幅に減るだろう。どちらも社会にとって望ましく、それは個人にも還元される。心身にストレスを抱える人が本来の実力を発揮できないことは、データで示すまでもないだろう（とはいえ第2章にはさまざまな調査データを掲げておいた）。職場環境や労働慣行を改善し、ストレス要因を減らせば、悪しき職場に殺されるような悲しい結末はなくなるにちがいない。

本書では、職場が働く人のストレスレベルひいては健康状態に影響をおよぼす要因すべてを詳細にあきらかにすることは、敢えてめざさなかった。客観的に数値化することがむずかしいなどの理由で検討対象外にした要因も少なくない。このため、本書が悪しき職場環境に起因する健康被害や経済的損失をかなり過小評価していることはまちがいない。以下では、これまでの章で取り上げなかった職場のストレス要因を検討したうえで、現状を変えるための対策を論じる。

職場のストレス要因はまだこんなにある

これまで敢えて言及してこなかったストレス要因の代表例としてここで挙げておきたいのは、職場でのいじめである。いじめは国や業種を問わず広く見受けられ、働く人の心と身体を痛めつける深刻な問題と化している。[2] 職場でのいじめ、虐待、言葉の暴力といったものがいかにふつうに行なわれているかを知ったら、誰でもショックを受けるだろう。イギリスの公的医療機関で働く看護師を対象にしたある調査では、四四%が過去一二カ月間にいじめを受けたと答えた。[3] また一一〇〇人以上を対象にした別の調査では、五〇%以上がいじめを受けたと答え、中にはその職場にいる間ずっといじめが続いたと答えた人もいた。[4] いじめを受けた人が精神的に傷つくことは容易に想像がつくし、じつは身体的な影響も大きい。さきほどの看護師の調査では、いじめを受けた人の不安や抑鬱症状は通常よりきわめて高かったことが報告されている。[5] フィンランドで行なわれた五四〇〇人以上の医療関係者の二年間にわたるパネル調査では、年齢、性別、所得の統計処理後でもなお、いじめを受けた人が心臓疾患系の病気にかかる確率が通常の二倍、鬱病にかかる確率は通常の四倍に達したことがわかった。[6] 上司や同僚によるいじめは組織ではなく個人の問題だと片付けられることも多いが、有害な職場環境を容認するかどうかの決定は組織のリーダーが下せるはずだ。同僚のロバート・サットンも、著書『あなたの職場のイヤな奴』の中でそのことをはっきり指摘している。[7]

もう一つ重大なストレス要因は、差別である。女性やマイノリティなどに対する差別は、人事評価や昇進、雇用の継続などの面で不利になるだけでなく、自分ではどうにもならないという不安と苛立ちにつながり、ストレスを高める。二一五人のメキシコ出身者を対象にしたある調査は、差別されたという感覚が抑鬱症状の多発や全般的な健康被害につながったと報告している。[8] また、アトランタ在住のアフリカ系アメリカ人一九七人を対象にした調査では、仕事上の人種差別と高血圧の間に相関性があることが判明した。差別によるストレスを受けている人は最高血圧と最低血圧がともに上がったという。[9] 一三四件の調査のメタ分析は、当人が差別を受けたと恒常的に感じることが心身両面で健康に重大な悪影響をおよぼすと結論づけている。[10]

また、職場の安全や室温・照明・騒音レベルなどの物理的環境も、健康状態を大きく左右する。[11] 本書の冒頭で述べたように、多くの国が労働安全衛生法やそれに類似する法規を定め、労働者の健康を守るためにこうした物理的環境の改善に熱心に取り組んできた。たとえば自動車工場で働く三七四人を対象にした調査では、イヤーマフなどの聴覚保護具を装着することで騒音が血圧や心拍数におよぼす悪影響をかなり遮断できる、と報告されている。[12]

職場は、働く人が長い時間を過ごす重要な環境であるということを忘れてはならない。労働環境が健康におよぼす影響については、ずいぶん前から専門的な研究が行なわれてきた（*The Journal of Occupational Health Psychology* や *The Journal of Occupational and Environmental Medicine* を始めとする医学・公衆衛生専門誌を参照されたい）。にもかかわらず、企業経営者や公共政策当局は労働環境のストレス因子がどれほど重要な意味を持つかを理解しておらず、ほとんど注意を払っていない。ある調査で、「あなたの雇用主は職場のストレス緩和のために何か対策を講じていますか」という質問に対し、ほぼ三分の二に当たる六六％が「何もしていない」と答えている。[13]

問題解決のための五原則

企業の中には、社員の健康と幸福を経営戦略や企業文化や価値観の一部に自主的に組込んでいるところもある。だが、多くの企業はそうではない。意図的ではないにせよ、社員を心身両面で苦しめ、ついには死にいたらしめるような選択をしている。労働環境と健康に関する大量の疫学的な調査や研究文献が発表されているが（本書で紹介したのはそのほんの一部に過ぎない）、多くの企業のさまざまな意思決定は水面下で行なわれ、政策当局には探知できない。いや当の企業の経営者でさえ、気づいていないケースが少なくない。

悪しき労働環境と経営慣行を改善し、死なずに済んだはずの命を救い、かからずに済んだはずの病気を防ぎ、広く社会が負担してきたコストを減らすための五原則を以下に掲げる。

第一に、環境汚染とその影響を定期的に測定するのと同じように、社員の健康と満足度を定期的に測定すべきである。

第二に、環境汚染企業や危険な職場を公表するのと同じように、「社会的公害企業」を公表する。もちろん営利企業だけでなく、政府機関や非営利団体も含む。組織名を公にすることで、その企業に社会的な注意が集まり、改善を求める圧力が高まるはずだ。

第三に、社員の健康と幸福を犠牲にするような経営判断が社会に実際にどれほどの費用負担を強いているのかを明確にする。これはつまり、負の外部効果あるいは外部不経済をあきらかにすることである。この外部不経済が明るみに出れば、現在は広く社会が負担しているコストのうち企業が負担すべき分を払わせることが可能になる。

第四に、社員の健康を優先できない口実や偽りのトレードオフ（そんなことをしたら経営が立ちゆかない、利益が吹き飛んでしまう、等々）を認めてはならない。実際には社員の健康と企業収益の間にはトレードオフなど存在しないのであって、「あちら立てればこちらが立たぬ」ではなく、「あちら立てればこちらも立つ」なのである。本書を通じて見てきたように、社員の健康と幸福を高めるための措置を講じれば、必ず生産性と利益率は向上する。それも、大幅に向上することが多い。このように、医療費の削減および従業員の健康改善と、組織の経営効率向上という二つの目標は相容れないどころか、両立する。

そして第五に、企業や政策当局のトップは人間の持続可能性を優先すべきであることを、私たちは声高に主張しなければならない。社会に負担を強いることをまったく顧慮せずに、景気後退の予兆が見えただけで社員の健康と幸福を犠牲にしたり、株主利益を増やすために社員をないがしろにしたりすることは、やめさせなければならない。文明社会である以上、企業が社員に対してやっていいことには限度があるはずだ。いやしくも文明国で奴隷労働や児童労働を容認する人は、いまやどこにもいまい。また企業が自然環境を汚染することは、もはや許されていない。まさにそれと同じように、私たちは企業が「人間的環境」を汚染し社会的公害を生むことを許してはならない。かんたんに言えば、人間の健康と幸福をみだりに奪ってはならないということである。

以下では、この五つの原則を一つずつくわしく取り上げる。

1 従業員の健康と幸福を計測する

多くの企業は従業員の健康と幸福を体系的に（あるいは体系的でなくとも）調査し測定することにほとんど関心がない。今回調査してそのことがよくわかった。自前で健康保険を提供する大企業は、保険会社から保険治療の実施状況つまりは保険金の支払い状況について報告を受け取ってはいる。だがそうした報告は、どういう経緯で社員が医者にかかろうと思った（あるいはかからざるを得なくなった）のか、なぜその薬が処方されたのかについて何も語らない。パタゴニアでは、マネジャーの人事管理能力を把握し、有能な人材が定着しているかどうかを知るために転職に目を光らせており、入念な退職者面接を通じて水面下の問題を浮き彫りにする努力を続けてきた。またバリー・ウェーミラー、ダビータ、パタゴニアなどでは、公式または非公式に会社の価値観の浸透度を調査している。さらに、従業員の意欲や仕事満足度を調査する企業はきわめて多い。加えて、グラスドアのような企業クチコミサイトに大々的に発表される職場環境調査の結果を堂々と無視できる企業は、いまやそう多くはないだろう。それに、健全な企業文化を育て、有能な人材を採用・定着させることを任務とする人事担当者は、さまざまな部署の社員に面接調査し、ワーク・ライフ・バランスや労働時間や社員の幸福を気にかけているはずだ。実際、社員などどうでもよいという企業はまず存在しない。いやいや、多くの企業が社員の健康や幸福を気にかけているし、それにまつわる会社の評判も大いに気にしている。問題は、具体的な対策作りにつながるような体系的なデータが十分に存在しないことである。

本書の冒頭で、「計測でき、報告できるものは改善される」と書いた。逆に言えば、計測できないもの、あるいは計測されないものは無視されるということだ。「測定できないものは管理できない」という格言はおおむね正しいのである。したがって、職場環境が従業員の健康と幸福におよぼす影響を真剣に受け止めるなら、まずは計測しなければならない。

とはいえ、心配はいらない。健康調査に関しては、さまざまな集団を対象とした計測がすでに行なわれ、データが公表されている。その多くは簡便なものではあるが、サンプル数は多く、かつ妥当性と信頼性も確認済みである。したがって職場の調査を実施するに当たっては、それらを参考にすることができる。公表されている調査報告を読むと、従業員の健康と幸福の計測でも、職場環境の各種要素の計測でも、費用と労力をさほどかけずに実行できることがわかって心強い。

働く人の健康が社会的費用や経済的利益と密接に関係することから考えても、調査、とりわけ長期にわたる追跡調査が必須であることは言を俟たない。まずは、自己申告による健康状態という単項目手法を取り上げよう。単項目手法とは、たとえば「あなたの健康状態は全体としてよいですか?」という単一の質問に対して、「きわめてよい、かなりよい、よい、ふつう、悪い」の五段階で回答するといったタイプの調査である。単項目手法は信頼性が非常に高く、長期的な結果の予測可能性も高い。

カナダのマニトバ州に住む高齢者三一二八人を対象にした一九七一年の調査では、自己申告による健康状態と医師の診断や検査結果などの客観的な健康状態を調べた。その後六年間にわたって回答者の追跡調査を行なった結果、健康状態が「悪い」と自己申告した人の死亡率は、「きわめてよい」と答えた人の三倍に達することがわかった。さらに、自己申告の健康状態のほうが、六年間の死亡の有無や死亡時期に関して、医師の診断などの客観的な健康状態より正確であることも判明している。[14]また、フィンランドで二八〇〇人以上を対象に行なわれた調査では、自己申告の健康状態は一年間にわたって大きな変動がないことが確認され、一年の間に医者にかかる頻度や、その後一〇年間の健康状態と死亡率を予測し得るという点で有効であることが実証された。[15]このほか、米国の多民族集団七〇万人を対象にした追跡調査でも、健康状態が「ふつう」または「悪い」と答えた人の死亡率は「きわめてよい」または「かなりよい」と答えた人の二倍を上回ることがわかった。これは、どの民族についても、また男女いずれにも当てはまるという。[16]自己申告による健康状態が、これほど正確な死亡率の予測因子になり得るのはなぜかを調べる研究も始まっている。[17]

このほか、自己申告による健康状態から病気休暇の取得を予測できるという調査結果も報告されている。[18]また、人種の下位分類（ネイティブアメリカン、太平洋諸島の住民、ヒスパニックなど）[19]に基づく集団別、低所得層など所得階層別の死亡率を予測するうえでも有効だという報告もある。[20]自己申告による健康状態の予測可能性については多くの国で調査研究が行なわれており、二四件以上の研究を総括したレビューは、自己申告による健康状態と健康アウトカム（医療的介入や危険因子への曝露が健康にもたらす結果）の間には関連性があると結論づけ、「さまざまな健康指標や死亡率の予測因子を取り上げたほぼすべての研究で、自己申告による健康状態が死亡率の独立予測変数だと認められた」と述べている。[21]

経済協力開発機構（ＯＥＣＤ）も、ある国の国民の健康状態を示す指標の一つとして、自己申告による健康状態のデータを使用している。[22] ついでに言えば、国別の健康評価のためにＯＥＣＤが発表する指標の計算手法は、多くの点で、企業や官庁など規模のより小さい集団にも応用可能だと考えられる。

一方、幸福度の測定は健康よりかなり複雑にはなるが、けっして実行不能ではない。ただし幸福度やメンタルヘルスを計測する際にはさまざまな尺度が必要になるし、健康調査のように単項目というわけにはいかず、質問項目が多くなる。[23] それでも、巧みに設計された職場の幸福度調査に関する研究報告がいくつかなされており、転職率を予測できるなど、データの信頼性も確認されている。

職場環境において健康に影響をおよぼすと考えられる要因の多くは、容易に調査できるはずだ。たとえば労働時間なら、単純に「あなたは今週何時間働きましたか」「本来なら休みの時間（夜間、週末など）に何回出勤しましたか」と質問すればよい。また治療を要する心身の病気に関しては、「医師の受診を先送りしたことはありますか」という質問が有効だ。診察をすでに受けている場合には「提案された治療を先送りしたことはありますか」という質問をするとよいだろう。職場のストレス[24]、仕事と家庭の両立困難[25]、仕事の裁量[26]などについても、計測手法が開発されている。

雇用の不安定性に関しては、回答者本人が解雇されたか、同僚が解雇されたか、自分も近い将来に解雇されるという不安があるか、といった個人レベルの調査のほか、企業周辺地域の失業率を調べるといった方法も有効である[27]。

組織心理学、産業心理学、職業心理学の分野では、労働環境の計測手法の開発が大きく進歩している。企業を始めすべての組織はこうした手法を活用し、まずは現在の実態調査を行なうとともに、長期にわたる追跡調査も実行して、社員の健康と幸福の向上をめざすべきである。

2 「社会的公害企業」を公表する

従業員の健康と幸福に関する調査を完了したら、結果を公表することが職場環境の改善にとってきわめて有効と考えられる。環境汚染さらに大きくはサステナビリティへの取り組みでは、公害企業を公表することが広く行なわれている。公表すれば、その企業は自社の評判やブランド価値を高めるためにも、汚染をやめるか、すくなくともやめる取り組みに着手すると期待されるからだ。公害企業だなどと名指しされたら、顧客に対してもサプライヤーに対しても甚だ具合が悪いし、社員も肩身が狭い。その一方で、環境への取り組みに熱心な「グリーン企業」を公表すれば、そうした企業がロールモデルとなり、同業他社が同等の評判を得ようとして業界全体がよい方向に向かうと期待できる。

たとえばカナダ政府は、環境を汚染している企業や組織に関するデータを公表するだけでなく、オンライン・データベースで検索できるようにしている。またワーキング・マザー誌などによるランキングやアワード、[28] バルセロナのIESEビジネススクールが運営する仕事と家族国際センター（ICWF）などの組織による認定も、企業にワーク・ライフ・バランスに配慮した経営慣行の採用を促す効果が期待できる。一方で好ましい組織を表彰し、他方で好ましくない組織を名指しすることで、本来的に競い合っている企業と経営者は、他社よりよい評価や評判やランキングを得ようとがんばるだろう。となれば、従業員の心身の健康に関しても、このやり方がうまくいくはずだ。「社員の健康を害する会社」の一位にランクされたい企業が存在するだろうか。大方の企業が「社員の健康と幸福に配慮する会社」ランキングの上位に入りたいにちがいない。

なお、よい会社・悪い会社のランキングや格付けを公表するに当たっては、考えておかなければならないことが二つあり、この二つは相互に関係がある。第一は、ランキングや格付けを行なっている組織の多くは営利組織であって、彼らの顧客は、格付けされる当の企業であるということだ。グレート・プレイス・トゥ・ワーク・インスティテュートにしても、例外ではない。同社は従業員意識調査を行なう一方で、企業向けにコンサルティングも提供しており、その企業は、「働きがいのある会社」ランキングの対象になっているのである。グラスドアも、そうだ。同社は企業のクチコミサイトを運営する一方で、人材募集や就職支援事業も行なっており、こちらもまたクチコミ対象の企業にサービスを提供している。グラスドアには、もう一つ問題がある。グラスドアに投稿されるレビューは、トリップアドバイザーや食べログと同じように、ユーザーが自主的に投稿しているということだ。となればグラスドアは、大方のレビューサイトと同じく、何らかのアルゴリズムを動かして（そのアルゴリズムは公表されていない）順位を押し上げようとする企てを検出し、排除しているにちがいない。職場環境の客観的かつ公平な評価を行なうとしている組織やサイトで、ランダムサンプリングを行なっているのはギャラップだけである。そのギャラップは、企業名を公表しない。

第二は、環境汚染の場合には政府が有害物質排出量などの客観的なデータを定期的に収集しているし、エネルギー消費量や再生可能エネルギーの利用状況などは客観的に評価できるのに対し、従業員の健康と幸福に関するデータを収集する中立な第三者機関ははるかに少ないことである。またデータを収集するにしても、労働環境に関する情報の多くは企業が自主的に提供したものだ。つまり企業は、「働きがいのある会社」ランキングに参加するかどうかを自分で決められる。以上のようにランキングやコンテスト自体にある種のバイアスがかかっているし、データの精度も疑わしい。

とはいえこれらの問題点は容易に克服できる。ここで注目したいのが、二〇一一年に発足したサステナビリティ会計基準審議会（ＳＡＳＢ）だ。ＳＡＳＢは環境や社会に重大な影響をおよぼす要素を特定し、その客観的かつ監査可能な基準を開発した。企業は投資家向けの報告をこの基準に則って行なうことになる。残念ながらＳＡＳＢの謳うサステナビリティはほぼ地球環境だけにフォーカスし、人間の持続可能性は無視しているが、労働環境の面で報告すべき事項の特定や基準確立のモデルとして活用することが可能だ。ただしこれには時間がかかり、多くの専門家も必要になるので、並行して民間のランキングを公表するのがよいだろう。たとえ不完全であっても、ワーキング・マザー誌の「働く親にとって模範的な会社ベスト一〇〇」や企業クチコミサイトなどを通じて職場環境に対する人々の関心を喚起し、ワースト企業に世間の目を光らせるようにするほうが、何もしないよりずっとましである。

3 負の外部効果をあきらかにする

従業員の健康と幸福に関して当事者全員がよりよい判断を下すためには、企業が現在外部に押しつけているコストがどの程度なのかを追跡・捕捉することが必要であり、それを制度的に実行する政策が政府や自治体に求められる。ところで外部効果とはどういうことか、ここで一度おさらいしておこう。まったくけしからぬことに、私が自分の家のゴミを隣家の庭に捨てたとしよう。費用をいっさいかけずに自分のゴミを処分できたのだから、私にとってはじつに楽でかんたんだし、経済効率もよいように見える。なぜ私には費用が発生しないかと言えば、費用は全部お隣さんが引き受けることになるからだ。これが負の外部効果である。これがまかり通るなら、私には自分のゴミの量を減らすインセンティブは何ら存在しない。私にとってゴミ処理費用は実質的にゼロなので、ゴミ処理問題には無頓着になり、野放図にゴミを出すだろう。

経済学者の言うとおり、市場による価格形成は、リソースの効率的な配分と活用を可能にするみごとなメカニズムである。だが市場による価格形成が本来の機能を果たせるのは、実際に生じたコストを含む入手可能なすべての情報が価格に反映される場合に限られる。

歪んだ価格形成が行なわれれば、歪んだ意思決定を促す歪んだインセンティブが生じることになる。

医療費のケースを考えてみよう。これは仮定の話ではなく、アメリカでは個々の企業が払うべき医療費を広く国民に負担させるという外部不経済が実際に起きている。たとえば医療保険を提供しない企業（このような企業は往々にして中小企業であり、賃金水準は低い）の社員は、国民皆保険制度をとっている国なら公的保険でカバーされるが、アメリカでは自前で保険に入らなければならない。しかし保険料が払えないなどの理由で、無保険でいる人が多い。無保険の人が病気になったら、どうするか。彼らは、公立病院の緊急治療室へ行く（民間の病院では診察を断られる）。しかし緊急治療室は、初期診療を提供する場ではない。無保険者が緊急治療室に殺到し、診察待ちになる事態はきわめてコスト効率が悪い。また無保険者は病気が深刻化してから駆け込むケースが多いため、もっと早くに診察を受けていた場合に比べ、医療費が余計に発生する。そのうえ無保険者はだいたいにおいて所得水準が低いため、発生した医療費を払えないことが多い。未払い医療費は医療機関に負担となってのしかかる。そこで医療機関はどうするかと言うと、医療費を引き上げるか、公的資金の投入を求める。医療費は医療保険を提供する企業とその社員が払うわけだし、公的資金となればつまりは税金が使われるので、いずれも広く社会が負担する結果となる。言い換えれば、医療保険の提供義務を果たさない企業は、コストを負担せずに外部に押しつけている。非営利組織ファミリーズUSAが二〇〇五年に行なった調査によると、未払い医療費をカバーするために、年間医療保険料は個人向けで平均三四一ドル、家族もカバーする場合は九二二ドル上昇したという。[29]

また解雇された人は、収入と保険を同時に失うことになる。雇用主はそのどちらに対しても責任を負わない。もともと低賃金だった人たちは、公的扶助に頼らなければならないだろう。したがって解雇をした当の雇用主は人件費の削減ができるのに対し、広く社会が公的扶助や医療費を負担することになる。このようなコスト移転の規模や度合いを推定するのはむずかしいが、多くの研究が莫大な金額に上ると示唆している。たとえばカリフォルニア州で二〇〇万の勤労者世帯（構成員一名以上が就労している世帯）を対象に行なわれた調査では、これらの世帯が二〇〇二年にさまざまな形で受給した公的扶助の合計は一〇〇億ドル前後に達したという。しかもカリフォルニア州のメディケイドであるメディカル（Medi-Cal）加入者のほぼ四六%が勤労者世帯であり、[30]州と連邦政府が負担した医療費は五七億ドルに達している。[31]この調査で判明したことがもう一つある。それは、州や連邦政府から医療費補助を受けている人たちは、必ずしも中小企業に勤めているわけではないことだ。一般に、中小企業は保険料を負担できないから社員に医療保険を提供しないのだと考えられているが、どうやらそれは中小企業だけではないらしい。メディカルに登録した七〇万人は従業員一〇〇〇人以上の企業の正社員・契約社員であり、四四万人は従業員一〇〇〇~一〇〇〇〇人の企業の社員である。[32]

ウォルマートは民間部門ではアメリカ最大の従業員を抱える企業だが、たびたび各種調査で注意を集めてきた。というのも、他の大手小売業と比べても賃金水準が低く、団体医療保険給付の対象になる従業員の比率も低いからだ。同社に対してさまざまな訴訟が起こされた結果、内情が世間にあきらかになっている。かんたんにまとめると、こうだ。ウォルマートの従業員一人当たりの医療費負担は、卸売・小売業の平均に比べて三八%少ない。また、ウォルマートが提供する医療保険プランでカバーされる従業員の比率は四八~六一%にとどまり、カリフォルニア州の大手小売業者より低い。[33]となれば、ウォルマート自身のデータによると「従業員合計の二四%および扶養家族である子供の四六%が無保険か、または公的医療保険制度に登録している」のも驚くにはあたらない。[34]この比率は、他の大手小売業者に比べてかなり高い。ここで注意してほしいのは、小売業に従事する労働者の賃金水準は、平均的な民間労働者よりもやや低く、またパートタイム勤務が多いなど、大方の民間労働者より不利な条件で働いていることである。したがってウォルマートのケースは、労働者全般と比較するよりも、同業他社と比較することに意味がある。

ジョージア州は、さまざまな企業の従業員のメディケイド登録状況を公表している。それによると、州の子供向け医療補助プログラム（ピーチケア）に登録する子供は二〇〇三年に一六万六〇〇〇人だったが、うちウォルマート社員の扶養家族が一万人を占めるという。カリフォルニア大学バークレー校のケン・ジェイコブズは、ウォルマートが提供する医療保険の対象範囲や負担した保険料から逆算すると、「ウォルマートの従業員および扶養家族のためにメディケイドが負担した医療費は年間四億五五〇〇万ドルに上る」と見積もっている。そして「これに加えて、ウォルマートの従業員の未払い医療費二億二〇〇〇万ドルを社会が負担した」という。[35]

ここではウォルマートの事例を挙げたが、この例からも、また他の多くの資料からも、本来なら民間企業が負担すべきコストを広く社会に押しつける負の外部効果は、ひとり医療費にとどまらず、雇用関係の多くの面におよんでいるのではないかと考えられる。たとえば低賃金やパートタイム勤務で働く人がさまざまな形で公的支援を受ければ、社会の負担は大きくなるはずだ。

考えてみれば医療保険以外の社会保険制度は、企業が社会にコストを押しつけられないようなしくみになっている。逆に言えば、企業が従業員に対する責任を持たなければならない制度が確立されている。その代表例が、労災保険制度と失業保険制度だ。どちらも、雇用主が州政府または民間保険会社に払う保険料率はその企業の労災や失業の発生率に応じて調整されることになっており、雇用主の自由裁量で決めることはできない。

労災保険の料率は、自動車保険などと同じく、その事業者の過去の事故歴によって決まる。保険金が支払われた労災事故件数が多いほど、つまりは事故で負傷した従業員の数が多く保険請求件数が多いほど、料率は上がる。このようなしくみになっているため、事業者にとっては保険料を節約するためにも労働環境の安全向上を図ろうというインセンティブが働く。ドライバーが、自動車保険料が上がらないよう安全運転に努めるのと同じ理屈である。

失業保険の料率も、基本的に解雇や人員削減の履歴に応じて決められる。解雇された人は失業中その保険金を受け取ることになるので、政府の負担の一部なりともまかなうために、失業保険給付を受ける元従業員の多い雇用主ほど高い料率を適用されるわけだ。

従業員の心身の健康に関しても、雇用主に健康被害の真のコストを負担させない限り、いつまでたっても職場をよりよくするインセンティブは働かないだろう。

外部へのコスト移転をどのように防ぐか

アメリカのどの都市もそうだが、サンフランシスコにも、被雇用者であるにもかかわらず無保険だという人が大勢いる。このため市当局は多くの公営医療機関を運営している。サンフランシスコ市立総合病院はその一つだ。この病院には無保険者が多く訪れ、診療を受け、その代金は税金で払われる。この状況を変えようと、二〇〇七年に当時の市長だったギャビン・ニューサムと監理委員会は「ヘルシー・サンフランシスコ」プログラムを制定した。プログラムでは、市内の事業者は従業員一人一時間当たり最低一・三七ドルの医療費を負担することが義務づけられる。負担の方法としては、民間保険に加入する、ヘルシー・サンフランシスコに寄付する、市外に住む従業員（プログラムの対象が市内医療機関に限られるため）またはプログラム対象限度額以上の収入のある従業員のための医療費還付口座に払い込む、のいずれかを選べる。サンフランシスコ市の医療費給付に関する市条例は、従業員二〇人以上の事業者と職員五〇人以上の非営利組織は正規雇用者一人当たり年間二八四九ドル、それ以上の規模の事業者は年間四二八五ドルの医療費を負担しなければならない、と定めている。[36]

プログラムがスタートしたとき、あちこちから囂々《ごうごう》たる抗議の声が巻き起こった。ほんの一例を挙げるなら、ゴールデンゲート・レストラン協会はサンフランシスコの悲惨な未来を予言する。曰《いわ》く、あらゆる企業や店舗がコスト増に耐えられなくなってこの町を出て行くだろう、新しい企業を誘致しようとしても誰も寄り付くまい、それにそもそもプログラムがうまくいくはずがない、云々。だがこの悪い予言は一つも当たらなかった。サンフランシスコのレストラン産業はその後も繁盛し、市内の雇用はむしろ増えている。ヘルシー・サンフランシスコの結果として実際に起きたのは、無保険者が市の人口の三%まで減ったこと、緊急治療室を通常の診療目的で利用する人が激減し、そのおかげで医療費が大幅に削減されたことである。[37] そしてツイッターなどのハイテク企業は市外に移転しなかった。サンフランシスコ経済は相変わらず活況を呈している。何より重要なのは、もう事業者が医療費を自分の帳簿から他人の財布に移転しなくなったことである。

外部へのコスト移転が本来的に不当で道義に反するけしからぬ行為であることは言うまでもないが、そのうえに制度全体のコストを膨張させる点でも問題である。それは、次のような理由からだ。保険に入っていない人は医療費が高くつくことを知っているので、どうしても医者にかかるのが遅れてしまう。その結果、病気がかなり進行して深刻になってから受診することになるため、早いうちに医者にかかった場合より医療費が余計にかかる。サンフランシスコには生まれてから一度も医者にかかったことがないという人がかなりいる、とサンフランシスコ市立総合病院のハリ・ハマー博士は話す。こういう人たちがいよいよどうしようもなくなって受診すると、糖尿病や高血圧や、それどころか転移性の癌が発見されたりする。子宮頸癌検診を受けたことのない女性も少なくない。[38] 健康な生活を送るために早期健診早期発見が奨励されるのと同じで、職場環境をより健全なものにするためにも、従業員はストレスや体調不良を感じたら早期に受診することが望ましい。それは医療費の節約、治療・入院期間の短縮にもつながる。つまり負の外部効果を減らすことは、事業者に不当なコスト移転をやめさせ、従業員に対する責任を果たさせるだけでなく、全体のコスト削減をも実現するのである。

医療保険について言えることは、他の悪しき職場慣行についても当てはまる。解雇に伴う諸々の費用を負担しなくてよいため、企業はすこしでも景気が悪くなると安易に解雇する。もし解雇に起因する健康被害についても費用負担しなければならないとしたら、企業は解雇にもっと慎重になるだろう。また、長時間労働で心身の健康を損ねた従業員が辞めてしまえば、企業はその後の医療費を負担せず、社会が引き受けることになる。このように、現状では長時間労働を見直すインセンティブが存在しないため、労働者の酷使や切り捨てがまかり通っている。企業にコストを負担させることにすれば、どの職場ももっと効率的な働き方をめざすようになるはずだ。従業員の健康を損ねる悪しき職場がそのコストを社会に負担させるのは重大な問題だが、けっして解決不能ではない。労災保険や失業保険の例や、ヘルシー・サンフランシスコの例からもわかるように、企業に相応のコスト負担をさせることは十分可能である。企業が従業員に対してやったことに責任を持たせるしくみさえあれば、企業は従業員の健康にもっと配慮し、職場慣行についてよりよい選択をするようになるだろう。

4　健康と利益は両立する

本書ではたくさんの事例と体系的な調査・研究の成果を取り上げてきた。ここまでお読みいただいた読者は、社員の健康と幸福を大切にする企業が生産性や利益率の面でけっして劣りはしないことをすでにおわかりだろう。それどころか、健康な職場は生産性でも利益率でもまさっていることが多い。単純に身体的な健康だけを取り上げても、健康で元気な社員が効率よく働くことはあきらかだ。そして病気や治療のために休むことも少ないから、雇用主の医療費負担も抑えられる。

これに対してウォルマートはどうか。これまでにもさんざん言及してきたが、同社は医療費を出し惜しむことで悪名高い。しかも人員削減をひんぱんに行なうので、同社の雇用安定性は低いと言える。そのうえ、もともと賃金水準の低い小売業界の中でも、ウォルマートの賃金は低いほうである。ブルームバーグ・ビジネスウィーク誌によると、二〇〇八～一三年にウォルマートはアメリカ国内で四五五店舗を新規出店し、店舗数は一三％増加した。ところが国内の従業員数は二万人ほど削減し、一・四％減となっている。その結果は、こうだ。米国顧客満足度指数では、デパート・ディスカウントストア部門において六年連続で最下位またはそれに近い評価を受けた。なにしろ一店舗当たりの従業員数を二〇〇八年の平均三四三人から二〇一三年には三〇一人にまで減らしてしまったため、商品の補充がされずに棚ががら空きになる、レジに長蛇の列ができる、といった光景をあちこちの店で見かける。[39] ウォルマートでは既存店売上高も伸び悩んでいる。

マサチューセッツ工科大学のジネップ・トン教授は、賃金水準が高く雇用安定性が高ければ、事業者はより質の高い従業員を採用でき、転職率も低く抑えられると指摘する。[40] ウォルマートと直接競合するトレーダー・ジョーズやコストコは、ウォルマートより賃金が高く、医療保険を含む福利厚生も手厚い。両社の従業員一人当たりの売り上げがウォルマートのほぼ二倍に達するのは、このあたりにも原因があると言えるだろう。賃金や福利厚生にコストがかかるにもかかわらず、従業員一人当たり利益もウォルマートを上回っている。

こうしたわけだから、より健康な職場環境をめざして努力することは、従業員にとってのみならず、経営者にとっても十分に経済的に見合うのである。では、どうしてもっと多くの企業がそうしないのか。三つの答が考えられる。第一に、組織も個人と同じで、頭ではわかっていてもなかなか実行できない（飲み過ぎ食べ過ぎが身体に悪いことぐらい、みんな知っているのだ！）。これを同僚のロバート・サットンと私は「知識と行動のギャップ」と呼んでいる。くわしくは『なぜ、わかっていても実行できないのか』を参照されたい。[41] 第二に、世間の常識や前例・通例はきわめて強力で、大方の組織がそれに囚われている。だから、これまでとはちがうこと、みんなとはちがうことをするリスクがとれない。数年前に私は「人並み以上のパラドックス」ということを言った。この言葉は、人と同じことをして人並み以上の結果を望む姿勢を意味する。そんなうまい話は、まずもってあり得ない。[42]

第三に、タイムラグの存在がある。投資でリターンを手にするには、言うまでもなく、投資をまずしなければならない。最初に投資をせずにリターンを得ることはできない。そして、投資からリターンを得るまでには時間差がある。企業が職場環境の改善に投資してから、生産性の向上や転職率の低下といったリターンを得るまでにも、やはり時間差がある。ところが今日の経営環境では、上場企業にとって四半期かせいぜい半期のうちに成果の上がらないようなことをするのは、受け入れがたい。そもそも成果が上がるのかどうかがはっきりしないうえに、上がるとしてもだいぶ先だということになれば、企業は一見するとリスクの小さい戦略に走りがちだ。それはたとえば買収であり（買収が投資に見合うリターンを上げた例はきわめて稀であるにもかかわらず)、あるいは絶え間ないコスト削減である。

だが、ここではっきり言っておきたい。経営者に従業員の健康と幸福を重視するアプローチをとるように促すことこそが、多くの労働者の命と生活を救うと同時に、企業にとっても社会にとってもコストを減らす最善の方法なのである。従業員の健康悪化を予防し、現在の職場環境を改善するための最適の地位にいるのは、まちがいなく経営者である。経営者は現場の情報を収集できるし、いま述べたように従業員の健康向上に努めるインセンティブもある。

皮肉なことにウォルマートは、医療分野にも進出している。スーパーマーケットに併設した薬局に加えて気軽に入れるクリニックを設け、インフルエンザの予防接種を始め、簡便な予防的診療を提供しているのだ。それはそれで結構だが、ウォルマートにせよ、他の企業にせよ、まずは自社の職場環境を改善し、従業員の健康被害やストレスを防ぐべきである。経営者はそうした方針を掲げ、実行に移せる立場にいる。もっと言えば、経営者は事態が深刻化してコストがかさむようになる前に従業員の健康問題に気づき、いち早く手を打てる立場にいる。

5 人間の持続可能性を優先する

読者はきっとスコット・アダムズの人気漫画『ディルバート』をご存知だろう。一九九三年三月三日に掲載された漫画は、とくに私のお気に入りだ。一コマ目でボスが「私は長年にわたって、社員こそがわれわれの最も大切な資産だと言い続けてきた」という。多くの企業が儀式のように繰り返してきた言葉だ。二コマ目ではそのボスが「あれはまちがいだった。最も大切な資産はお金だ。社員は九番目だ」と認める。すると三コマ目で部下の一人が「では八番目は何でしょうか」と訊ねる。するとボスは「まあ、カーボン紙だね」と答えるのだ[43]!

悲しいかな、これが現実である。社員の幸福は熱く語られはするが、意思決定における優先順位は（カーボン紙よりも）低い。医療や健康を扱う企業でさえ、自社の社員の健康向上に一貫して努力しているとは言いがたい。たとえば、医療保険のエトナを例にとろう。エトナのCEOが自身の体験から社員の健康と福祉に力を入れていることは、第1章でも紹介したとおりである。ところがそのエトナでさえ、毎年のように人員削減に取り組んでおり、社員は早期退職を勧奨されるか、解雇されている[44]。すでに述べたように、解雇は心身の健康にまことによろしくない。このような職場では社員は定着しない。CEOのマーク・バートリーニも、「我が社の五万人の社員のうち、勤続二〇年以上の社員はおそらく一六〇〇人以下だろう」と認めている。

企業は、利益を増やせ、株価を上げろ、と絶えずプレッシャーをかけられている。その重圧の中で従業員重視の経営方針を打ち出すのは、怖くてできないらしい。従業員重視は利益増大の至上命令にまっこうから反すると考えられているからだ。高級自然食品スーパーのホールフーズ・マーケットは「コンシャス・カンパニー（意識の高い企業）」を標榜するCEOのジョン・マッキーの下、社員を大切にする価値観を強調してきた会社である。すでに述べたように、二〇〇八年の景気後退の際にも、人員削減の人数を一〇〇人足らずにとどめた。同社は自主管理方式を採用しているため、社員は仕事を任されていると感じて仕事満足度は高く、また社内での昇進を第一に考えているため、大学を出ていなくても経営幹部に昇格することが可能だ。福利厚生も充実しており、店内商品の二〇％割引や割安な医療保険を提供されるほか、重要な福利厚生プランに関しては従業員にも投票権が与えられている。[45] ところが高級食料品市場の競争激化を背景に既存店舗売上高が落ち込み、株価が下落すると、アクティビスト投資家（いわゆる「物言う株主」）に狙われて株式を買い占められ、経営陣を刷新せよとの圧力をかけられた。そして最終的には、二〇一七年八月にアマゾンがホールフーズの買収を発表して世間を驚かすことになる。マッキーは買収発表後の社員向け説明会で「われわれはすこしばかり社員を大事にしすぎたようだ」と語ったという。[46] そして三億ドル規模のコスト削減にも言及している（マッキーは現職にとどまることになっている）。

国内総生産（GDP）や国民一人当たりGDPといったマクロ経済指標や、営業利益や一株当たり利益といった企業収益指標は、経済なり企業なりの業績指標としては視野が狭すぎるという見方が強まってきた。これを受けて、社会がうまく機能しているかどうかを示すさまざまな指標が開発されている。二〇一二年から発表されている国連の持続可能開発ソリューションネットワークの世界幸福度報告（World Happiness Report）は、その一つだ。[47] また世界経済フォーラムは二〇一五年から、包括的成長発展指標（Inclusive Development Index）を発表している。不平等の拡大が懸念される中、経済成長のもたらす利益がいかに広く分配されているかに注目した指標である。[48] 一方、経済協力開発機構（OECD）は二〇一一年から、より良い暮らし指標（Better Life Index）を発表している。これは住宅、収入、雇用、共同体、教育、環境、ガバナンス、医療、生活の満足度、安全、ワーク・ライフ・バランスの一一分野について計測した指標である。[49] また企業レベルでは、持続可能な経営の基本原則としてトリプルボトムラインが注目されるようになった。トリプルボトムラインとは、企業を財務パフォーマンスからのみ評価するのではなく、企業活動の環境的側面、社会的側面、経済的側面の三つの面から評価することを意味する。[50]

これらはほんの一例であり、このほかにも多種多様な包括的指標が開発されている。それ自体はすばらしいことだし、善き意図に基づくことは言うまでもないが、いずれの指標も従来のマクロ経済指標を主役の座から引きずり下ろすにはいたっていない。また企業レベルでも、相変わらず財務諸表（損益計算書、バランスシート、キャッシュフロー）ばかりが経営者の注意を引き、意思決定を支配している。

だが、この状況を変えなければならない。文明化された人道的社会には、倫理的に許されない行動というものが存在する。すくなくとも、そうあるべきだ。たとえば国連憲章は、奴隷を禁じている。奴隷は人件費がかからないのだから利益が増えるにちがいないが、いかなる企業も奴隷を使うことは許されない。また国連ガイドラインは児童労働を禁じており、OECD全加盟国が法律で児童労働を禁じている。その理念は、子供に投資することは広く社会にとってよいことだ、というものである。子供は働かせるのではなく教育を受けさせるほうが、本人のためになるのはもちろん、一国の人的資本もゆたかになる。同じことが職場の安全性についても言える。当然ながら、職業によって危険の度合いはちがう。端的に言って、炭坑夫のほうが大学教授よりずっと大きな危険に直面する。だが本来的に危険な職業であっても、いやしくも文明国である限り、さまざまな規則を定めてできるだけ危険を防止し安全性を高めるよう努力している。私たちは人間の命を尊重し、可能な限り、命を守ろうとする。

社会心理学分野の研究によると、ほとんどの人が、市場による価格形成や市場取引を、ある一定限度以上は受け入れがたいと感じているという。社会心理学者のフィリップ・テトロックは、次のように指摘する。

「一方では、経済学者がたびたび主張するように、たしかに私たちは資源が有限かつ希少な世界で暮らしている。そこでは究極的には、好むと好まざるとにかかわらず、すべてのものは明示または暗黙の代価を払って入手しなければならない。だがその一方で、人々はしばしば確信を持って、ある種の約束や人間関係は何があっても尊重しなければならないと主張する。たとえその結果として金銭や便益が損なわれるとしても、それが何だ、と[51]」

調査によれば、人々はお金に換えられないものに値段をつけるといった行為に対して道徳的な怒りを表し、すくなくとも自分はかかわるまいとするという[52]。言うまでもなく、何を尊いとするか、何がお金で売り買いできないと考えるかは、時代によっても地域や文化によってもちがう。それでも、大方の宗教的伝統は人間の命を価値あるもの、不可侵のものとみなし、市場では取引してはならないとする。お金と引き換えに臓器を売るといった行為は、多くの人にとってあってはならないことであり、人間の尊厳を傷つけるものと受け止められる。

この枠組みで考えれば、悪しき職場環境が原因で一二万もの人命が失われる事態は、基本的な倫理観や価値観からして許されるものではない。企業経営において医療費を出し惜しみしたということは、人命より経営効率を優先した、つまりは命をお金と引き換えにしたことになるからだ。人間の健康と幸福は、企業経営においても、公共政策においても、意思決定の場でもっともっと重視されなければならない。

私たちが大切にするものは何か？

本書を通じてたびたび指摘してきたように、企業であれ公的機関であれ非営利団体であれ、労働環境に関して組織には選択肢がある。心身の健康を損なうような職場環境を形成し、その結果として医療費の膨張に拍車をかける道を選ぶのか、それとも正反対の道を選ぶのか。人間の命は大切で神聖なものだと社会がほんとうに考えているなら、職場環境が労働者の健康におよぼす影響に関する数々のまじめな研究成果（本書で紹介したのはそのごく一部である）を無視することはできないはずだし、死なずに済んだはずの人々がいまも死んでいく現状を容認することもできないはずだ。いま地球上では多くの人が絶滅危惧種や水の汚染を心配しているが、それと同じように、経済活動や経済開発が労働者の健康におよぼす影響を心配しなければならない。

そして、企業に選択肢がある一方で、働く側にもささやかな選択肢はある。働く側が仕事を選ぶことだ。このときに、企業の職場環境や経営者の姿勢をよくよく調べ、自分の心身の健康ひいては命を危うくすることがないか、見極めることが必要である。長時間労働の常態化、仕事の裁量が乏しい、仕事と家庭の両立困難、ソーシャルサポートがない、雇用不安定、医療保険がないといったことは、単なる不都合では済ませられない。命にかかわる問題だと肝に銘じるべきである。いま挙げたような悪条件は数十年前から実証研究の対象になっており、文字通り労働者の生命を脅かすことが広く確かめられている。したがって職場を選ぶに当たっては、報酬がいいとか、おもしろそうだとか、世間体がいいといったことばかりに目を奪われずに、経営理念や職場の実態をよく検討すべきである。健康は、そして命はもちろん、お金には換えられないことを忘れてはならない。

もしもこの本が働く人の健康に資する研究や調査を一段と刺激するようなら、それは大きなよろこびである。そして経営者は職場環境をいかに改善すべきかという議論が活発化するようなら、私の研究はかなり報われたと言えよう。さらに、労働者の健康と幸福をめぐって重要な改革を推進する方向で政策論議が行なわれるようになったら、本書はすばらしい成果をあげたことになる。そしてもしかしたら、ほんとうにもしかしたらだが、命を落とさずに済む人、より健康に暮らせる人が出てくるかもしれない。

とはいえ、私は本書の執筆に当たって十分に現実的な姿勢で臨んだつもりである。現実離れした目標を掲げるとか、理想主義的な提言をするといったことは慎重に避けた。というのも私には、ある聖職者と交わした会話の忘れがたい思い出があるからだ。

あれは、ホーリークロス病院（フロリダ州フォートローダーデール）の理事会が開かれた一九九九年七月のことである。私は、ＣＥＯのジョン・ジョンソンの希望通り職場環境改善プログラムを承認するよう、理事会の面々を説得した。その夜の会食で、たまたまある修道女の隣になった。彼女は当時、慈善修道女会の医療活動の運営を担当しており、慈善修道女会がホーリークロス病院に出資していたことから、理事会のメンバーだったのである。おしゃべりを交わすうちに、私はふと、「あなたの活動を支援するよう政治家を説得するのは大変でしょう」と訊ねてみた。「人々をより健康にして医療費を削減する」などという試みは、潤沢な政治献金をしている保険会社や製薬会社を敵に回すことになるからだ。すると彼女は次のように話してくれた。修道女のお名前は忘れてしまったが、この会話は忘れられない。

「議員の方々に、こう言いました。人が死んだらどうなるかということは、はっきりとはわからない。でもあなた方が死んだときに造物主の審判を受ける可能性はある。あなた方がいま下している決定はほんとうに人々の健康や幸福を考えたものですか、もしそうでなかったら、そのときどんな審判を受けるか考えたことはありますか、と」

私は身を乗り出して訊ねた。「その論法に効果はありましたか」

彼女は答えた。「私たちが選挙で選んだ議員のみなさんは、お金と魂の間で選択を迫られたら、残念なことにだいたいにおいてお金を選ぶようです」

政治家だけでなく企業経営者も、多くの場合に同様の選択を迫られているはずだ。職場環境や労働慣行に関して、社員の健康と幸福を優先するのか、それとも利益を優先するのか。この選択を迫られたとき、人の健康や幸福が優先されると思いたい。だが現実に飛び込んでくるのは、こんなニュースだ。バフェットと組んで買収活動を行なうことで有名な投資会社3Gキャピタルが、食品のハインツとクラフトを買収して経営を統合し、従業員一万人を削減するという。一万人と言えば、クラフトとハインツの全従業員の二〇%に相当する。[53] ところが投資業界では、この判断は非難されるどころか大いに称賛されている。

私はフロリダで修道女と交わした会話を思い出し、こんな具合に労働者の健康と幸福をないがしろにして企業経営をする人たちの魂に何が起きるだろうか、と考えてみた。あの修道女なら、迷わずきっぱりと答えてくれるにちがいない。

謝辞

多くの人がさまざまな形で本書の執筆に手を貸してくれた。ここに、すべての人に心から感謝したい。

まず、社会的公害というものに私の関心を喚起してくれたのは、IESEビジネススクール（バルセロナ）のヌリア・チンチリャ教授である。この言葉自体、彼女の適切な命名によるものだ。この問題に関する会議（結局開かれなかったが）に招待してもらったことがきっかけになり、人間の持続可能性を取り上げた最初の論文を完成することができた。IESEでのヌリアとの示唆に富む会話、そしてあたたかいおもてなしに心から感謝する。ヌリアはいまや研究仲間と言うよりは友人であり、本書の執筆プロジェクトにも多くの助言とエールを送ってくれた。

ヌリアと出会い、IESEでの最初の特別研究休暇が終わっても研究上の交流を続けることができたのは、ひとえにIESEの当時の学長ジョルディ・カナルスのおかげである。企業経営者の幅広い責任について考え続けてきたジョルディのことを、個人的にも深く尊敬している。彼の価値観は、IESEの運営に当たっても学園の隅々まで浸透していると感じる。

とはいえ、友人で同僚でもあるファブリッツィオ・フェラーロがいなかったら、ジョルディと会うこともなければ、IESEへ行くこともなかっただろう。ファブリッツィオはIESEで研究生活二年目を迎えた二〇〇六年に、Getting Things Done（GTD）プログラムをスタートさせた。GTDとは、かんたんに言えば、仕事を効率よく処理し、生産性を上げるためのワークフロー管理手法である。私は毎年五月にIESEへ行ってファブリツィオや研究仲間とGTDプログラムを活用する特権に恵まれた。おかげでIESEにたくさんの友人を作ることができたのは、プログラムの貴重な副産物である。ファブリツィオはもともとスタンフォードで経営工学を専攻していた博士課程の学生で、ボブ・サットンとの共同研究の助手を務めてくれていた。だからある意味で、私はボブを通じてファブリツィオを知ったと言える。そのボブも、本書の執筆に多大な貢献をしてくれた。友人でもあり優秀な同僚であるボブに心から感謝する。考えてみればこのいきさつは、小さな出会いが予想もしなかった大きな成果を生むプロセスをみごとに説明していると言えよう。

職場環境が働く人におよぼす影響に関心を持ち始めてからしばらくすると、私は悪しき職場が引き起こす健康被害や医療費の増分を数値的に見積もりたいと考えるようになった。

自分にはそのための数学的スキルやモデル構築の能力が備わっていないとわかっていたので、同僚に専門家を推薦してもらった。こうして、スタンフォード大学経営大学院オペレーションズ・情報技術教授のステファノス・ゼニオスに助言を求めることになる。ステファノスが博士課程の学生で研究助手のジョエル・ゴーを紹介してくれ、彼の助力のおかげで何本もの論文を発表することができた。ジョエルとステファノスと一緒に研究に取り組んだすばらしくもエキサイティングな経験は、どう表現しても大幅な過小評価にしかならないだろう。四〇年以上におよぶ研究者としてのキャリアの中で最も誇れる成果の一つを上げられたことを、私はひそかに自慢にしている。卓越した研究者であると同時に愛すべき個性の持ち主であるジョエルとステファノスは、さまざまな刺激を与えて私の発想をゆたかにしてくれると同時に、私の人生をもゆたかにしてくれた。

本書の調査にはほんとうに多くの方々が応じてくれ、職場での痛ましい経験や健康被害について話してくれた。みなさんが割いてくれた時間、そして個人的な事柄まで隠さず話してくれた勇気と誠意に心から感謝する。当然ながらお名前を明かすことはできないが、この方々の協力がなければ本書は成り立たなかった。また、悪しき職場の被害に遭った人々を捜し出してコンタクトをとってくれたアマンダ・エナヤティとクリスティ・ジョンソンにはすっかりお世話になった。こまやかな気配りを要する仕事を二人が根気よくやってくれただけでなく、このプロジェクトにすっかり夢中になって力強く応援してくれたおかげで、本書は完成にこぎ着けたのだと思う。

このほか、健全な職場作りに向けた努力についても多くの人から話を聞くことができた。忙しい中、貴重な時間を割いてよい知恵を授けてくれたことに感謝する。ディーン・カーター、ロバート・チャップマン、アンドリュー・ハルパート、コリーナ・コルベ、ローレン・ミラー、ベン・ステュアート、ヘザー・ワシレフスキー、ありがとう。

私の職場であるスタンフォード大学経営大学院にも感謝しなければならない。時間や資金を含めてさまざまなリソースが大学院から提供されたからこそ、多くの人々に会って話を聞き、本を書く時間をとることができた。このような恵まれた環境を与えてくれたことに深く感謝する。

私のエージェントであるクリスティ・フレッチャーとドン・ラムからも多くの助けを借りた。彼らは、このような本を書くことのメリット、デメリットも一緒に検討してくれ、さらに草稿を読んで適切な批評をしてくれた。有能な編集者にして友人でもあるドンの知恵と助力にはとくに感謝したい。

出版元であるハーパーコリンズの編集者ホリス・ハイムバウクは、一言で言えば、完璧である。彼女は本書の企図を完全に理解し、編集者としてさまざまな手を加えたにもかかわらず、私たちの意図しなかった方向へ一歩も逸脱することなく、最終稿をより読みやすくわかりやすいものにしてくれた。最近の二冊の本でホリスと一緒に仕事ができたことは、まことによろこばしい。ホリスは賢明で、洞察力に富み、書き手の意図を汲みつつ本をよりよく仕上げるという完璧なバランス感覚を身につけている。

そして、いつものことながら、妻のキャスリーンである。一九八五年一月一九日夜一〇時にサンフランシスコのとあるパーティーで偶然出会ったときには、こうなるとは誰も——私たち自身も考えてもみなかった。だが結果的に私たちの結婚生活は三一年も続いている。この長い年月の間に、ともに健康問題を乗り越え（ある年齢以上になれば避けられないことだ）、四〇カ国以上に一緒に旅行した。キャスリーンはまさに私のミューズだ。人生は一度きりである。その一度きりの人生を、ニックネームが「びっくりキャスリーン」だった女性とすごすことができるのは、幸運以外の何物でもない。彼女はいまも、そしてこの先も、私をびっくりさせ続けるだろう。

ジェフリー・フェファー

二〇一七年八月

52. たとえば、以下を参照されたい。Philip E. Tetlock, Orie V. Kristel, S. Beth Elson, Melanie C. Green, and Jennifer S. Lerner, "The Psychology of the Unthinkable: Taboo Trade-offs, Forbidden Base Rates, and Heretical Counterfactuals," *Journal of Personality and Social Psychology, 78* (2000): 853–70.
53. Scheherazade Daneshkhu, Lindsay Whipp, and James Fontanella-Kahn, "The Lean and Mean Approach of 3G Capital," *Financial Times,* May 7, 2017.

37. Ibid.
38. "Aspiring to Universal Access: Healthy San Francisco Opens Up Care," http://www.amednews.com/article/10530/government/305309949/4/.
39. Renee Dudley, "Walmart Faces the Cost of Cost-Cutting: Empty Shelves," *BusinessWeek,* March 28, 2013, www.bloomberg.com/news/articles/2013-03-28/walmart-faces-the-cost-of-cost-cutting-empty-shelves.
40. Zeynep Ton, "Why 'Good Jobs' are Good for Retailers," *Harvard Business Review*, January–February 2012, http://hbr.org/2012/01/why-good-jobs-are-good-for-retailers.
41. Jeffrey Pfeffer and Robert I. Sutton, *The Knowing-Doing Gap: How Smart Companies Turn Knowledge into Action* (Boston: Harvard Business School Press, 2000).（ジェフリー・フェファー、ロバート・I・サットン『なぜ、わかっていても実行できないのか』長谷川喜一郎監訳、菅田絢子訳、日本経済新聞出版社）
42. Jeffrey Pfeffer, *The Human Equation: Building Profits by Putting People First* (Boston: Harvard Business School Press, 1998), Chapter 5.
43. Scott Adams, Dilbert cartoon, September 10, 2017, http://dilbert.com/strip/1993–03-03.
44. Mara Lee, "Aetna to Cut Workforce, Reduce Work-at-Home Policy," *Hartford Courant,* October 11, 2016, www.courant.com/business/hc-aetna-work-at-home-20161010-story.html.
45. Jena McGregor, "Five Telling Things the Whole Foods CEO Said About the Amazon Deal in an Employee Town Hall," *Washington Post,* June 20, 2017.
46. Rick Wartzman, "Amazon and Whole Foods Are Headed for a Culture Clash," *Fortune*, June 26, 2017, http://fortune.com/2017/06/26/amazon-whole-foods-corporate-culture-clash-jeff-bezos-john-mackey/.
47. "World Happiness Report," *Wikipedia*, https://en.wikipedia.org/wiki/World_Happiness_Report.
48. www.weforum.org/reports/the-inclusive-growth-and-development-report-2017.
49. "OECD Better-Life Index," *Wikipedia*, https://en.wikipedia.org/wiki/OECD_Better-Life_Index.
50. Timothy F. Slaper and Tanya J. Hall, "The Triple Bottom Line: What Is It and How Does It Work?" *Indiana Business Review*, *86* (2011): 4–8. www.ibrc.indiana.edu/ibr/2011/spring/article2.html.
51. Philip E. Tetlock, "Thinking the Unthinkable: Sacred Values and Taboo Cognitions," *Trends in Cognitive Sciences, 7* (2003): 320–24. p. 320からの引用。

Affective Well-Being at Work," *Human Relations, 53* (2000): 275–94; and Peter Warr, "The Measurement of Well-being and Other Aspects of Mental Health," *Journal of Occupational and Organizational Psychology, 63* (1990): 193–210.

24. Peter R. Vagg and Charles D. Spielberger, "Occupational Stress: Measuring Job Pressure and Organizational Support in the Workplace," *Journal of Occupational Health Psychology, 3* (1998): 294–305; and Paul E. Spector and Steve M. Jex, "Development of Four Self-Report Measures of Job Stressors and Strain: Interpersonal Conflict at Work Scale, Organizational Constraints Scale, Quantitative Workload Inventory, and Physical Symptoms Inventory," *Journal of Occupational Health Psychology, 3* (1998): 356–67.
25. Dawn S. Carlson, K. Michele Kacmar, and Larry J. Williams, "Construction and Validation of a Multidimensional Measure of Work-Family Conflict," *Journal of Vocational Behavior, 56* (2000): 249–76.
26. M. G. Marmot, H. Bosma, H. Hemingway, E. Brunner, and S. Stansfeld, "Contribution of Job Control and Other Risk Factors to Social Variations in Coronary Heart Disease Incidence," *Lancet, 350* (1997): 235–39.
27. Ralph Catalano, "The Health Effects of Economic Insecurity," *American Journal of Public Health, 81* (1991): 1148–52.
28. 2016 *Working Mother* 100 Best Companies, www.workingmother.com/2016-Working-Mother-100-Best-Companies.
29. Ken Jacobs, "The Hidden Cost of Jobs Without Health Care Benefits," *Perspectives on Work, 11* (Winter 2007): 14.
30. Carol Zabin, Arindrajit Dube, and Ken Jacobs, "The Hidden Public Costs of Low-Wage Jobs in California," Berkeley, CA: University of California Institute for Labor and Employment, 2004, http://escholarship.org/uc/item/9hb1k75c.
31. Jacobs, "The Hidden Cost," 15.
32. Ibid.
33. Arindrajit Dube and Steve Wertheim, "Wal-Mart and Job Quality—What Do We Know, and Should We Care," Paper prepared for Presentation at the Center for American Progress, October 16, 2005. Berkeley, CA: Institute of Industrial Relations, University of California.
34. Ibid.
35. Jacobs, "The Hidden Cost," 16.
36. Barbara Grady, "Healthy San Francisco, City's Universal Health Plan, Rests on Unstable Funding," *Huffington Post San Francisco,* November 19, 2011, www.huffingtonpost.com/2011/11/19/healthy-san-francisco_n_1102978.html.

AAOHN Journal, 43 (1995): 458–68.
12. Sally L. Lusk, Bonnie M. Hagerty, Brenda Gillespie, and Claire C. Caruso, "Chronic Effects of Workplace Noise on Blood Pressure and Heart Rate," *Archives of Environmental Health: An International Journal, 57* (2002): 273–81.
13. Douglas LaBier, "Another Survey Shows the Continuing Toll of Workplace Stress, *Psychology Today*, April 23, 2014, www.psychologytoday.com/blog/the-new-resilience/201404/another-survey-shows-the-continuing-toll-workplace-stress.
14. J. M. Mossey and E. Shapiro, "Self-Rated Health: A Predictor of Mortality Among the Elderly," *American Journal of Public Health, 72* (1982): 800–808.
15. Seppo Miilunpalo, Ilkka Vuori, Pekka Oja, Matti Pasanen, and Helka Urponen, "Self-Rated Health Status as a Health Measure: The Predictive Value of Self-Reported Health Status on the Use of Physician Services and on Mortality in the Working-Age Population," *Journal of Clinical Epidemiology, 50* (1997): 517–28.
16. Daniel L. McGee, Youlian Liao, Guichan Cao, and Richard S. Cooper, "Self-Reported Health Status and Mortality in a Multiethnic US Cohort," *American Journal of Epidemiology, 149* (1999): 41–46.
17. Marja Jylha, "What Is Self-Rated Health and Why Does It Predict Mortality? Towards a Unified Conceptual Model," *Social Science and Medicine, 69* (2009): 307–16.
18. M. Marmot, A. Feeney, M. Shipley, F. North, and S. L. Syme, "Sickness Absence as a Measure of Health Status and Functioning: From the UK Whitehall II Study," *Journal of Epidemiology and Community Health, 49* (1995): 124–30.
19. Daniel L. McGee, Youlian Liao, Guichan Cao, and Richard S. Cooper, "Self-Reported Health Status and Mortality in a Multiethnic US Cohort," *American Journal of Epidemiology, 149* (1999): 41–46.
20. Elizabeth Frankenberg and Nathan R. Jones, "Self-Rated Health and Mortality: Does the Relationship Extend to a Low Income Setting?" *Journal of Health and Social Behavior, 45* (2004): 441–52.
21. Ellen L. Idler and Yael Benyamini, "Self-Rated Health and Mortality: A Review of Twenty-Seven Community Studies," *Journal of Health and Social Behavior, 38* (1997): 21–37. p. 21からの引用。
22. OECD Health Statistics 2017, www.oecd.org/els/health-systems/health-data.htm.
23. たとえば、以下を参照されたい。Kevin Daniels, "Measures of Five Aspects of

22. Harriet Taylor, "Travis Kalanick Will Be 'Legendary' Like Bill Gates, Says Uber Investor," CNBC, March 1, 2017, www.cnbc.com/2017/03/01/uber-ceo-travis-kalanick-needs-to-stop-self-inflicted-wounds-jason-calacanis.html.

第7章

1. Barry-Wehmiller website, www.barrywehmiller.com/our-business/leadership-team/bob-chapman.
2. たとえば、以下を参照されたい。Robert I. Sutton, *The No Asshole Rule: Building a Civilized Workplace and Surviving One That Isn't* (New York: Hachette, 2007).（ロバート・I・サットン『あなたの職場のイヤな奴』矢口誠訳、講談社）
3. Lyn Quine, "Workplace Bullying in Nurses," *Journal of Health Psychology, 6* (2001): 73–84.
4. Charlotte Rayner, "The Incidence of Workplace Bullying," *Journal of Community and Applied Social Psychology, 7* (1997): 199–208.
5. Quine, "Workplace Bullying in Nurses."
6. M. Kivimaki, M. Virtanen, M. Vartia, M. Elovainio, J. Vahtera, and L. Keltikangas-Jarvinen, "Workplace Bullying and the Risk of Cardiovascular Disease and Depression," *Occupational and Environmental Medicine, 60* (2003): 779–83.
7. Sutton, *The No Asshole Rule.*
8. Elena Flores, Jeanne M. Tschann, Juanita M. Dimas, Elizabeth A. Bachen, Lauri A. Pasch, and Cynthia L. de Groat, "Perceived Discrimination, Perceived Stress, and Mental and Physical Health Among Mexican-Origin Adults," *Hispanic Journal of Behavioral Sciences, 30* (2008): 401–24.
9. Rebecca Din-Dzietham, Wendy N. Nembhard, Rakale Collins, and Sharon K. Davis, "Perceived Stress Following Race-Based Discrimination at Work Is Associated with Hypertension in African-Americans: The Metro Atlanta Heart Disease Study, 1999–2001," *Social Science and Medicine, 58* (2004): 449–61.
10. Elizabeth A. Pascoe and Laura Smart Richman, "Perceived Discrimination and Health: A Meta-Analytic Review," *Psychological Bulletin, 135* (2009): 531–554. p. 531からの引用。
11. Judith H. Heerwagen, Janet G. Heubach, Joseph Montgomery, and Wally C. Weimer, "Environmental Design, Work, and Well-Being: Managing Occupational Stress through Changes in the Workplace Environment,"

of Applied Econometrics, 24 (2009): 763–95.

9. たとえば、以下を参照されたい。Dan Ariely, *Predictably Irrational: The Hidden Forces That Shape Our Decisions* (New York: HarperCollins, 2008).（ダン・アリエリー『予想どおりに不合理――行動経済学が明かす「あなたがそれを選ぶわけ」』熊谷淳子訳、早川書房）
10. Kantor and Streitfeld, "Inside Amazon."
11. Ibid.
12. Ibid.
13. Vera Hoorens, "Self-Enhancement and Superiority Biases in Social Comparison," *European Review of Social Psychology, 4* (1993): 113–39.
14. Zlartan Krizan and Jerry Suls, "Losing Sight of Oneself in the Above-Average Effect: When Egocentrism, Focalism, and Group Diffuseness Collide," *Journal of Experimental Social Psychology, 44* (2008): 929–42.
15. Leaf Van Boven, David Dunning, and George Loewenstein, "Egocentric Empathy Gaps between Owners and Buyers: Misperceptions of the Endowment Effect," *Journal of Personality and Social Psychology, 79* (2000): 66–76.
16. Kantor and Streitfeld, "Inside Amazon."
17. コミットメントに関する文献は膨大にある。たとえば、以下を参照されたい。Robert B. Cialdini and Noah J. Goldstein, "Social Influence: Compliance and Conformity," *Annual Review of Psychology, 55* (2004): 591–621; and Gerald R. Salancik, "Commitment Is Too Easy!" *Organizational Dynamics, 6* (1977): 62–80.
18. たとえば、以下を参照されたい。Leon Festinger, "A Theory of Social Comparison Processes," *Human Relations, 7* (1954): 117–40; and Morton Deutsch and Harold B. Gerard, "A Study of Normative and Informational Social Influences Upon Individual Judgment," *Journal of Abnormal and Social Psychology, 5* (1955): 629–36.
19. Robert B. Cialdini, *Influence: The Psychology of Persuasion* (New York: Harper-Collins, 2009).（ロバート・B・チャルディーニ『影響力の武器――なぜ、人は動かされるのか』社会行動研究会訳、誠信書房）
20. David Krackhardt and Lyman W. Porter, "The Snowball Effect: Turnover Embedded in Communications Networks," *Journal of Applied Psychology, 71* (1986): 50–55.
21. Gerald R. Salancik and Jeffrey Pfeffer, "A Social Information Processing Approach to Job Attitudes and Task Design," *Administrative Science Quarterly, 23* (1978): 224–53.

37. Laszlo Bock, *Work Rules!* (New York: Hachette Group, 2015), 278.（ラズロ・ボック『ワーク・ルールズ！――君の生き方とリーダーシップを変える』鬼澤忍・矢羽野薫訳、東洋経済新報社）
38. Ibid.
39. Ibid., 279.
40. Ibid., 263.
41. D. Byrne, "Interpersonal Attraction and Attitude Similarity," *Journal of Abnormal and Social Psychology, 62* (1961): 713–15.
42. Jerry M. Burger, Nicole Messian, Shebani Patel, Alicia del Prado, and Carmen Anderson, "What a Coincidence! The Effects of Incidental Similarity on Compliance," *Personality and Social Psychology Bulletin, 30* (2004): 35–43.
43. UnitedHealth Group, "Doing Good Is Good for You: 2013 Health and Volunteering Study," Minnetonka, MN: UnitedHealth Group, 2013.
44. www.southwest.com/html/about-southwest/careers/benefits.html.

第6章

1. Jodi Kantor and David Streitfeld, "Inside Amazon: Wrestling Big Ideas in a Bruising Workplace," *New York Times,* August 16, 2015, http://nyti.ms/1TFqcOG.
2. Mike Pare, "Inside the Deal that Lured Amazon to Chattanooga," *Chattanooga Times Free Press,* December 26, 2010, www.timesfreepress.com/news/news/story/2010/dec/26/inside-the-deal-that-lured-amazon/37827/.
3. Larry Gigerich, "Siting a Contact Center or Data Center Requires Supreme Diligence," *Trade and Industry Development,* June 30, 2012.
4. Eilene Zimmerman, "The Lawyer, the Addict," *New York Times,* July 15, 2017, https://nyti.ms/2voimyC.
5. Paul A. Samuelson, "Consumption Theory in Terms of Revealed Preference," *Economica, 15* (1948): 243–53.
6. Amartya K. Sen, "Rational Fools: A Critique of the Behavioral Foundation of Economic Theory," *Philosophy and Public Affairs, 6* (1977): 322.
7. Sherwin Rosen, "The Theory of Equalizing Differentials," *Handbook of Labor Economics, 1* (1986): 641–92.
8. たとえば、以下を参照されたい。Randall W. Eberts and Joe A. Stone, "Wages, Fringe Benefits, and Working Conditions: An Analysis of Compensating Differentials," *Southern Economic Journal, 52* (1985): 274–80; and Stephanie Bonhomme, "The Pervasive Absence of Compensating Differentials," *Journal*

Epidemiology, 117 (1983): 521–37.

22. Markham Heid, "You Asked: How Many Friends Do I Need?" *Time Health*, March 18, 2015, http://time.com/3748090/friends-social-health/.
23. Bert N. Uchino, "Social Support and Health: A Review of Physiological Processes Potentially Underlying Links to Disease Outcomes," *Journal of Behavioral Medicine, 29* (2006): 377–87. p. 377からの引用。
24. Steve Crabtree, "Social Support Linked to Health Satisfaction Worldwide," *Gallup*, February 17, 2012, www.gallup.com/poll/152738/social-support-linked-health-satisfaction-worldwide.aspx.
25. James M. LaRocco, James S. House, and John R. P. French Jr., "Social Support, Occupational Stress, and Health," *Journal of Health and Social Behavior, 21* (1980): 202–18.
26. Chockalingam Viswesvaran, Juan I. Sanchez, and Jeffrey Fisher, "The Role of Social Support in the Process of Work Stress: A Meta-Analysis," *Journal of Vocational Behavior, 54* (1999): 314–34.
27. Sheldon Cohen and Thomas Ashby Wills, "Stress, Social Support, and the Buffering Hypothesis," *Psychological Bulletin, 98* (1985): 310–57.
28. Uchino, "Social Support and Health," 377.
29. Roy F. Baumeister and Mark R. Leary, "The Need to Belong: Desire for Interpersonal Attachments as a Fundamental Human Motivation," *Psychological Bulletin, 117* (1995): 497–529. p. 497からの引用。
30. Andrew Hill, "Forced Ranking Is a Relic of an HR Tool," *Financial Times*, July 16, 2012, www.ft.com/content/0243818e-cd09-11e1-92c1-00144feabdc0.
31. "It's Official: Forced Ranking Is Dead," *Wall Street Journal*, http://deloitte.wsj.com/cio/2014/06/10/its-official-forced-ranking-is-dead/.
32. Alison Griswold, "Uber Is Designed So That for One Employee to Get Ahead, Another Must Fail," *Quartz*, February 27, 2017, https://qz.com/918582/uber-is-designed-so-that-for-one-employee-to-succeed-another-must-fail.
33. "SAS Institute (B): The Decision to Go Public," Stanford, CA: Graduate School of Business Case #HR-6B, September 16, 2003.
34. "Gary's Greeting: Taking Care of Each Other," https://issuu.com/southwestmag/docs/02_february_2016/18.
35. DaVita Reports on 2015 Corporate Social Responsibility and Innovation, Bridge of Life, April 18, 2016, www.bridgeoflifeinternational.org/davita-reports-on-2015-corporate-social-responsibility-and-innovation/.
36. "Trilogy of Care II: A Day in the Life of a Dialysis Healthcare Administrator," February 5, 2014, http://careers.davita.com/our-story/blogs/trilogy-care-ii.

9. Tjasa Pisijar, Tanja van der Lippe, and Laura den Dulk, "Health Among Hospital Employees in Europe: A Cross-National Study of the Impact of Work Stress and Work Control," *Social Science and Medicine, 72* (2011): 899–906.
10. Robert Karasek, "Lower Health Risk with Increased Job Control among White Collar Workers," *Journal of Organizational Behaviour, 11* (1990): 171–85.
11. "Worked to Death? IU Study Says Lack of Control over High-stress Jobs Leads to Early Grave," *EurekAlert!*, October 17, 2016, https://www.eurekalert.org/pub_releases/2016-10/iu-wtd101416.php.
12. Chester S. Spell and Todd Arnold, "An Appraisal of Justice, Structure, and Job Control as Antecedents of Psychological Distress," *Journal of Organizational Behavior, 28* (2007): 729–51.
13. Martin E. P. Seligman, "Learned Helplessness," *Annual Review of Medicine, 23* (1972): 407.
14. Steven F. Maier and Martin E. P. Seligman, "Learned Helplessness: Theory and Evidence," *Journal of Experimental Psychology: General, 105* (1976): 3–46.
15. Ibid., 13.
16. Philip M. Boffey, "Satisfaction on the Job: Autonomy Ranks First," *New York Times,* May 28, 1985.
17. Frederick P. Morgeson, Kelly Delaney-Klinger, and Monica A. Hemingway, "The Importance of Job Autonomy, Cognitive Ability, and Job-Related Skill for Predicting Role Breadth and Job Performance," *Journal of Applied Psychology, 90* (2005): 399–406.
18. "Netherlands: Steady Decline in Job Autonomy," European Foundation for the Improvement of Living and Working Conditions (Eurofound), May 6, 2015. この報告は、「ヨーロッパの大半の国で、ここ数十年にわたり、仕事の裁量性は……減り続けている」と指摘する。Eurofoundのウェブサイトには、職場環境とその影響に関する多くの情報が掲載されている。
19. Ellen J. Langer, "The Illusion of Control," *Journal of Personality and Social Psychology, 32* (1975): 311–28.
20. Jeffrey Pfeffer, Robert B. Cialdini, Benjamin Hanna, and Kathleen Knopoff, "Faith in Supervision and the Self-Enhancement Bias: Why Managers Don't Empower Workers," *Basic and Applied Social Psychology, 20* (1998): 313–21.
21. W. Eugene Broadhead, Berton H. Kaplan, Sherman A. James, Edward H. Wagner, Victor J. Schoenbach, Roger Grimson, Siegfried Heyden, Gosta Tibblin, and Stephen H. Gehrlach, "The Epidemiological Evidence for a Relationship Between Social Support and Health," *American Journal of*

employeebenefits.co.uk/issues/september-2011-online/employee-benefits-life-google-focuses-on-emotional-wellbeing-to-make-staff-healthiest-on-the-planet/.
66. http://reviews.greatplacetowork.com/whole-foods-market.
67. Ariane Hegewisch and Janet C. Gornick, "Statutory Routes to Workplace Flexibility in Cross-National Perspective," Washington, DC: Institute for Women's Policy Research, 2008, vii.
68. Ibid., 2.

第5章

1. "Does Silicon Valley Have a Perks Problem?" *Rocketrip*, February 1, 2016, http://blog.rocketrip.com/silicon-valley-have-a-perks-problem.
2. Maarit A-L Vartia, "Consequences of Workplace Bullying with Respect to the Well-Being of Its Targets and the Observers of Bullying," *Scandinavian Journal of Work, Environment & Health, 27* (2011): 63–69.
3. Francesco Gamberale, Anders Kjellberg, Torbjom Akerstedt, and Gunn Johansson, "Behavioral and Psychophysiological Effects of the Physical Work Environment: Research Strategies and Measurement Methods," *Scandinavian Journal of Work, Environment & Health, 16*, Supplement 1 (1990): 5–16.
4. M. G. Marmot, G. Rose, M. Shipley, and P. J. S. Hamilton, "Employment Grade and Coronary Heart Disease in British Civil Servants," *Journal of Epidemiology and Community Health, 32* (1978): 244–49.
5. M. G. Marmot, H. Bosma, H. Hemingway, E. Brunner, and S. Stansfeld, "Contribution of Job Control and Other Risk Factors to Social Variations in Coronary Heart Disease Incidence," *Lancet, 350* (1997): 235–39. p. 235からの引用。
6. Michael Marmot, Amanda Feeney, Martin Shipley, Fiona North, and S. I. Syme, "Sickness Absence as a Measure of Health Status and Functioning from the UK Whitehall II Study," *Journal of Epidemiology and Community Health, 49* (1995): 124–30.
7. Tarani Chandola, Eric Brunner, and Michael Marmot, "Chronic Stress at Work and the Metabolic Syndrome: Prospective Study," *British Medical Journal, 332* (2005): 521–25.
8. John Robert Warren, Pascale Carayon, and Peter Hoonakker, "Changes in Health Between Ages 54 and 65: The Role of Job Characteristics and Socioeconomic Status," *Research on Aging, 30* (2008): 672–700.

Journal, 43 (2008): 49–64.
56. Ulrica von Thiele Schwarz and Henna Hasson, "Employee Self-Rated Productivity and Objective Organizational Production Levels: Effects of Worksite Health Interventions Involving Reduced Work Hours and Physical Exercise," *Journal of Occupational and Environmental Medicine, 53* (2011): 838–44.
57. たとえば、以下を参照されたい。Jeffrey H. Greenhaus and Nicholas J. Beutell, "Sources of Conflict Between Work and Family Roles," *Academy of Management Review, 10* (1985): 76–88; and Tammy D. Allen, David E. L. Herst, Carly S. Bruck, and Martha Sutton, "Consequences Associated with Work-to-Family Conflict: A Review and Agenda for Future Research," *Journal of Occupational Health Psychology, 5* (2000): 278–308.
58. Michael H. Frone, Marcia Russell, and Grace M. Barnes, "Work-Family Conflict, Gender, and Health-Related Outcomes: A Study of Employed Parents in Two Community Samples," *Journal of Occupational Health Psychology, 1* (1996): 57–69.
59. Michael R. Frone, "Work-Family Conflict and Employee Psychiatric Disorders: The National Comorbidity Survey," *Journal of Applied Psychology, 85* (2000): 888–95.
60. Michael R. Frone, Marcia Russell, and M. Lynne Cooper, "Relation of Work-Family Conflict to Health Outcomes: A Four-Year Longitudinal Study of Employed Parents," *Journal of Occupational and Organizational Psychology, 70* (1997): 325–35.
61. Karyl E. Macewen, Julian Barling, and E. Kevin Kelloway, "Effects of Short-Term Role Overload on Marital Interactions," *Work and Stress, 6* (1992): 117–26.
62. Shelly Coverman, "Role Overload, Role Conflict, and Stress: Addressing Consequences of Multiple Role Demands," *Social Forces, 67* (1989): 965–82.
63. Steven L. Grover and Chun Hui, "The Influence of Role Conflict and Self-Interest on Lying in Organizations", *Journal of Business Ethics, 13* (1994): 295–303.
64. N. W. H. Jansen, I. J. Kant, L. G. P. M. van Amelsvoort, T. S. Kristensen, G. M. H. Swaen, and F. J. N. Nijhuis, "Work-Family Conflict as a Risk Factor for Sickness Absence," *Occupational and Environmental Medicine, 63* (2006): 488–94.
65. Jennifer Paterson, "Employee Benefits Live: Google Focuses on Emotional Wellbeing to Make Staff Healthiest on the Planet, September 27, 2011, www.

42. Haiou Yang, Peter L. Schnall, Maritza Jauregui, Tai-Chen Su, and Dean Baker, "Work Hours and Self-Reported Hypertension among Working People in California," *Hypertension, 48* (2006): 744–50.
43. A. Shimazu and B. Schaufeli, "Is Workaholism Good or Bad for Employee Well-Being? The Disincentiveness of Workaholism and Work Engagement Among Japanese Employees," *Industrial Health, 47* (2009): 495–502.
44. Kate Sparks, Carry Cooper, Yitzhad Fried, and Arie Shirom, "The Effects of Hours of Work on Health: A Meta-Analytic Review," *Journal of Occupational and Organizational Psychology, 70* (1997): 391–408.
45. Claire C. Caruso, Edward M. Hitchcock, Robert B. Dick, John M. Russo, and Jennifer M. Schmit, National Institute for Occupational Safety and Health, *Overtime and Extended Work Shifts: Recent Findings on Illnesses, Injuries, and Health Beha*viors, Washington, DC: National Institute for Occupational Safety and Health, April 2004.
46. Jeanne Geiger-Brown, Carles Muntaner, Jane Lipscomb, and Alison Trinkoff, "Demanding Work Schedules and Mental Health in Nursing Assistants Working in Nursing Homes," *Work and Stress, 18* (2004): 292–304.
47. Elizabeth Kleppa, Bjarte Sanne, and Grethe S. Tell, "Working Overtime Is Associated with Anxiety and Depression: The Hordaland Health Study," *Journal of Occupational and Environmental Medicine, 50* (2008): 658–66.
48. O'Donovan and Anand, "Uber's Hard-Charging Corporate Culture."
49. Emma Luxton, "Does Working Fewer Hours Make You More Productive?" World Economic Forum, March 4, 2016, www.weforum.org/agenda/2016/03/does-working-fewer-hours-make-you-more-productive.
50. Ibid.
51. Lonnie Golden, "The Effects of Working Time on Productivity and Firm Performance: A Research Synthesis Paper," (Geneva, Switzerland: International Labour Organization, 2012).
52. E. Shepard and T. Clifton, "Are Longer Hours Reducing Productivity in Manufacturing?" *International Journal of Manpower, 21* (2000): 540–53.
53. G. Cette, S. Change, and M. Konte, "The Decreasing Returns on Working Time: An Empirical Analysis on Panel Country Data," *Applied Economics Letters, 18* (2011): 1677–82.
54. M. White, *Working Hours: Assessing the Potential for Reduction* (Geneva, Switzerland: International Labour Organization, 1987).
55. E. E. Kossek and M. D. Lee, "Implementing a Reduced-Workload Arrangement to Retain High Talent: A Case Study," *Psychologist-Manager*

26. Brian Wheeler, "Why Americans Don't Take Sick Days," *BBC News*, September 14, 2016, www.bbc.com/news/world-us-canada-37353742.
27. "Survey Shows Workers Often Go to Work Sick," Cision PR Newswire, January 12, 2016, www.prnewswire.com/news-releases/survey-shows-workers-often-go-to-work-sick-300202979.html.
28. Wheeler, "Why Americans Don't Take Sick Days."
29. Anders Knutsson, Bjorn G. Jonsson, Torbjom Akerstedt, and Kristina Orth-Gomer, "Increased Risk of Ischaemic Heart Disease in Shift Workers," *Lancet, 338* (1986): 89–92.
30. Mark. L. Bryan, "Workers, Workplaces, and Working Hours," *British Journal of Industrial Relations, 45* (December 2007): 735–59. p. 735からの引用。
31. Richard Newton, "Dublin Goes Dark: Google's Experiments with Employee Wellbeing," March 21, 2015, www.virgin.com/disruptors/dublin-goes-dark-googles-experiments-employee-wellbeing.
32. Schulte, "Beyond Inbox Zero."
33. Sylvia Ann Hewlett and Carolyn Buck Luce, "Extreme Jobs: The Dangerous Allure of the 70-Hour Workweek," *Harvard Business Review, 84* (2006, Issue 12): 49–59.
34. Drake Baer, "When Did Busy Become Cool?" *Thrive Global*, May 23, 2017, https://journal.thriveglobal.com/when-did-busy-become-cool-8ca13f5f54f9.
35. Olivia A. O'Neill and Charles A. O'Reilly, "Careers as Tournaments: The Impact of Sex and Gendered Organizational Culture Preferences on MBA's Income Attainment," *Journal of Organizational Behavior, 31* (2010): 856–76.
36. Ken Belson, "At I.B.M., a Vacation Anytime, or Maybe None," *New York Times*, August 31, 2007.
37. J-P. Chaput, A. M. Sjodin, A. Astrup, J-P. Despres, C. Bouchard, and A. Tremblay, "Risk Factors for Adult Overweight and Obesity: The Importance of Looking Beyond the 'Big Two,'" *Obesity Facts, 3* (2010): 320–27.
38. G. Copinschi, "Metabolic and Endocrine Effects of Sleep Deprivation," *Essential Pharmacology, 6* (2005): 341–47.
39. www.drugabuse.gov/publications/drugfacts/cocaine.
40. Alan Schwarz, "Workers Seeking Productivity in a Pill are Abusing A.D.H.D. Drugs," *New York Times*, April 18, 2015, https://nytimes.com/2015/04/19/us/workers-seeking-productivity-in-a-pill-are-abusing-adhd-drugs.html.
41. P. Buell and L. Breslow, "Mortality from Coronary Heart Disease in California Men Who Work Long Hours," *Journal of Chronic Diseases, 11* (1960): 615–26.

12. Ibid.
13. Ibid., 157.
14. Mike Kivimaki, G. David Batty, Mark Hamer, Jane E. Ferrie, Jussi Vahtera, Marianna Virtanen, Michael G. Marmot, Archana Singh-Manoux, and Martin J. Shipley, "Using Additional Information on Working Hours to Predict Coronary Heart Disease," *Annals of Internal Medicine, 154* (2011): 457–63.
15. Brigid Schulte, "Beyond Inbox Zero: The Science of Work-Life Balance," *New American Weekly,* Edition 144, December 1, 2016, www.newamerica.org/weekly/edition-144/beyond-inbox-zero/.
16. Daniel S. Hamermesh and Elena Stancanelli, "Long Workweeks and Strange Hours," National Bureau of Economic Research, Working Paper No. 20449, September 2014, www.nber.org/papers/w20449.
17. David Kelleher, "Survey: 81% of U.S. Employees Check Their Work Mail outside Work Hours," *TechTalk*, May 20, 2013, https://techtalk.gfi.com/survey-81-of-u-s-employees-check-their-work-mail-outside-work-hours/.
18. Zimmerman, "The Lawyer, the Addict."
19. Caroline O'Donovan and Priya Anand, "How Uber's Hard-Charging Corporate Culture Left Employees Drained," July 17, 2017, *BuzzFeed*, www.buzzfeed.com/carolineodonovan/how-ubers-hard-charging-corporate-culture-left-employees.
20. Alissa J. Rubin, "'Right to Disconnect' from Work Email and Other Laws Go into Effect in France," *New York Times,* January 3, 2017, A6.
21. "After-Hours Email Expectations Negatively Impact Employee Well-Being," *ScienceDaily*, July 27, 2016, www.sciencedaily.com/releases/2016/07/160727110906.htm.
22. Justin McCarthy and Alyssa Brown, "Getting More Sleep Linked to Higher Well-Being," *Gallup*, March 2, 2105, www.gallup.com/poll/181583/getting-sleep-liniked-higher.aspx.
23. Alina Tugend, "Vacations Are Good for You, Medically Speaking," *New York Times,* June 7, 2008, www.nytimes.com/2008/06/07/business/yourmoney/07shortcuts.html.
24. Kathryn Vasel, "Half of American Workers Aren't Using All Their Vacation Days," *CNN Money*, December 10, 2016, http://moneyi.cnn.com/2016/12/19/pf/employees-unused-paid-vacation-dyas/index.html.
25. Rebecca Ray and John Schmitt, "No-Vacation Nation," Washington, DC: Center for Economic and Policy Research, May 2007, http://cepr.net/publications/reports/no-vacation-nation.

85.
71. Frank Koller, *Spark: How Old-Fashioned Values Drive a Twenty-First-Century Corporation* (New York: Public Affairs Books, 2010).
72. たとえば、以下を参照されたい。Stephen Nickell, "Unemployment and Labor Market Rigidities: Europe versus North America," *Journal of Economic Perspectives, 11* (1997): 55–74; and Vicente Navarro, "Neoliberalism, 'Globalization,' Unemployment, Inequalities, and the Welfare State," *International Journal of Health Services, 28* (1998): 607–82.

第4章

1. Catherine Makino, "Death from Overwork Persists Amid Economic Crunch," *Inter Press Service*, October 28, 2009, www.ipsnews.net/2009/10/japan-death-from-overwork-persists-amid-economic-crunch/.
2. Jonathan Soble, "Chief of Dentsu, Japanese Ad Agency, to Resign Over Employee's Suicide," *New York Times,* December 28, 2016, http://nyti.ms/2iEMLCA.
3. "In China, Office Work Can Be Deadly," *Bloomberg Businessweek,* July 7–13, 2014.
4. Zaria Gorvett, "Can You Work Yourself to Death?" BBC online, September 13, 2016, www.bbc.com/capital/story/20160912-is-there-such-thing-as-death-from-overwork.
5. Soble, "Chief of Dentsu, Japanese Ad Agency, to Resign."
6. Katsuo Nishiyama and Jeffrey V. Johnson, "Karoshi—Death from Overwork: Occupational Health Consequences of Japanese Production Management," *International Journal of Health Services, 27* (1997): 625–41.
7. "In China, Office Work Can Be Deadly."
8. Ibid.
9. Paul Gallagher, "Slavery in the City: Death of a 21-year-old Intern Moritz Erhardt at Merrill Lynch Sparks Furor over Long Hours and Macho Culture at Banks," *Independent,* August 20, 2013, www.independent.co.uk/news/uk/home-news/slavery-in-the-city-death-of-21-year-old-intern-moritz-erhardt-at-merrill-lynch-sparks-furor-over-8775917.html.
10. Eilene Zimmerman, "The Lawyer, the Addict," *New York Times,* July 15, 2017, https://nyti.ms/2voimyC.
11. Jeffrey M. O'Brien, "Is Silicon Valley Bad for Your Health?" *Fortune,* November 1, 2015, 156.

Announcements on the Market Value of the Firm," *Relations Industrielles/ Industrial Relations, 52* (1997): 364–81.
56. Datta, et al., "Causes and Effects of Employee Downsizing," 335.
57. Oded Palmon, Huey-Lian Sun, and Alex P. Tang, "Layoff Announcements: Stock Market Impact and Financial Performance," *Financial Management, 26* (1997): 54–68.
58. James P. Guthrie and Deepak K. Datta, "Dumb and Dumber: The Impact of Downsizing on Firm Performance as Moderated by Industry Conditions," *Organization Science, 19* (2008): 108–23.
59. "1994 AMA Survey on Downsizing: Summary of Key Findings" (New York: American Management Association).
60. Ibid.
61. Martin Neil Baily, Eric J. Bartelsman, and John Haltiwanger, "Downsizing and Productivity Growth: Myth and Reality," Working Paper No. 4741 (Cambridge, MA: National Bureau of Economic Research), May 1994.
62. Peter Cappelli, "Examining the Influence of Downsizing and Its Effect on Establishment Performance," Working Paper No. 7742 (Cambridge, MA: National Bureau of Economic Research), June 2000.
63. 以下に引用されている。Louis Uchitelle, "More Downsized Workers are Returning as Rentals," *New York Times,* December 8, 1996, 22.
64. Tania Marques, Isabel Suarez-Gonzalez, Pedro Pinheiro da Cruz, and Manuel Portugal Ferreira, "The Downsizing Effect on Survivors: A Structural Equation Modeling Analysis," *Management Research: The Journal of the Iberoamerican Academy of Management, 9* (2011): 174–91.
65. Teresa M. Amabile and Regina Conti, "Changes in the Work Environment for Creativity During Downsizing," *Academy of Management Journal, 42* (1999): 630–40.
66. Datta, et al., "Causes and Effects of Employee Downsizing," 309, 321.
67. David Cote, "Honeywell's CEO on How He Avoided Layoffs," *Harvard Business Review,* June 2013, 45.
68. Kevin F. Hallock, "Layoffs, Top Executive Pay, and Firm Performance," *American Economic Review, 88* (1998): 711–23.
69. Matt Glynn, "Ex-Southwest CEO Offers Lessons in Leadership from Post 9/11 Crisis," *Buffalo News,* May 19, 2014, www.buffalonews.com/business/ex-southwest-airlines-ceo-offers-lessons-in-leadership-from-post-911-crisis-20140519.
70. Erik Schonfeld, "The Silicon Chameleon," *Business 2.0,* September 2003, 84–

Health, 108 (1994): 403–12.
45. A. C. Merline, P. M. O'Malley, J. E. Schulenberg, J. G. Bachman, and L. D. Johnston, "Substance Use Among Adults 35 Years of Age: Prevalence, Adulthood Predictors, and Impact of Adolescent Substance Abuse," *American Journal of Public Health, 94* (2004): 96–102.
46. Janlert and Hammatstrom, "Alcohol Consumption."
47. D. Dooley and J. Prause, "Underemployment and Alcohol Misuse in the National Longitudinal Survey of Youth," *Journal of Studies of Alcohol, 59* (1998): 669–80.
48. Wayne F. Cascio, *Responsible Restructuring* (San Francisco, CA: Berrett-Koehler, 2002).
49. Art Budros, "The New Capitalism and Organizational Rationality: The Adoption of Downsizing Programs, 1979–1994," *Social Forces, 76* (1997): 229–50.
50. Art Budros, "Organizational Types and Organizational Innovation: Downsizing Among Industrial, Financial and Utility Firms," *Sociological Forum, 17* (2000): 307–42; and Art Budros, "Causes of Early and Later Organizational Adoption: The Case of Corporate Downsizing," *Sociological Inquiry, 74* (2004): 355–80.
51. たとえば、以下を参照されたい。C. L. Ahmadjian and P. Robinson, "Safety in Numbers: Downsizing and the Deinstitutionalization of Permanent Employment in Japan," *Administrative Science Quarterly, 46* (2001): 622–54; and C. Tsai, S. Wuy, H. Wang, and I. Huang, "An Empirical Research on the Institutional Theory of Downsizing: Evidence from MNC's Subsidiary Companies in Taiwan," *Total Quality Management & Business Excellence, 17* (2006): 633–54.
52. Dan L. Worrell, Wallace N. Davidson III, and Varinder M. Sharma, "Layoff Announcements and Stockholder Wealth," *Academy of Management Journal, 34* (1991): 662–78.
53. Robert D. Nixon, Michaell A. Hitt, Ho-uk Lee, and Eui Jeong, "Market Reactions to Announcements of Corporate Downsizing Actions and Implementation Strategies," *Strategic Management Journal, 25* (2004): 1121–29.
54. Peggy M. Lee, "A Comparative Analysis of Layoff Announcements and Stock Price Reactions in the United States and Japan," *Strategic Management Journal, 18* (1997): 879–94.
55. Morley Gunderson, Anil Verma, and Savita Verma, "Impact of Layoff

Premature Mortality in Danish Men Born in 1953," *Journal of Occupational and Environmental Medicine, 51* (2009): 708–13.

31. Daniel Sullivan and Till von Wachter, "Mortality, Mass-Layoffs, and Career Outcomes: An Analysis Using Administrative Data," Cambridge, MA: National Bureau of Economic Research, Working Paper 13626, November 2007.
32. Kate W. Strully, "Job Loss and Health in the U.S. Labor Market," *Demography, 46* (2009): 221–46. p. 233からの引用。
33. Ibid., 240.
34. Matthew E. Dupre, Linda K. George, Guangya Liu, and Eric D. Peterson, "The Cumulative Effect of Unemployment on Risks for Acute Myocardial Infarction," *Archives of Internal Medicine, 172* (2012): 1731–37.
35. Mika Kivimaki, Jussi Vahtera, Jaana Pentti, and Jane E. Ferrie, "Factors Underlying the Effect of Organisational Downsizing on Health of Employees: Longitudinal Cohort Study," *British Medical Journal, 320* (2000): 971–75.
36. Leon Grunberg, Sarah Moore, and Edward S. Greenberg, "Managers' Reactions to Implementing Layoffs: Relationship to Health Problems and Withdrawal Behaviors," *Human Resource Management, 45* (2006): 159–78.
37. Matthew B. Stannard and Rachel Gordon, "2 Men, Woman Slain in Mountain View," *San Francisco Chronicle,* November 15, 2008.
38. Joseph A. Kinney and Dennis L. Johnson, *Breaking Point: The Workplace Violence Epidemic and What to Do About It* (Charlotte, NC: National Safe Workplace Institute, 1993).
39. "Workplace Violence—Is It Getting Worse?" www.dailyhrtips.com/2010/10/01/hr-blog-workplace-violence/.
40. Ralph Catalano, Raymond W. Novaco, and William McConnell, "Layoffs and Violence Revisited," *Aggressive Behavior, 28* (2002): 233–47. p. 235からの引用。この論文は先行研究にも言及している。R. Catalano, D. Dooley, R. Novaco, G. Wilson, and R. Hough, "Using ECA Survey Data to Examine the Effect of Job Layoffs on Violent Behavior," *Hospital and Community Psychiatry, 44* (1993): 874–78.
41. Ibid.
42. Ibid., 435.
43. U. Janlert and A. Hammarstrom, "Alcohol Consumption Among Unemployed Youths: Results from a Prospective Study," *British Journal of Addiction, 87* (1992): 703–14.
44. A. Hammarstrom, "Health Consequences of Youth Unemployment," *Public*

Temporary Employment Related to Health Status? Analysis of the Northern Swedish Cohort," *Scandinavian Journal of Public Health, 39* (2011): 533–39.

19. Minsoo Jung, "Health Disparities Among Wage Workers Driven by Employment Instability in the Republic of Korea," *International Journal of Health Services, 43* (2013): 483–98.
20. Magnus Sverke, Johnny Hellgren, and Katharina Naswall, "No Security: A Meta-Analysis and Review of Job Insecurity and Its Consequences," *Journal of Occupational Health Psychology, 7* (2002): 242–64.
21. Mel Bartley, "Job Insecurity and Its Effect on Health," *Journal of Epidemiology and Community Health, 59* (2005): 718–19. p. 719からの引用。
22. Eileen Y. Chou, Bidhan L. Parmar, and Adam D. Galinsky, "Economic Insecurity Increases Physical Pain," *Psychological Science, 27* (2016): 443–54.
23. Sepideh Modrek and Mark R. Cullen, "Job Insecurity During Recessions: Effects on Survivors' Work Stress," *BMC Public Health*, October 6, 2013, https://bmcpublichealth.biomedcentral.com/articles/10.1186/1471-2458-13-929.
24. たとえば、以下を参照されたい。Mohamad Alameddine, Andrea Baumann, Audrey Laporte, and Raisa Deber, "A Narrative Review on the Effect of Economic Downturns on the Nursing Labour Market: Implications for Policy and Planning," *Human Resources for Health, 10* (2012), https://human-resources-health.biomed central.com/articles/10.1186/1478-4491-10-23.
25. Ralph Catalano, Sidra Goldman-Mellor, Katherine Saxton, Claire Margerison-Zildo, Meenakshi Subbaraman, Kaja LeWinn, and Elizabeth Anderson, "The Health Effects of Economic Decline," *Annual Review of Public Health, 32* (2011): 431–50. p. 432からの引用。
26. Ibid., 431.
27. Jane E. Ferrie, Hugo Westerlund, Marianna Virtanen, Jussi Vahtera, and Mika Kivimaki, "Flexible Labor Markets and Employee Health," *Scandinavian Journal of Work, Environment, and Health, 34* (2008): 98–110.
28. Vera Keefe, Papaarangi Reid, Clint Ormsby, Bridget Robson, Gordon Purdie, Joanne Baxter, and Ngati Kahungunu Iwi Incorporated, "Serious Health Events Following Involuntary Job Loss in New Zealand Meat Processing Workers," *International Journal of Epidemiology, 31* (2002): 1155–61.
29. Marcus Eliason and Donald Storrie, "Does Job Loss Shorten Life?" *Journal of Human Resources, 44* (2009): 277–301.
30. Margit Kriegbaum, Ulla Christensen, Rikke Lund, and Merete Osler, "Job Losses and Accumulated Number of Broken Partnerships Increase Risk of

4. Lawrence F. Katz and Alan B. Krueger, "The Rise and Nature of Alternative Work Arrangements in the United States, 1995–2015," Working Paper #603 (Princeton University, Industrial Relations Section), September 2016. p. 7からの引用。
5. Bryce Covert, "How Unpredictable Hours Are Screwing Up People's Lives," *ThinkProgress*, September 11, 2014, https://thinkprogress.org/how-unpredictable-hours-are-screwing-up-peoples-lives-6ebd2d393662.
6. Jonathan Rauch, "The Conservative Case for Unions," *Atlantic,* July/August 2017, 15.
7. Lydia DePillis, "The Next Labor Fight Is over When You Work, Not How Much You Make," *Washington Post,* May 9, 2015.
8. Christopher Nohe, Alexandra Michel, and Karlheinz Sonntag, "Family-Work Conflict and Job Performance: A Diary Study of Boundary Conditions and Mechanisms," *Journal of Organizational Behavior, 35* (2014): 339–57. p. 339からの引用。
9. Joel Goh, Jeffrey Pfeffer, and Stefanos A. Zenios, "The Relationship Between Workplace Stressors and Mortality and Health Costs in the United States," *Management Science, 62* (2016): 608–28.
10. Arne L. Kalleberg, *Good Jobs, Bad Jobs* (New York: Russell Sage Foundation, 2011). p. 85からの引用。
11. Ibid., 100.
12. Louis Uchitelle, *The Disposable American: Layoffs and Their Consequences* (New York: Knopf, 2006).
13. Deepak K. Datta, James P. Guthrie, Dynah Basuil, and Alankrita Pandey, "Causes and Effects of Employee Downsizing: A Review and Synthesis," *Journal of Management, 36* (2010): 281–348.
14. Peter Cappelli, *The New Deal at Work: Managing the Market-Driven Workforce* (Boston: Harvard Business School Press, 1999).（ピーター・キャペリ『雇用の未来』若山由美訳、日本経済新聞社）
15. www.wecglobal.org/.
16. World Employment Confederation, *The Future of Work: White Paper from the Employment Industry* (Brussels, Belgium: September 2016).
17. P. Virtanen, U. Janiert, and A. Hammarstrom, "Exposure to Temporary Employment and Job Insecurity: A Longitudinal Study of Health Effects," *Occupational and Environmental Medicine, 68* (2011): 570–74. p. 570からの引用。
18. Anna-Karin Waenerlund, Pekke Virtanen, and Anne Hammarstrom, "Is

47. Joel Goh, Jeffrey Pfeffer, and Stefanos A. Zenios, "How Differences in Work Environments Help Account for Inequality in Lifespans," *Health Affairs, 34* (2015): 1761–68.
48. L. T. Yen, D. W. Edington, and P. Witting, "Associations Between Health Risk Appraisal Scores and Employee Medical Claims Costs in a Manufacturing Company," *American Journal of Health Promotion, 6* (1991): 46–54.
49. Dee Edington, "Helping Employees Stay Healthy Is a Good Investment," Society for Human Resource Management, February 10, 2014, www.shrm.org/resourcesandtools/hr-topics/benefits/pages/dee-edington.aspx.
50. Alicia A. Grandey and Russell Cropanzano, "The Conservation of Resources Model Applied to Work-Family Conflict and Strain," *Journal of Vocational Behavior, 54* (1999): 350–70.
51. Antonio Chirumbolo and Johnny Hellgren, "Individual and Organizational Consequences of Job Insecurity: A European Study," *Economic and Industrial Democracy, 24* (2003): 217–40.
52. Shirley Musich, Deborah Napier, and D. W. Edington, "The Association of Health Risks with Workers' Compensation Costs," *Journal of Occupational and Environmental Medicine, 43* (2001): 534–41.
53. W. N. Burton, D. J. Conti, C. Y. Chen, A. B. Schultz, and D. W. Edington, "The Role of Health Risk Factors and Disease on Worker Productivity," *Journal of Occupational and Environmental Medicine, 41* (1999): 863–77.
54. Wayne N. Burton, Glenn Pransky, Daniel J. Conti, Cin-Yu Chen, and Dee W. Edington, "The Association of Medical Conditions and Presenteeism," *Journal of Occupational and Environmental Medicine, 46* (2004): S38–S45.
55. Alyssa B. Schultz and Dee W. Edington, "Employee Health and Presenteeism: A Systematic Review," *Journal of Occupational Rehabilitation, 17* (2007): 547–79.

第3章

1. Michael Luo, "For Workers at Closing Plant, Ordeal Included Heart Attacks," *New York Times,* February 25, 2010.
2. Michael Winerip, "Set Back by Recession, and Shut Out of Rebound, Older Workers Find Age Bias at Each Turn," *New York Times,* August 27, 2013, B1.
3. James A. Evans, Gideon Kunda, and Stephen R. Barley, "Beach Time, Bridge Time, and Billable Hours: The Temporal Structure of Technical Contracting," *Administrative Science Quarterly, 49* (2004): 1–38.

35. Rajita Sinha, "Chronic Stress, Drug Use, and Vulnerability to Addiction," *Annals of the New York Academy of Sciences, 1141* (2008): 105–30.
36. "Prolonged Exposure to Work-Related Stress Thought to Be Related to Certain Cancers," *ScienceDaily*, January 17, 2017, www.sciencedaily.com/releases/2017/01/170117105044.htm.
37. Jeffrey Pfeffer and Dana Carney, "The Economic Evaluation of Time May Cause Stress," *Academy of Management Discoveries* (in press).
38. たとえば、以下を参照されたい。S. S. Dickerson and M. E. Kemeny, "Acute Stressors and Cortisol Responses: A Theoretical Integration and Synthesis of Laboratory Research," *Psychological Bulletin, 130* (2004): 355–91; R. G. Reed and C. L. Raison, "Stress and the Immune System," in C. Esser, ed., *Environmental Influences on the Immune System* (New York: Springer, 2016), 97–126; and S. E. Segerstrom and G. E. Miller, "Psychological Stress and the Human Immune System: A Meta-Analytic Study of 30 Years of Inquiry," *Psychological Bulletin, 130* (2004): 601–30.
39. Marmot, *The Status Syndrome.*
40. S. Jay Olshansky, Toni Antonucci, Lisa Berkman, Robert H. Binstock, Axel Boersch-Supan, John T. Cacioppo, Bruce A. Carnes, Laura L. Carstensen, Linda P. Fried, Dana P. Goldman, James Jackson, Martin Kohli, John Rother, Yuhui Zheng, and John Rowe, "Differences in Life Expectancy Due to Race and Educational Differences are Widening, and Many May Not Catch Up," *Health Affairs, 8* (2012): 1803–13.
41. Michael Marmot, "Social Determinants of Health Inequalities," *Lancet, 365* (2005): 1099–104.
42. Marmot, *The Status Syndrome.*
43. S. Anand, "The Concern for Equity in Health," *Journal of Epidemiological and Community Health, 56* (2002): 485–87.
44. E. E. Gakidou, C. J. L. Murray, and J. Frenk, "Defining and Measuring Health Inequality: An Approach Based on the Distribution of Health Expectancy," *Bulletin of the World Health Organization, 78* (2000): 42–54. p. 42からの引用。
45. たとえば、以下を参照されたい。Amy M. Christie and Julian Barling, "Disentangling the Indirect Links Between Socioeconomic Status and Health: The Dynamic Roles of Work Stressors and Personal Control," *Journal of Applied Psychology, 94* (2009): 1466–78.
46. Jane C. Clougherty, Kerry Souza, and Mark R. Cullen, "Work and Its Role in Shaping the Social Gradient in Health," *Annals of the New York Academy of Sciences, 1186* (2010): 102–24. p. 102からの引用。

24. E. L. Idler and Y. Benyamini, "Self-Rated Health and Mortality: A Review of Twenty-seven Community Studies," *Journal of Health and Social Behavior, 38* (1997): 21–37.
25. たとえば、以下を参照されたい。S. Miilunpalo, I. Vuon, P. Oja, M. Pasanen, and H. Urponen, "Self-Rated Health Status as a Health Measure: The Predictive Value of Selfreported Health Status on the Use of Physician Services and on Mortality in the Working-Age Population," *Journal of Clinical Epidemiology, 50* (1997): 517–28; and D. L. McGee, Y. Liao, G. Cao, and R. S. Cooper, "Self-Reported Health Status and Mortality in a Multiethnic US Cohort," *American Journal of Epidemiology, 149* (1999): 41–46.
26. オッズ比の計算方法と考え方についての説明は、以下を参照されたい。www.biochemia-medica.com/content/odds-ratio-calculation-usage-and-interpretation.
27. Joel Goh, Jeffrey Pfeffer, and Stefanos A. Zenios, "Workplace Stressors and Health Outcomes: Health Policy for the Workplace," *Behavioral Science and Policy, 1* (2015): 33–42.
28. "Deaths and Mortality," Centers for Disease Control and Prevention, www.cdc.gov/nchs/fastats/deaths.htm.
29. この研究の要約は、以下を参照されたい。Michael Marmot, *The Status Syndrome: How Social Standing Affects Our Health and Longevity* (London, UK: Bloomsbury Publishing, 2004).
30. A. Wilper, S. Woolhandler, K. Lasser, D. McCormich, D. Bor, and D. Himmelstein, "Health Insurance and Mortality in U.S. Adults," *American Journal of Public Health, 99* (2009): 2289–95.
31. Ralph L. Keeney, "Personal Decisions Are the Leading Cause of Death," *Operations Research, 56* (2008): 1335–47.
32. Paul A. Schulte, Gregory R. Wagner, Aleck Ostry, Laura A. Blanciforti, Robert G. Cutlip, Kristine M. Krajnak, Michael Luster, Albert E. Munson, James P. O'Callaghan, Christine G. Parks, Petia P. Simeonova, and Diane B. Miller, "Work, Obesity, and Occupational Safety and Health," *American Journal of Public Health, 97* (2007): 428–36.
33. Michael R. Frone, "Work Stress and Alcohol Use," *Alcohol Research and Health, 23* (1999): 284–91.
34. Anne Kouvonen, Mika Kivimaki, Marianna Virtanen, Jaana Pentti, and Jussi Vahtera, "Work Stress, Smoking Status, and Smoking Intensity: An Observational Study of 46,190 Employees," *Journal of Epidemiology and Community Health, 59* (2005): 63–69.

Drug Use: Behavioral Mechanisms Controlling Drug Intake," *Experimental and Clinical Psychopharmacology, 22* (2014): 23–34. p. 23からの引用。
15. Ellen Wright Clayton, "Ethical, Legal, and Social Implications of Genomic Medicine," *New England Journal of Medicine, 349* (2003): 562–69.
16. この問題に関する最新の論文は、以下のとおり。Daniel C. Ganster and Christopher C. Rosen, "Work Stress and Employee Health: A Multidisciplinary Review," *Journal of Management, 39* (2013): 1085–122.
17. この問題に関する研究は多数存在する。たとえば、以下を参照されたい。T. Chandola, E. Brunner, and M. Marmot, "Chronic Stress at Work and the Metabolic Syndrome: Prospective Study," *British Medical Journal, 332* (2006): 521–25; and M. Kivimaki, P. Leino-Arjas, R. Luukkonen, H. Riihimai, J. Vahtera, and J. Kirjonen, "Work Stress and Risk of Cardiovascular Mortality: Prospective Cohort Study of Industrial Employees," *British Medical Journal, 325* (2002): 857–60.
18. 以下を参照されたい。Joel Goh, Jeffrey Pfeffer, and Stefanos A. Zenios, "The Relationship Between Workplace Stressors and Mortality and Health Costs in the United States," *Management Science, 62* (2016): 608-28.
19. 本章で取り上げたメタ分析の結果は、以下の形で発表されている。Joel Goh, Jeffrey Pfeffer, and Stefanos A. Zenios, "Workplace Practices and Health Outcomes: Focusing Health Policy on the Workplace," *Behavioral Science and Policy, 1* (2015): 43-52.
20. たとえば、以下を参照されたい。M. Sverke, J. Hellgren, and K. Naswall, "No Security: A Meta-Analysis and Review of Job Insecurity and Its Consequences," *Journal of Occupational Health Psychology, 7* (2002): 242–64.
21. 以下を参照されたい。A. Bannai and A. Tamakoshi, "The Association Between Long Working Hours and Health: A Systematic Review of the Epidemiological Evidence," *Scandinavian Journal of Work and Environmental Health, 40* (2014): 5–18; and K. Sparks, C. Cooper, Y. Fried, and A. Shirom, "The Effects of Hours of Work on Health: A Meta-Analytic Review," *Journal of Occupational and Organizational Psychology, 70* (1997): 391–408.
22. C. Viswesvaran, J. Sanchez, and J. Fisher, "The Role of Social Support in the Process of Work Stress: A Meta-Analysis," *Journal of Vocational Behavior, 54* (1999): 314–34.
23. たとえば、以下を参照されたい。M. Kivimaki, S. T. Nyberg, G. D. Batty, E. I. Fransson, K. Heikkila, I. Alfredsson, and T. Theorell, "Job Strain as a Risk Factor for Coronary Heart Disease: A Collaborative Meta-Analysis of Individual Participant Data," *Lancet, 380* (2012): 1491–97.

Hurrell, "Dying for Work: The Magnitude of US Mortality from Selected Causes of Death Associated with Occupation," *American Journal of Industrial Medicine, 43* (2009): 461–82.

3. "Psychological Wellbeing Boosts Productivity," *Occupational Health News* (Thomson Reuters), Issue 1088, November 12, 2014.
4. "Demedicalize Disgruntled Worker Claims or They'll Get Worse," *Occupational Health News* (Thomson Reuters), Issue 1089, November 19, 2014.
5. Soeren Mattke, Aruna Balakrishnan, Giacomo Bergamo, and Sydne J. Newberry, "A Review of Methods to Measure Health-related Productivity Loss," *American Journal of Management Care, 13* (2007): 211–17. p. 211からの引用。
6. "Death from Overwork in China," China Labour Bulletin, August 11, 2006, www.clb.org/hk/en/content/death-overwork-china.
7. Deborah Imel Nelson, Marisol Concha-Barrientos, Timothy Driscoll, Kyle Steenland, Marilyn Fingerhut, Laura Punnett, Annette Pruss-Ustun, James Leigh, and Carlos Corvalan, "The Global Burden of Selected Occupational Diseases and Injury Risks: Methodology and Summary," *American Journal of Industrial Medicine, 48* (2005): 400–418.
8. John Daly, "Stress Accounts for 60% of All Lost Days in the Workplace," *Irish Examiner*, October 9, 2015, www.irishexaminer.com/business/stress-accounts-for-60-of-all-lost-days-in-the-workplace-358497.html.
9. Theodore J. Litman, "The Family as a Basic Unit in Health and Medical Care: A Social Behavioral Overview," *Social Science and Medicine, 8* (1974): 495–519.
10. Stephen Birch, Michael Jerrett, Kathi Wilson, Michael Law, Susan Elliott, and John Eylers, "Heterogeneities in the Production of Health: Smoking, Health Status, and Place," *Health Policy, 72* (2005): 301–10.
11. Christopher R. Browning and Kathleen A. Cagney, "Neighborhood Structural Disadvantage, Collective Efficacy, and Self-Rated Physical Health in an Urban Setting," *Journal of Health and Social Behavior, 43* (2002): 383–99.
12. Nicholas A. Christakis and James H. Fowler, "The Spread of Obesity in a Large Social Network Over 12 Years," *New England Journal of Medicine, 357* (2007): 370–79.
13. Brian Borsari and Kate B. Carey, "Peer Influences on College Drinking: A Review of the Research," *Journal of Substance Abuse, 13* (2001): 391–424.
14. Justin C. Strickland and Mark A. Smith, "The Effects of Social Contact on

Return on Employee Wellness Programs?" *Harvard Business Review, 88*, no. 12 (2010): 104–12.
65. Douglas R. Stover and Jade Wood, "Most Company Wellness Programs Are a Bust," *Gallup Business Journal,* February 4, 2015, www.gallup.com/businessjournal/181481/company-wellness-programs-bust.aspx.
66. Katherine Baicker, David Cutler, and Zirui Song, "Workplace Wellness Programs Can Generate Savings," *Health Affairs, 29* (2010): 304–11. p. 304からの引用。
67. Al Lewis, Vik Khanna, and Shana Montrose, "Workplace Wellness Produces No Savings," http://healthaffairs.org/blog/2014/11/25/workplace-wellness-produces-no-savings/.
68. John P. Caloyeras, Hangsheng Liu, Ellen Exum, Megan Broderick, and Soeren Mattke, "Managing Manifest Diseases, But Not Health Risks, Saved PepsiCo Money over Seven Years," *Health Affairs, 33* (2014): 124–31. p. 124からの引用。
69. Mattke, et al., "Workplace Wellness Programs Study."
70. Ralph L. Keeney, "Personal Decisions Are the Leading Cause of Death," *Operations Research, 56* (2008): 1335–47.
71. OECDは広範な健康関連のデータを公表し、毎年更新している。表の形で示すとともに、未加工のデータも以下で閲覧できる。www.oecd.org, *Health at a Glance,* 2015.
72. たとえば、以下を参照されたい。S. Woolhandler and D. Himmelstein, "The Deteriorating Administrative Efficiency of the US Health Care System," *New England Journal of Medicine, 324* (1991): 1253–58.
73. たとえば、以下を参照されたい。J. Wennberg, E. Fisher, L. Baker, S. Sharp, and K. Bronner, "Evaluating the Efficiency of California Providers in Caring for Patients with Chronic Illness," *Health Affairs, 24* (2005): 526–43; and Y. Ozcan and R. Luke, "A National Study of the Efficiency of Hospitals in Urban Markets," *Health Services Research, 27* (1993): 719–39.
74. J. Paul Leigh and Juan Du, "Are Low Wages Risk Factors for Hypertension?" *European Journal of Public Health, 22* (2012): 854–59.

第2章

1. J. Paul Leigh, "Economic Burdens of Occupational Injury and Illness in the United States," *Millbank Quarterly, 89* (2011): 728–72. p. 729からの引用。
2. Kyle Steenland, Carol Burnett, Nina Lalich, Elizabeth Ward, and Joseph

Among Older Adults: A Community-Based Study," *Journal of Health Psychology, 14* (2009): 503–12.
53. J. F. Helliwell, "How's Life? Combining Individual and National Variations to Explain Subjective Wellbeing," *Economic Modelling, 20* (2003): 331–60.
54. *World Database of Happiness: Archive of Research Findings on Subjective Enjoyment of Life* (Rotterdam, Netherlands: Erasmus University), http://worlddatabaseofhappiness.eur.nl.
55. Elena Cottini and Claudio Lucifora, "Mental Health and Working Conditions in Europe," *Industrial and Labor Relations Review, 66* (2014): 958–82. p. 958からの引用。
56. The World Economic Forum, *Working Towards Wellness: The Business Rationale.*
57. S. Mattke, H. Liu, J. P. Caloyeras, C. Y. Huang, K. R. Van Busum, D. Khodyakov, and V. Shier, "Workplace Wellness Programs Study: Final Report" (Santa Monica, CA: RAND Corporation, 2013).
58. Katie Thomas, "Companies Get Strict on Health of Workers," *New York Times,* March 25, 2013.
59. G. Bensinger, "Corporate Wellness, Safeway Style," *San Francisco Chronicle,* January 4, 2009.
60. 職場環境や労働条件が個人の健康習慣や行動におよぼす影響については、多くの文献で論じられている。たとえば、以下を参照されたい。M. Harris and M. Fennell, "A Multivariate Model of Job Stress and Alcohol Consumption," *Sociological Quarterly,29* (1988): 391–406; A. Kouvonen, M. Kivimaki, M. Virtanen, J. Pentti, and J. Vahtera, "Work Stress, Smoking Status, and Smoking Intensity: An Observational Study of 46,190 Employees," *Journal of Epidemiology and Community Health, 59* (2005): 63–69; and N. Nishitani and H. Sakakibara, "Relationship of Obesity to Job Stress and Eating Behavior in Male Japanese Workers," *International Journal of Obesity, 30* (2006): 528–33.
61. Eilene Zimmerman, "The Lawyer, the Addict," *New York Times,* July 15, 2017, www.nytimes.com/2017/07/15/business/lawyers-addiction-mental-health.html.
62. Richard A. Friedman, "What Cookies and Meth Have in Common," *New York Times,* June 30, 2017, https://nyti.ms/2usEBTH.
63. Watson Wyatt Worldwide, "Building an Effective Health and Productivity Framework: 2007/2008," *Staying@Work Report.*
64. Leonard L. Berry, Ann M. Mirabito, and William B. Baun, "What's the Hard

38. Louise C. O'Keefe, Kathleen C. Brown, and Becky J. Christian, "Policy Perspectives on Occupational Stress," *Workplace Health and Safety, 62* (2014): 432–38.
39. これについての論文は、以下のとおり。Steven L. Sauter, Lawrence R. Murphy, and Joseph J. Hurrell Jr., "Prevention of Work-Related Psychological Disorders: A National Strategy Proposed by the National Institute for Occupational Safety and Health (NIOSH)," *American Psychologist, 45 (1990)*: 1146–58.
40. "What Is Total Worker Health?" National Institute for Occupational Safety and Health, www.cdc.gov/niosh/twh/totalhealth.html.
41. O'Keefe, et al., "Policy Perspectives," 432.
42. デーム・キャロル・ブラック教授との会話(2015年5月4日)。
43. Robert Kerr, Marie McHugh, and Mark McCrory, "HSE Management Standards and Stress-Related Work Outcomes," *Occupational Medicine, 59* (2009):574–79.
44. Health and Safety Executive, *Annual Statistics Report for Great Britain, 2012-2013.*
45. Jeff Hilgert, "A New Frontier for Industrial Relations: Workplace Health and Safety as a Human Right," in James A. Gross and Lance Compa, eds., *Human Rights in Labor and Employment Relations: International and Domestic Perspectives* (Champaign, IL: Labor and Employment Relations Association, 2009), 43–71.
46. Michael Marmot, *The Status Syndrome: How Social Standing Affects Our Health and Longevity* (London, UK: Bloomsbury Publishing, 2004), p. 247. (マイケル・マーモット『ステータス症候群――社会格差という病』鏡森定信・橋本英樹訳、日本評論社)
47. Amartya Sen, *Development as Freedom* (New York: Knopf, 1999). (アマルティア・セン『自由と経済開発』石塚雅彦訳、日本経済新聞社)
48. Ibid., 196.
49. Marmot, *The Status Syndrome*, p. 191.
50. たとえば、以下を参照されたい。Ed Diener, "Subjective Well-Being: The Science of Happiness and a Proposal for a National Index," *American Psychologist, 55* (2000): 34–43.
51. Noreen E. Mahon, Adela Yarcheski, and Thomas J. Yarcheski, "Happiness as Related to Gender and Health in Early Adolescents," *Clinical Nursing Research, 14* (2005): 175–90.
52. Midge N. Ray, Kenneth G. Saag, and Jeroan J. Allison, "Health and Happiness

Occupational Health, 31 (2001): 335–414. p. 335からの引用。
25. Joel Goh, Jeffrey Pfeffer, and Stefanos A. Zenios, "Workplace Practices and Health Outcomes: Focusing Health Policy on the Workplace," *Behavioral Science and Policy, 1* (2015), 43-52.
26. デーム・キャロル・ブラック教授からの個人的なメール(2015年5月4日付)。
27. Douglas R. Stover and Jade Wood, "Most Company Wellness Programs Are a Bust," *Gallup Business Journal*, February 4, 2015, www.gallup.com/businessjournal/181481/company-wellness-programs-bust.aspx.
28. "Aetna's 'Social Compact' Continues to Support Employees," Aetna News, https://news.aetna.com/2017/01/aetnas-social-compact-continues-support-employees/.
29. David Gelles, "At Aetna, A C.E.O.'s Management by Mantra," *New York Times,* February 27, 2015, https://nyti.ms/1JVrksM.
30. Bob Chapman and Raj Sisodia, *Everybody Matters: The Extraordinary Power of Caring for Your People Like Family* (New York: Portfolio, 2015).
31. たとえば、以下を参照されたい。John Mackey and Rajendra Sisodia, *Conscious Capitalism: Liberating the Heroic Spirit of Business* (Boston: Harvard Business Review Press, 2013)(ジョン・マッキー、ラジェンドラ・シソーディア『世界でいちばん大切にしたい会社――コンシャス・カンパニー』鈴木立哉訳、翔泳社); and Rajendra Sisodia, Jagdish N. Sheth, and David Wolfe, *Firms of Endearment: How World-Class Companies Profit from Passion and Purpose*, 2nd Ed. (New York: Pearson FT Press), 2014.
32. この問題をめぐってはアメリカとアジア各国(とくに中国)が猛抗議したため大きく報道された。たとえば以下の記事を参照されたい。Mark Schapiro, "Green War in the Skies: Can Europe Make U.S. Planes Pay for Pollution?" *Atlantic,* October 5, 2011.
33. http://gmsustainability.com; search done on October 21, 2014.
34. "Sustainability: Enhancing Sustainability of Operations and Global Value Chains," Walmart, http://corporate.walmart.com/global-responsibility/environmental-sustainability.
35. Ibid.
36. Larry W. Beeferman, Director, Pensions and Capital Stewardship Project, Harvard Law School, "Memo RE: Incorporating Labor and Human Rights and Human Capital Risks into Investment Decisions: Conference and Research/Action Agenda," August 12, 2008.
37. www.btplc.com/Responsiblebusiness/ourstory/sustainabilityreport/report/Bbus/G2W/health.aspx.

public-health/.
10. Jeroen Ansink, “C-Suite Suicides: When Exec Life Becomes a Nightmare,” *Fortune*, September 10, 2013, http://fortune.com/2013/09/10/c-suite-suicides-when-exec-life-becomes-a-nightmare/.
11. Christine Hauser, “Five Killed in Orlando Workplace Shooting, Officials Say,” June 5, 2017, https://nyti.ms/2rL70pX.
12. “Workplace Violence,” *Wikipedia*, https://en.wikipedia.org/wiki/Workplace_violence.
13. Ibid.
14. Bryce Covert, “Getting Murdered at Work Is Incredibly Common in the U.S.,” *ThinkProgress*, August 26, 2015, http://thinkprogress.org/getting-murdered-at-work-is-incredibly-common-in-the-u-s-4caf76dfe4cb.
15. L. H. Tsoi, S. Y. Ip, and L. K. Poon, “Monday Syndrome: Using Statistical and Mathematical Models to Fine-tune Services in an Emergency Department,” *Hong Kong Journal of Emergency Medicine, 18* (2011): 150–54.
16. “Workplace Stress,” American Institute of Stress, www.stress.org/workplace-stress/.
17. Sharon Jayson, “Bad Bosses Can Be Bad for Your Health,” *USA Today,* August 5, 2012.
18. オーストラリアにおける年次ストレス調査についてはオーストラリア心理学会が報告している。たとえば、以下を参照されたい。“Australians' Stress Levels Remain High, Survey Reveals,” https://www.psychology.org/au/inpsych/2014/deceember/npw.
19. Jeff Cottrill, “Putting Stress on Stress,” *OHS Canada*, April 22, 2015, www.ohscanada.com/features/putting-stress-on-stress/.
20. www.workstress.net/sites/default/files/stress.pdf.
21. Devin Fidler, “Work, Interrupted: The New Labor Economics of Platforms,” Institute for the Future, November 2016. p. 4からの引用。
22. Erika Fry and Nicolas Rapp, “Sharing Economy: This Is the Average Pay at Lyft, Uber, Airbnb and More,” *Fortune,* June 27, 2017, http://fortune.com/2017/06/27/average-pay-lyft-uber-airbnb/.
23. Jia Tolentino, “The Gig Economy Celebrates Working Yourself to Death,” *New Yorker,* March 22, 2017, www.newyorker.com/culture/jia-tolentino/the-gig-economy-celebrates-working-yourself-to-death.
24. Michael Quinlan, Claire Mayhew, and Philip Bohle, “The Global Expansion of Precarious Employment, Work Disorganization, and Consequences for Occupational Health: A Review of Recent Research,” *Globalization and*

stanford.edu/pr/93/930223Arc3393.html.

13. Eric Van Susteren, "Stanford Cuts Down Oak Tree at Soccer Stadium," August 7, 2013, www.paloaltoonline.com/news/2013/08/07/stanford-cuts-down-oak-tree-at-soccer-stadium.
14. Pfeffer, *The Human Equation*, Introduction.
15. "An Inconvenient Truth," *Wikipedia*, https://en.wikipedia.org/wiki/An_Inconvenient_Truth.
16. Jeffrey Pfeffer, "Building Sustainable Organizations: The Human Factor," *Academy of Management Perspectives, 24* (2010): 34–45.

第1章

1. Carolyn Said, "Suicide of an Uber Engineer: Widow Blames Job Stress," *San Francisco Chronicle*, April 25, 2017, www.sfchronicle.com/business/article/Suicide-of-an-Uber-engineer-widow-blames-job-11095807.php.
2. Caroline O'Donovan and Priya Anand, "How Uber's Hard-Charging Corporate Culture Left Employees Drained," *BuzzFeed*, July 17, 2017, www.buzzfeed.com/carolineodonovan/how-ubers-hard-charging-corporate-culture-left-employees.
3. David Jolly, "Critics Exploit Telecom Suicides, Ex-Executive Says," *New York Times,* April 1, 2010.
4. David Barboza, "String of Suicides Continues at Electronics Supplier in China," *New York Times,* May 25, 2010.
5. Tom Sykes, "Did Bank of America Merrill Lynch Intern Moritz Erhardt Die of Stress?" *Daily Beast*, November 22, 2013, www.thedailybeast.com/did-bank-of-america-merrill-lynch-intern-moritz-erhardt-die-of-stress.
6. Cara Clegg, "Five Things that Keep Japanese People Chained to Their Jobs," *SoraNews24*, August 26, 2013, http://rocketnews24.com/2013/08/26/five-things-that-keep-japanese-people-chained-to-their-jobs.
7. Akash Kapur, "Letter from India: Agriculture Left to Die at India's Peril," *New York Times,* January 29, 2010.
8. Eve Tahmincioglu, "Workplace Suicides in the U.S. on the Rise," NBCNews.com, June 1, 2010, www/nbcnews.com/id/37402529/ns/buisness-careers/t/workplace-suicides-us-rise/.
9. たとえば、以下に要約された研究を参照されたい。J. Paul Leigh, "Raising the Minimum Wage Could Improve Public Health," Economic Policy Institute, July 28, 2016, www.epi.org/blog/raising-the-minimum-wage-could-improve-

12. Jeffrey Pfeffer, "Work Hours and Health: A Comment on 'Beyond Nine to Five,'" *Academy of Management Discoveries, 4* (1) (2018), 94-96.

はじめに

1. Occupational Safety and Health Administration Commonly Used Statistics, www.osha.gov/oshstats/commonstats.html.
2. "Causes of Stress," WebMD, www.webmd.com/balance/guide/causes-of-stress.
3. "Stress in America," American Psychological Association, February 4, 2015, www.apa.org/news/press/releases/stress/2014/stress-report.pdf.
4. Douglas LaBier, "Another Survey Shows the Continuing Toll of Workplace Stress," *Psychology Today*, April 23, 2014, www.psychologytoday.com/blog/the-new-resilience/201404/another-survey-shows-the-continuing-toll-workplace-stress.
5. Rita Pyrillis, "Employers Missing the Point of Rising Employee Stress," *Workforce*, March/April 2017, 18.
6. LaBier, "Another Survey."
7. たとえば、以下を参照されたい。J. Combs, Y. Liu, A. Hall, and D. Ketchen, "How Much Do High-Performance Work Practices Matter? A Meta-Analysis of Their Effects on Organizational Performance," *Personnel Psychology, 59* (2006): 501–28; and Jody Hoffer Gittell, Rob Seidner, and Julian Wimbush, "A Relational Model of How High-Performance Work Systems Work," *Organization Science, 21* (2009): 490–506.
8. Jeffrey Pfeffer, *Competitive Advantage Through People* (Boston: Harvard Business School Press, 1994); and Jeffrey Pfeffer, *The Human Equation: Building Profits by Putting People First* (Boston: Harvard Business School Press, 1998).(ジェフリー・フェファー『人材を活かす企業——「人材」と「利益」の方程式』守島基博監修、佐藤洋一訳、翔泳社)
9. Jeffrey Pfeffer, *Leadership BS: Fixing Workplaces and Careers One Truth at a Time* (New York: HarperCollins, 2015), Introduction.(ジェフリー・フェファー『悪いヤツほど出世する』村井章子訳、日本経済新聞出版社)
10. Doug Lederman, "412 Stanford Layoffs," *Inside Higher Ed*, September 3, 2009, www.insidehighered.com/quicktakes/2009/09/03/412-stanford-layoffs.
11. Stanford University Report, letter from Provost John Etchemendy, March 5, 2003, http://news.stanford.edu/news/2003/march5/freezeletter-35.html.
12. "Mausoleum's Heritage Oak Tree to Be Removed in March," Stanford University News Service, News Release, February 23, 1993, http://news.

原　註

日本語版文庫へのまえがき

1. Nirmita Panchal, Rabah Kamal, Cynthia Cox & Rachel Garfield, "The Implications of COVID-19 for Mental Health and Substance Use," February 10, 2021. https://www.kff.org/coronavirus-covid-19/issue-brief/the-implications-of-covid-19-for-mental-health-and-substance-use/
2. https://www.who.int/news-room/fact-sheets/detail/depression
3. https://mhanational.org/sites/default/files/Mind-the-Workplace-MHAwrokplaceHealthSurvey21212.12.21.pdf
4. Sarai Harrar, "Inside America's Psychiatrist Shortage," https://www.psycom.net/inside-americas-psychiatrist-shortage
5. Debbie M. Ng & Robert W. Jeffery, "Relationships Between Perceived Stress and Health Behaviors in a Sample of Working Adults," *Health Psychology, 22* (6) (2003), 638-42.
6. Ralph L. Keeney, "Personal Decisions are the Leading Cause of Death," *Operations Research, 56* (6) (2008), 1335-47.
7. Ashton Teng, Zachary Taylor, Jeffrey Pfeffer, and Leanne M. Williams, "Using Longitudinal Prescription Date to Examine the Incidence of Other Chronic Disease Following Antidepressant Use," *Journal of Psychiatric Research, 125* (2020), 7-12.
8. Ibid.
9. Megan Cerullo, "Nearly 3 Million U.S. Women have Dropped Out of the Labor Force in the Past Year", *Moneywatch*, February 9, 2021. https://www.cbsnews.com/news/covid-crisis-3-million-women-labor-force.
10. Roy Maurer, "Remote Employees are Working Longer than Before," *SHRM*, https://www.shrm.org/hr-today/news/hr-nes/pages/remote-employees-are-working-longer-than-before.aspx
11. Jack Guy, "Employees Working from Home are Putting in Longer Hours than Before the Pandemic," *CNN*, February 5, 2021. https://www.cnn.com/2021/02/05/business/working-from-home-hours-pandemic-scli-intl-gbr/index.html

著訳者紹介

ジェフリー・フェファー (Jeffrey Pfeffer)

スタンフォード大学ビジネススクール教授（トーマス・D・ディー2世記念講座）。専門は組織行動学。1979年よりスタンフォード大学で教鞭をとる。これまで39カ国で登壇したほか、アメリカ国内でも数多くの企業、組織、大学にて講義を行なった。オランダのティルバーグ大学から名誉博士号を授与されたほか、著作や論文に対する受賞多数。「経営思想家トップ25」(Thinkers50)、「最も影響力のある国際的なHR思想家」(HRマガジン誌)などのランキングにも選出されている。カリフォルニア州ヒルズボロ在住。

村井章子（むらい・あきこ）

翻訳家。上智大学文学部卒業。経済・経営、環境関係の翻訳を主に手がけ、高い評価を得る。主な訳書にフェファー『「権力」を握る人の法則』『悪いヤツほど出世する』、バナジー&デュフロ『絶望を希望に変える経済学』、ルメルト『良い戦略、悪い戦略』、カーネマン『ファスト&スロー』などがある。

本書は二〇一九年四月に日本経済新聞出版社より刊行された
『ブラック職場があなたを殺す』を改題・修正のうえ新たに
「日本語版文庫へのまえがき」を追加したものです。

日経ビジネス人文庫

社員《しゃいん》が病《や》む職場《しょくば》、幸《しあわ》せになる職場《しょくば》

スタンフォードMBA教授《きょうじゅ》の警告《けいこく》

2021年10月1日 第1刷発行

著者
ジェフリー・フェファー
訳者
村井章子
むらい・あきこ

発行者
白石 賢
発行
日経BP
日本経済新聞出版本部
発売
日経BPマーケティング
〒105-8308 東京都港区虎ノ門4-3-12
ブックデザイン
鈴木成一デザイン室
本文DTP
アーティザンカンパニー
印刷・製本
中央精版印刷

Printed in Japan ISBN978-4-532-24011-0

本書籍に関するお問い合わせ、ご連絡は下記にて承ります。
https://nkbp.jp/booksQA